JN226213

北田暁大
Kitada Akihiro

筑摩選書

終わらない「失われた20年」

嗤う日本の「ナショナリズム」・その後

終わらない「失われた20年」目次

終わらない「失われた20年」

序章　嗤う日本の「ナショナリズム」・その後
――終わらない「失われた二〇年」

1　敗北の一五年

ふと思い起こしてみると、『世界』に私が「嗤う日本のナショナリズム――『2ちゃんねる』にみるアイロニズムとロマン主義」というエッセイを投稿したのは、一四年近く前のことになる。そこで私が論じたことはとても単純なことだ。

当時隆盛を誇っていた巨大匿名ネット掲示板の「2ちゃんねる」にみられる「反韓・反中」「反フェミニズム」的な言説が、思想的実質性を持つ「保守的」主張などではなく、書き込み者からみて左派と映る人びと――その多くは大学の教員であったり、マスコミ人であったり、「知識人」と呼ばれる人びとである――が前提とする思想への反思想、つまり排外主義的ナショナリズムや、ジェンダー公正性に対する「反《アンチ》」といったもので成り立っており、その根本的な動機は、共通の敵をネタとして、ネット上でのつながりを求めるものである。それは本質的には、高校生・大学生などが携帯で用件（内実）もなく、「つながりを確認するためだけのつながり」を希求する姿と変わらない、と。そのようなものでしかないけれども、そうであるがゆえに、それはどっちに転ぶか分からない危うさをもっている、と。

　そして、事態は私の想像をはるかに超えて危うい方向に突き進んでしまった。二〇〇六年の第一次安倍政権下では、その多くはその時点で不発に終わったが、男女共同参画に対するバックラッシュが盛り上がりをみせ、各地の地方自治体で男女共同参画の名を借りた反動的な条例制定が推し進められ、それに抗する人たちは「フェミナチ」と呼ばれ、嘲笑と非難の的となった。在日朝鮮人・韓国人に対する誹謗中傷をその設立趣旨とし、現在まで言論および路上活動で執拗な排外主義をまき散らしている「在日特権を許さない市民の会（在特会）」が設立されたのは二〇〇六年。両者とも「フェミニズム」「日教組」「朝日・岩波」「マスゴミ」「フジテレビ（日韓ワールドカップで韓国寄りの報道をしたかららしい）」「サヨク」を標的とし、読むに堪えない悪質な陰謀論を振りかざしていた。

　これらの動向に私は強い懸念をもっていたし、フェミニズム関係では山口智美氏や小山エミ氏、斉藤正美氏、荻上《おぎうえ》チキ氏、排外主義ではネットなどで金明秀氏をはじめとする人たちが、抗戦を試みていたが、正直に言うなら、アカデミズムや『世界』『朝日新聞』を含む左派論壇の動きは、総じて緩慢であったと言わざるをえない。

「そんなオーバーな」「一部のネットオタクが言っているだけ」「なんのかんの言っても自民党は懐が広いから安倍批判しても藁人形叩きにすぎない」という言葉を、当時アカデミズムの住人から何度聞いたかわからない。もちろん、こと私に限って言えば『世界』のエッセイも、その後の『嗤う日本の「ナショナリズム」』（ＮＨＫブックス）も一般向けの書であり、アカデミズムの評価基準に適う精細さをもっていなかったのは事実である。なので、先見性などというものを主張するつもりはない。ともあれ、バックラッシュや排外主義が、本格的に言説としての居場所を見いだし、あまつさえ現実政治に影響力を持ち始めても、総じて左派の動きは鈍かった。「一部のネットオタクが言っているだけ」という不遜ともいえる愚民主義が共有されていたと言うしかない。

しかし、そうした「ネトウヨ」的傾向は、社会統計的に一般的に確かめられる高齢者のナショナリズム傾向のみならず、若年層の愛国心の漸増などと合流する。第一次安倍政権退陣後も、日本会議などリアルな市民運動で裾野を拡大、二〇一一年にはお台場で大規模な嫌韓・嫌中デモが開催され、在特会は路上でのヘイト活動を本格化した。それに輪をかけるように、大阪府知事・市長となった橋下徹氏は、歯に衣着せぬ発言で人気を集める。日教組を繰り返し批判、従軍慰安婦問題にかんして「日本だけではない」という形で過去を相対化し、在日米軍高官に「もっと風俗業を活用して欲しい」と実に「率直」な心情を吐露し、物議をかもした。第二次安倍政権周辺において、安保法制もさることながら、きわめてアナクロ（というか、そもそもいつの時代にも大した数は存在しなかったのだが）な家族像を打ち出す憲法改正論がとりざたされ、森友学園にみられるような、時代錯誤も甚だしい教育が実装されたりしている。合衆国ではトランプ政権も誕生した。「ネトウヨ的なもの」はまさに現実世界・政治の多数派——数的というよりは実効力において——となったと言えるだろう。

もちろん、この過程の間にはリベラルを自称する民主党政権が成立している。すべてが悪かったとは言わないが、緊縮・デフレのポピュリズムを推進し、沖縄基地問題もグタグタ、取り返しがつかないぐらいに自民党にアドバンテージを与えてしまった政権であったことは、間違いない（いまだに、だ）。高校無償化で朝鮮学校を適用外としたのはほかならぬ民主党政権であった。子どもの教育をも人質にとった排外主義キャンペーンから、民主党政権が自由であったという事実はない。この点は民主党のブレーンであった（らしい）『世界』寄稿の常連者は猛省すべきことと思う。

ともあれ、こうしたネトウヨ的世界観・政治は、二〇一七年現在、完全に主流派を形成している。「一部のネット住民の戯言《ざれごと》」などではない。そういう時代に私たちは生きている。

2　左派ナショナリズムの影

これに対して懸念を抱く人は、読者の方々には少なくないと思う。だが、事態はネトウヨの主流化以上に（それと並んで）深刻化の度合いを増している。良識的とされてきたはずの人びとによる、「左派ナショナリズム」の笑えない反復である。

もとより、左派がナショナリズムを社会的統合のために持ち出すことは珍しいことではない。日本で言えば丸山眞男の屈折したナショナリズムや、竹内好《よしみ》の中国を遠望した左派ナショナリズムはよく知られるところであるし、そもそもアメリカでは一八世紀来、パトリオット（愛国者）であることは倫理的に非難されることとして認識されていない。「多元的現実」論を理論化し、秩序維持的な社会理論への対抗装備を提供したピーター・バーガーがネオコンの一員であったことは、よく知られる。『世界』でおなじみの現代批判学派の雄、ユルゲン・ハーバーマスが、ファシズムや右派・保守派に厳しく対峙しながらも「憲法パトリオティズム」を提唱したことも、記憶に新しい。洋や思想の東西を問わず、左派は戦後ずっとナショナリズムを、社会統合――この言い方が日本語の語感になじまないというのであれば、社会的連帯といってもいい――の動機づけ、説得のための話法として愛用してきた。いや、戦前からである。もっと言えば、社会主義・共産主義そのものがインターナショナルな展開、連邦共和制を口では言いつつ、国家や民族――民族自決の支持という文脈を転用して――という人為的単位を過大視していたこと、そしてその過大視に無自覚であったことは否定のしようがない。

そうした左派ナショナリズムに痛烈な反省を促したのが、一九六八年の運動（の一部）であり、思想であり、またその継承者としてのポストコロニアル思想、日本では一九九〇年代以降に隆盛した思潮であった。さらには、この反省の促しにリブやフェミニズム、障がい者運動が大きく関与したことも、よく知られる。左派男性知識人・運動家に巣くうヘテロ男性中心主義を徹底的に問い詰めていったのが、第二波フェミニズムの潮流であった。
こうした左派ナショナリズム、左派パトリアーキーの誘惑に抗うこと、それが六八年以降の、もっと緩く言っても九〇年代以降の左派の課題であった。上野千鶴子氏の『ナショナリズムとジェンダー』という書はそうした問題意識のうえに書かれたはずである。ところが、その上野氏も、左派ナショナリズムの誘惑に屈しようとしている。しかもほとんど移民研究や経済社会学的な知見、階層研究の知見を参照した形跡もなく、自らの思い込みを「客観的」と形容して。
「日本はこの先どうするのか。移民を入れて活力ある社会をつくる一方、社会的不公正と抑圧と治安悪化に苦しむ国にするのか、難民を含めて外国人に門戸を閉ざし、このままゆっくり衰退していくのか。どちらかを選ぶ分岐点に立たされています。／移民政策について言うと、私は客観的に無理、主観的にはやめた方がいいと思っています」（中日新聞・二〇一七年二月一一日、上野千鶴子氏へのインタビュー記事）
この上野氏の議論については本書第1章（「脱成長派は優し気な仮面を被ったトランピアンである」）で論じるので、ここでは詳述しない。ただ、こうした「日本は多文化共生に耐えられない」といった発言がたとえば、「ヘイトスピーチ規制法」成立のために多くの人たちがなぜ汗をかいてきた（いまもかき続けている）のかということへの無理解を示していることは、改めて記しておきたい。そんななか、「普通の人の排外主義に声を届けるべきだ」という奇妙な上野擁護論まで、左派のなかから出てきた。

反ヘイト、多文化主義の運動・論陣は、「普通の人の排外主義に声を届ける」という、いわば「懐柔策」がほぼ機能しえなかったことを痛感した人たちが、市民として当然のことがらを正面きって法と公正としての正義に訴えた（現在進行形の）成果のひとつである（そもそも多文化主義は多文化という現実に対応するに際して不十分であり問題がある、というのが二〇年来の政治哲学の議論の流れである。多文化主義は政治的正しさ〔Political Correctness：PC〕と同じく、マジョリティに対する**最低限の――正しい日本語での最大限の――譲歩**にすぎない）。多くのフェミニストやジェンダー研究者が、ミソジニストやヘテロセクシストとの対話・議論を繰り返してきた。数知れない運動家たちが、排外主義者を「理解」するために社会科学的な研究を試み、対話の糸口を模索し、「排外主義が特殊なひとたちのものではない」ことをあきらかにしてきた。そのうえでの対バックラッシュ・反ヘイトの運動だった。このことが、左派ナショナリズムへの誘惑のなかで忘れ去られようとしている。

3 「いったい現実を把握しているひとなどいるのだろうか」

一部の左派知識人も言及しているような「バックラッシュは下層男性が主体」という議論に対して、私は山口智美氏らとともに、学会発表の場などで、二〇〇六年時点から根拠をもって「違う」と訴えてきた。相応の社会的ステータス、収入をもつ「普通の人たち」がバックラッシュの主たる担い手であることは明らかであった。社会的に下層に置かれているひとたちは、バックラッシュにかまけていられるほどの社会的資源・時間をもっていない。ジェンダー論に限っても、「普通」――という自認をもっている相対的に恵まれた人びと――こそが恐ろしいというのは、二〇〇〇年代にはすでに明らかであったと思う（アメリカで言えば一九八〇年代ということになる）。山口氏らの『社会運動の戸惑い』に詳しい。

同様に、排外的ナショナリズムについても、社会学の研究の蓄積が教えるように、単純に「下層」のものではない。それは、ナショナリズム研究の専門家たちが丁寧に論じてきたことである。

基本的にはたしかに、加齢に連動するナショナリズム志向や経済的不遇、男性であることが、まずもって「排外主義」を説明する要因となる。ただ、田辺俊介氏らの研究（『現代日本におけるナショナリズムと政治』）によると、排外主義にかんしては、生活満足度や主観的な暮らし向き、修学年限は負の効果をもつものの、排外的態度に相対的に大きな効果をもつ愛国主義は、二〇〇九年と一三年を比較すると、やや「低年齢化」「高学歴化」している（変数間の関係は統制されている）。

一般に国際比較などでは、排外主義は経済的不遇と正の相関をもち、日本も例外ではないが、「生活満足度の低い」「低学歴」「暮らし向きの悪い」集団が排外主義であるという前提は、慎重に扱わねばならない。職種の関連はほとんどみられないともいう（二〇〇九年時点で非正規雇用者に「少なかった」ことは興味深い）。

同様のことは「移住者と連帯する全国ネットワーク」の樋口直人氏が、在特会構成員について

『日本型排外主義』で詳細に論じていることでもある。

日本と異なり一〇パーセント以上の移民人口をもつ合衆国での排外主義にかんしては、様々な要因が複合的に影響を与えているが（トランプ旋風について目下、確定的な分析は不可能である）、経済的苦境が効果をもつことも否定しがたい。しかし、トランプ支持と経済的不遇改善への志向はイコールではないので、メディアで報じられるほど単純に分析できるものでもない。いずれにしても、トランプの勝利やBrexitを受けて過剰反応し、「下層マジョリティ（白人）男性」という理念型を独り歩きさせることは危険であり、むしろ社会的には「普通の人」たちの社会意識にこそ注意を向けなくてはならない。何が「普通」であるかを含めて、である。

なお、選挙研究の政治学者や計量社会学者が指摘するように、選挙分析はきわめて難しく、いわゆる世論調査や社会意識調査よりもさらに複雑な制度的要因が絡まっているため、今回のような得票数差では正確な世論の判断はできない。選挙予測で名を上げてきたギャラップ社が、あまりの技術的困難から、今回の大統領選から撤退していたことは周知のとおりだ（地震の予知のようなものなのだ）。選挙制度・選挙区ごとの組織編成などを全選挙区で正確に行い、かつ出口調査の精度と予算を上げない限り、選挙予測は不可能に近く、それにはギャラップほどの大会社にしても広告費に計上するには、あまりにリスクが高い。テレビや新聞の「識者」の予測が外れるなどというのは、いまに始まったことではない。選挙のたびにみな忘れているだけだ。

また選挙終了後の分析にしても、私が概観しただけでもいわゆる生態学的誤謬の疑いが濃厚な分析が散見され（一概に集団単位の分析が無意味であるとは思わないが）、一定程度の信頼性のある個票データが公開されない限り、民意をどうこうするのはきわめて難しい。

選挙制度という複雑な制度的変数がトランプ勝利という選挙結果をもたらしたことは、少しでもデータをみてみればわかる。むろん、だからといって、私は選挙結果が無効であるとか民意を反映していないとか言うつもりはない。政治社会学を持ち出すまでもなく、民意とは社会調査による多数性とは異なる独自の社会的カテゴリーであり、民主制にとって重要かつ不可欠な「擬制」である。

驚くべきは、トランプのような人間が大統領になってしまったという「出来事」であって、それが支持を受けている世論調査的事実ではないことは、強調しておきたい。

4 アイロニカルな没入

左旋回する以前の内田樹氏のような批評家が好んでとっていた、「正義の相対化」話法がある。二〇〇〇年代に論壇で猛威を振るった論法である。

「自分自身は個人的には……は駄目で許されないと思う」「しかしそうした正しさは多くの人たちに理解されない（反発を受ける）」「したがって、かれらに届く言葉や施策を考えなくてはならない（考えても仕方がない）」

ようするに、自らのコミットメントを相対化するというメタコミットメントだ。考えてみれば吉本隆明や小林秀雄、江藤淳、内田樹と受け継がれてきた「日本批評のお家芸」といえるかもしれない。

このメタコミットメントの思考様式は、大澤真幸氏の言葉で言えば「アイロニカルな没入」という社会的・心理的態度である。大澤氏の議論はオタクの心理機制を論じたものであり、唐突に「オタク」の話が出てくることに戸惑う読者もいるだろう。混乱を招かぬよう、少し前置きをしておきたい。

以下では、「アイロニカルな没入」が「普通の人たちの排外主義」を説明している、と論じているわけではない。むしろ、大澤氏がオタクについて指摘する「アイロニカルな没入」という態度の核心は、オタク趣味を持つことそのものにあるのではなく、「私も駄目だと思う。でもね……」という、自己の態度に留保を付しつつ世界を相対主義的に俯瞰する社会的志向性にこそあり、それは「良識ある」知識人も、いや「こそ」が陥りやすい陥穽《かんせい》である。上野氏の移民否定論、それに対する左派の擁護論、あるいは、アイロニストから愚直ともいえる「左翼」へと転向した内田氏のような論者の態度を整合的に理解するうえで、大澤氏の議論は示唆的である。

左翼史・論壇史をみても、「左派からの転向組」こそがラディカルに保守化する、逆に「保守・ノンポリからの転向組」こそがラディカルに左翼化する（内田氏や高橋源一郎氏など）という、転向論の根幹にかかわる論点である。転向とは「左↓右」の一方通行路ではない。逆もまたしかりである。その根底にあるのが、自らの信念を（アイロニカルに）相対化しつつ、相対化できない他者、没入的に価値コミットメントをする他者に対して厳しい姿勢をとる、という社会的態度である。いま私たちが直面しているのは、左派が多文化主義やジェンダー公正性を、コミットしながら相対化し、深いコミットをもつ他者に「楽観的」「教条的」「理解を試みていない」と説教するという光景である。「嗤う日本のナショナリズム」ならぬ「笑えない左派のナショナリズム」である。

以上の点を前提として、大澤氏の所論を紹介しておこう。

大澤氏は、日本のオタクたちにみられる現実（もしくは任意の可能性）への徹底的な相対主義的態度（アイロニズム）が、「にもかかわらず、であるがゆえに」逆説的に特定の世界観・対象への没入を可能にする、という逆説を「アイロニカルな没入」と表現している。「彼らは、それが幻想＝虚構に過ぎないことをよく知っているのだが、それでも、不動の「現実」であるかのように振る舞うのである。オタクたちは、虚構と現実を取り違えているという、評論家的な批判が見逃しているのは、意識と行動の間のこうした捩れである。彼らに、いくら、「あれは虚構に過ぎない」と主張しても意味はない。彼らは、それをよく知っているからである」（『不可能性の時代』）。

あらゆる世界の出来事を相対主義的に、ということは自らを全体の俯瞰者の位置に置くことにより、アイロニストは現存する「俗世的」な価値や規範に対する優位性を獲得する。そのメタレベルでの超越性を「認識」しているかぎりにおいて、かれらは個々の価値の相対性を「認識」しない他者に対して優位に立つ。そして、自らが選好する価値・規範についても「相対的なものででしかない」という認識を、随伴してコミットしているということをもって、「相対的なものでしかない」ことを認識せずに特定の価値・規範を主張する他者を、構造的に劣位に置くことができる。

たとえば、現在のネットスラングに「逆張り」という言葉がある。世のなかで重要な価値だと思われており、その相対性を認識せずに信じている他者が多数である、と判断されうる場合に、自らの主張の妥当性の根拠を肯定的に語ることなく、「相対性を知らない（マジョリティとかれらが考える）他者」の立場性を相対化・批判する――という行動様式のことを指す。ネットでは、「サヨクは大衆の原像（地方、民衆、下層社会、下層の生活世界）を知らない」という、耳にタコができるほどに定型化された「机上の空論」批判様式を、道端に寝転がる猫よりはるかに容易に見いだすことができる。

「逆張り」自体に根拠はさして必要ない。ＰＣ（政治的正しさ）的な価値を主張する他者の妄信ぶりや、人権などの近代的価値観の普遍性を疑わない者、そうした普遍性を知るはずもない「大衆」の心性を理解できないインテリの不誠実さと不見識を、メタレベルから主張するだけでよい。たとえ批判の相手が、フィールドワーカーであれ、弱者救済に汗を流すボランティアであれ、関係ない。「ＰＣ」や「差別表現批判」を掲げれば、それは自動的に「正義を振りかざす」道徳的ファシストなのだ。法的規制と社会的制裁と社会的批判の区別もかれらには関係がない（ある意味で徹底した法実証主義批判者なのだろう！）。そうした「反常識・反建前・反ＰＣ」といった「反《アンチ》の思想」は、定義上無敵である。そして、大澤氏がオタクに見いだしたアイロニカルな没入は、現在きわめて日常的に観察される態度となっている。

こうした大澤的な「アイロニカルな没入」論を統計的に検出することはきわめて難しいが、北田研究室が二〇一〇年に行った練馬区若者文化調査では、二次創作（原作を翻案して第三者が作り上げた二次的創作物）好きな男性のオタク（ディープな男性オタク）は全般的にアイロニカルな没入の度合いが高く、愛国奉仕志向・排外主義が強い傾向にあることが示されている。アイロニカルな没入は、「バカらしいと思っていたことに、いつのまにかはまってしまったことがある」という設問で測定し、意味的関連性を鑑み、変数の関連と効果を考察した（統計分析の手続きについては、北田・解体研編著『社会にとって趣味とは何か』をご覧いただきたい）。二次創作志向を二値化し、操作的に構成した信頼性の高いオタク尺度得点を三層に分割、男女別で、計一二類型を得たが、二次創作好き男子の「没入的アイロニズム」の高さは際立っていた。

このあたりの詳細な分析は別稿に期したいが（社会学的には、他のジェンダー変数とのかかわりを丁寧にみていかないと思い付きと変わらないので、相対主義的態度と没入的態度、排外主義、権威主義、年齢、性、ジェンダー規範の関係を精査する必要がある）、排外主義的な愛国心や、「戦後民主主義」的前提を懐疑する国家への奉仕志向の現れである「反ＰＣ」的態度を、ディープなオタク男性はとる傾向性が高く、アイロニカルな没入の効果もみられる。

一方、二次創作好きな女性のオタクの場合は、アイロニカルな没入度は一二類型のなかでも低く、国家奉仕志向・排外主義ともにディープな男性オタクと正反対の傾向（国家奉仕否定的・移民肯定的）がみられた。

大澤氏の「オタクは、世の中の標準的価値をメタレベルで相対化しつつ、「反」標準的価値にアイロニカルに没入する」という仮説は、ディープな男性オタクについては一定の妥当性をもつように思われるが、それはディープな女性オタクについてはあてはまらない。むしろ、ディープな女性オタクは、そうしたアイロニズムが弱く、動員的・排外的なナショナリズムにも否定的、つまり「PC適合的」である（『社会にとって趣味とは何か』）。

やや話題は逸れるが、しばしば指摘されるように、ディープな女性オタク（≒腐女子）にも第三者的・傍観者視点の採用、「放っておいてください」という標語に表われているような社会との距離設定志向は存在する。しかし、それは大澤氏が言う「アイロニカルな没入」がもたらす超越性とは異なった、「社会との距離化」の方法論といえるだろう。

やや思弁的に仮説を立てるなら、次のようになる――ディープな男性オタクの社会との距離化は、社会に散在する個別の価値や規範を部分集合とする全体集合を俯瞰するようなメタ的・上位的視点をめざすのに対して、腐女子のそれは、集合としての境界設定（全体集合からの離脱）というよりは、ルーマン型システム理論にいうシステムの意味境界設定に近い。前者は「全体／部分」「要素／集合」という集合の関係を前提とするのに対し、後者は、自らの観点が意味的に自律しており（したがって他者についても「ある意味の準拠点にもとづいて」観察することになり）、必ずしも上位／下位、包含関係を含意する集合関係を築くわけではない、と。

その意味でも、ＢＬ（ボーイズラブ：腐女子が愛好する男性キャラ同士の性愛関係を描いた作品）をフェミニズムの実践として捉える溝口彰子氏の批評にはおおきな説得力を感じる（『ＢＬ進化論』）。

「放っておいてください」は、自らが属するシステムでの行為を、他のシステム（道徳や法、政治）で一意的に記述される（意味づけされる）ことを拒む姿勢を示したものであり、他のシステムに対する優位性、集合論的な包摂性を示したものではない。であるがゆえに、他の意味システムに準拠すべきと考えられる事柄、たとえば「ＰＣ」的規範や法規範などを自らの観点によって包摂することもなく、別の準拠点（法や道徳）へと移行して考察することが、無理なく成立する。これは、包含関係を前提とする男性的アイロニズムではきわめて困難な、視点の切り替えの方法である。

閑話休題。こうしたディープな男性オタクにみられる傾向は、本来的には、内田氏や上野氏、上野氏の擁護者のような左派が対峙すべきもののはずである。にもかかわらず、左派が、没入的アイロニストに理解や共感を示してしまってはどうしようもない。というより、「私個人は……だと思う。でもね……」というアイロニカルな没入を、上野氏やその擁護者が共有してどうする、ということだ。ミイラ取りがミイラになってミイラを説得するようなものである。

5　笑えぬ左派のアイロニズム

定義上無敵な「アイロニスト」に対して投げかける政治的・倫理的な言葉は即座に相対化され、「正しさの押し付け」として処理されてしまう。さらに、排外主義的傾向を持つ人たちは、いわゆる「愛国主義的」傾向を持つ人と同一視はできないので、おそらくかれらに言葉を届けるには、「排外主義」の話法に乗るしかないだろう。それがどれほどの困難であるかは、安田浩一氏や樋口氏の著作を読めば明らかである。

安田氏は『ネットと愛国』で、在特会の構成員の理解と対話を粘り強く試み、「届く言葉」を模索していた。しかしその後彼は、対話という方法から反ヘイトという正面切った行動へと舵を切った。「届く言葉」による説得など容易なものではない。この言葉のどうしようもない届かなさへの諦念と、法や公正としての正義にもとづく闘争線の設定が、反ヘイトの運動であり、二〇〇〇年代以降のフェミニズムの運動であり、腐女子という方法の展開であったと私は捉えている。それが勝利するかはわからないが、少なくとも、没入的なアイロニストに「届く言葉」があるなどという懐柔的な認識は、あまりに甘すぎると言わざるをえない。

そもそも二〇〇〇年代の「良識」的なひとたちは、そういうところから議論をスタートさせていたのではないか。後藤和智氏らのロスジェネ論壇は、社会批評、批評的な社会論に徹底的に抗った。かれらにとって「統計」は、反ヘイトの路上行動と同様の理論武装の道具であった。そのなかには、社会統計的にも問題のある勇み足の「エビデンシャリズム」もなくはなかったとは思う。しかし、かれらのエビデンス主義は、それ自体重要な政治的な武器であったのであり、そのことを年長世代や、相応の職位を得た研究者は真摯に受け止めるべきである。排外主義・バックラッシュ・世代の忘却との闘争は、机上で、路上で、いまなお継続しているのである。

民族的マイノリティ、性的少数者、女性、ロスジェネ——かれらには「正しさの押し付け」などという寝言に付き合っている余裕はなかった。いまなお、である。大家の左派から、いまさらながらに「正義の暴走」論などに理解を示されても、正直に言って、迷惑である。

最大の敵は、マジョリティの知識人が逃げ込みたくなる「我が内なる没入的アイロニスト」である。そこに逃げ込んで、「正しいだけじゃダメなんです」などと子どものようなことを言っている場合ではない。

社会の公正性を希求する実践者であるなら、届くレトリックを考えるよりも、法と公正としての正義の貫徹に向けて、どんなに辛く地味ではあっても、率直に対抗するための知的武器を創り出していく作業を積み重ねていくしかない。

一足飛びで社会を斬る「論壇」は、もうどこにも存在しないのだから。

第Ⅰ部　社会的シニシズム＝脱成長派と対峙する

第1章　脱成長派は優し気な仮面を被ったトランピアンである
——上野千鶴子氏の「移民論」と日本特殊性論の左派的転用

1　はじめに

以下では上野千鶴子氏の「移民悲観論」について相当に厳しい調子で批判を展開する。読者のなかには、「それほど強く批判する必要はない」「上野氏の業績を否定するのか」といった印象を持つ方が一定数いらっしゃると思う。たしかに、我ながらいささか感情的に書き殴っているという自覚は持っている。

私自身は、上野氏に学問的にも人間的にも大きな恩義を感じているし、日本のフェミニズムを切り開いた上野氏の業績に畏敬の念を抱いている。しかしここ数年、しばしば見かける上野氏の、おそらくは無自覚の「新自由主義」的な議論に危うさを感じ、学恩を受けた一人として、その議論の問題について対談やＳＮＳなどさまざまな場で、同時代の社会学者として疑問を投げかけてきた。それは、上野氏を思想的な文化遺産として捉えること、過去の偉人として批判を回避することほど、上野氏に対して失礼なことはないという信念にもとづいてのことであった。

その多くは私の非力ゆえにかわされてしまい、上野節の健在ぶりを証左することになっていたのだが、今回の「移民論」は、完全に一線を越えたものであり、影響力のある社会学者・フェミニストの発言として、とうてい看過しがたいものであった。上野氏に尊敬の念を持つ社会学者の一人として、読後の深い絶望感のなかで誰を宛て名とすることもなく「批判」を書きださずにはいられなかった。もっと抽象化し、無難に書くことも不可能ではなかっただろう。しかし、私は心より尊敬してやまない上野氏に、最大限の敬意をもって「お手紙」を書かせていただくことにした。

もとより応答は期待していない。ただ、日本の左派の一部に根強い人気のある「脱成長」「清貧の思想」がいかに残酷であり、またトランプ的一国主義・排外主義と裏表のナショナリズムを随伴してしまっているかを、私の知るかつての「あの」上野千鶴子氏、そして上野氏の読者に向けて問題提起をしておきたいと思う。

「内なるトランプ」を清算しえないかぎり、そして優し気な言葉に包まれた敗北主義を清算しない限り、左派・リベラルの論理は――ノブレス・オブリージュすら欠いた――裕福なインテリの玩具にしかなりえない。日本という場に、本当にジェンダー公正で、多文化主義を実装した社会民主主義を創り出そうというのであれば、上野氏の所論は絶対に越えねばならない壁である。この壁の前でたじろいで目や耳を塞《ふさ》いでいる余裕はわたしたちの社会にはない。この「手紙」をもって私が問いかけたいのは、そういうことだ。

私は上野氏から多くの知的遺産を受け取った一人として、同じような立場にある遺産相続者たちに呼びかけたい。安易に社会に絶望してはならない。その偉大な知的遺産を次世代に遺すためにも、上野氏の移民論をみなかったことにしてはならない、と。

2 「多文化主義は無理」？

中日新聞二〇一七年二月一一日付「この国のかたち　三人の論者に聞く」という記事のなかで、社会学者でありフェミニストである上野千鶴子氏が驚くべき発言をし、上野氏に共感的であった層のあいだにも衝撃が走っている。それは、次のような多文化社会に対するペシミスティックな見解を述べた部分である。これは意見といえば意見なのだが、さまざまな水準での事実誤認と社会科学的に問題のある信念とが入り乱れており、私は現代日本の「脱成長左派」「成熟社会派」の純粋型をここにみた気がしている。

日本はこの先どうするのか。移民を入れて活力ある社会をつくる一方、社会的不公正と抑圧と治安悪化に苦しむ国にするのか、難民を含めて外国人に門戸を閉ざし、このままゆっくり衰退していくのか。どちらかを選ぶ分岐点に立たされています。

移民政策について言うと、私は客観的に無理、主観的にはやめた方がいいと思っています。客観的には、日本は労働開国にかじを切ろうとしたさなかに世界的な排外主義の波にぶつかってしまった。大量の移民の受け入れなど不可能です。

主観的な観測としては、移民は日本にとってツケが大き過ぎる。トランプ米大統領は「アメリカ・ファースト」と言いましたが、日本は「ニッポン・オンリー」の国。単一民族神話が信じられてきた。日本人は多文化共生に耐えられないでしょう。

上野氏の経済に対する捉え方、少子化についての捉え方、そして歴史認識については、以前より深い疑念を持っており、直接・間接に疑問を投げかけてきた。本件もある意味で、そうした上野氏の思想の延長上にあるのだなと、半分は理解――共感ではなく――できてしまえる。だが、それにしても完全に一線を越えたように思う。

これは失言の類で納められるようなものではない。「インタビューだから真意が伝わらなかった。記者が誤解している」と言うのであれば、即座に中日新聞にその旨を伝えるべきであろう。そうでないとすれば、言葉通りに受け止めるしかない。後日、自身のブログにて「弁明」を提示されたが、それを読んだうえでなお、以下の議論に修正を加える必要を何ら感じなかった。

この発言において最大の問題は「移民を入れて活力ある社会をつくる一方、社会的不公正と抑圧と治安悪化に苦しむ国にするのか」という、選択肢の提示部分が前提としてしまっている認識である。この部分は二つの読み方を許容する。

ひとつは、「移民が入ると治安が悪くなる」という前提を上野氏が採っている可能性。SNSなどではこうした解釈も見られたが、それはさすがに上野氏に酷というもので、「社会的不公正と抑圧」という言葉が入り込んでいることから、「移民が入ると、移民自身が不公正な状態に置かれる」「移民が入ると、移民に対する抑圧が起こり、反対派などによる暴力などの治安問題が起こりかねない」というあたりが真意であると考えるのが妥当であろう。

しかしそんな善意の解釈を施してもなにも救われない。この発言が有意味であるためには、「移民が不公正な状態に置かれて、犯罪に手を染める」という被抑圧者犯罪説か、「反対派による抑圧という暴力が多発する」という抑圧者犯罪説のいずれかが妥当でなくてはならないからだ。

ここで上野氏が言っているのは法的に認められた形で入国した移民のことである。そうした移民が流入することにより犯罪率が上がる、あるいは反対派による犯罪が増える、と言うのは、移民消極派、トランピアンと同じ社会認識であるが、実際にはより丁寧な議論が必要だ。

というのも、移民や外国人労働者の移住の増加と犯罪率との関係について考える際には、まず経済的移民というのが、実際には近隣地域への移住に限定されるという地域限定性が強い（アジアの移民でもっとも多いのは中東地域のサウジアラビアやアラブ首長国連邦のような富める国への移動である）ということ、また必ずしも「途上国→先進国」移動が多いわけではなく、「途上国→途上国」移動が多いという移動パスの多彩さなどもあることを踏まえ、ケース間の比較が難しく、容易に結論を得られるような論点ではない（林玲子「国際人口移動の現代的展望」人口問題研究七〇–三、二〇一四年）ことを踏まえなくてはならないからだ。

また、後者の「反対派による犯罪」にいたっては迎える側が対応すべきことであり、その受け入れ態勢の問題点を改善する議論をするのであればともかく、安直に「犯罪率の増加」という論点に絡めるべきことではない。日本には在日本朝鮮・韓国人へのヘイトスピーチを行うひとたちが驚くべき数存在するが、例えばそうしたひとたちが増えるからといって、在日朝鮮・韓国人に日本から出ていったほうがいい、などとアドバイスするのは、「のりこえネット」の代表である上野氏であればまず考えないだろう。**変えるべきは受け入れの環境であり、「批判派が暴れる可能性があるから」という理由づけは、本末転倒も甚だしい。**この立場は上野氏が採るものではないと考える。

というわけで、前者の「合法移民の犯罪率」に戻ろう。日本の人口に占める外国人比率は九〇年代以降漸増傾向にあるが、外国人の刑法犯検挙人数比は二パーセント前後を維持しており、平成二七年度の『来日外国人犯罪の検挙状況』にも、「総検挙件数・人員は、前年比でいずれも減少。約一〇年前のピーク時と比べて大幅に減少したが、最近五年間は横ばい状態」とある。ここにいう来日外国人とは定着居住者（永住権を持つ者等）を除いた数字であることにも注意を促したい。

「警察庁の「犯罪統計」（各年版）によれば、外国人の「刑法犯検挙人員／外国人人口」比率は、日本全体よりもわずかであるが恒常的に高い。しかし、**このことは必ずしも「外国人だから」罪を犯しやすいことを意味するわけではない。**例えば、外国人の内、不法滞在者の同比率は正規滞在者のそれを上回り続けているが、これが示唆しているのは、正常な所得稼得手段を持たないことが、犯罪の誘因を強めている」（児玉卓「移民レポート1　日本の移民問題を考える」大和総研二〇一四年一一月一七日）というのが妥当な見方であろう。

常識的に考えて、合法的な形で日本に滞在している外国人の犯罪率の高さを主張するには、データの扱い、解釈を含めて、社会科学者として相当な勇気が必要であるはずだ。また、現在の技能実習制度や入国管理の矛盾を見れば、まずは移民手続きの「適正化」こそが主張されるべきで、一足飛びに「治安悪化が懸念されるから大量移民には否定的」と主張するのは本末転倒だ。

よく知られるように、「外国生まれの人口比」に関しては、日本はＯＥＣＤ先進国のなかでは実質的に最低の数値、一パーセントほどにとどまる。独米英仏のように一〇パーセントを超える状況にはなっておらず、治安の悪化を心配するような段階にすら到達していない。被抑圧者犯罪説を心配するより先に、すべきことがあるだろう。

日本では単一民族神話が信憑されているから、移民を受け入れる寛容性を期待できない、というのが上野氏の考えなのだろうが、それが被抑圧者犯罪説を伴うのか、抑圧者犯罪説を伴うのかが不分明である。前者であれば、統計上の数字の見方、解釈に大きな問題があるし、後者であれば、多文化主義への努力すらしていないこの国に対してずいぶんと「優しい」考え方といえる。

上野氏は「客観的に無理」「主観的な観測としては（略）ツケが大き過ぎる」と断言する。主観も客観も、どちらも上野氏の状況認識を反映した心情の吐露にすぎない。だいたいこの主観と客観の区別の意味が分からない。いずれも上野氏の正当化されていない信念を語ったものにすぎない。「私は残念に思うけれども、現状をみていると、多文化主義に日本は耐えられそうにないから無理」と言うのであれば、「私は残念に思うけれども、現状をみていると、日本の家父長制は強固だから変えるのは無理」という理屈も通ってしまう。リアリズムを装ったただの生活保守主義である。上野氏はそれで満足なのだろうか。

3 「経済」という変数

こうした上野氏の混乱は、実は、この記事全体に底流している上野氏の「脱成長論」と深く関係していると私は考えている。上野氏はこう言う。「日本は人口減少と衰退を引き受けるべきです。平和に衰退していく社会のモデルになればいい。一億人維持とか、国内総生産（GDP）六百兆円とかの妄想は捨てて、現実に向き合う」べきと。

これは上野氏のみならず内田樹氏など、有力な左派論客に共有されている脱成長・成熟社会論である。脱成長とは言うけれど、要するに「清貧の思想」である。中野孝次『清貧の思想』が、清貧など想定もしていないバブル期に、貧しさなどと無縁な人びとに読まれたように、脱成長論もまた、豊かなインテリの玩具となっている。

そもそも犯罪率というのは、ある程度の経済規模を持つ地域においては――エビデンスを重視すると言う上野氏であれば知らないはずがないと思うが――経済指標と関連がみられることは、社会科学の知見が差し出してきた通りである。

例えば大竹文雄らの研究においては、「犯罪の発生率が、犯罪の機会費用と密接な関係をもつ労働市場の状況や所得状況、警察などの犯罪抑止力と整合的な関係にある」と指摘されている（大竹文雄・小原美紀「失業率と犯罪発生率の関係：時系列および都道府県別パネル分析」『犯罪社会学研究』35）。どういうことかと言うと、犯罪の発生率というのは、失業率が高かったり、格差が激しかったりする状況において増加する傾向にあるということ、要するに「経済状況の悪さ」は「治安の悪さ」と関連を持つということだ。

これは日本でも米国でも観察されることである。ものすごく簡単にいえば「貧すれば鈍する」ということである。このことは、時系列的（景気の変動、失業率の変化）にも、共時的にも（経済的に停滞している地域／豊かな地域）同様の傾向が確かめられている。すなわち、生活苦などの状況に置かれた人たちが窃盗などの犯罪にかかわってしまう、というきわめてシンプルな話である。

経済環境がひとを犯罪へと駆り立てる――。このことは、来日外国人による犯罪率のわずかながらの高さを説明する。反移民国家・日本では、「技能実習」の名のもとに事実上単純労働者を外国人に委ねる――しかし移民とならないように帰国を義務付ける――「移民政策」が採られている。その多くは、「労働者」ではなく「実習生」として、労働者の権利が相当に限定された単純労働に従事しており、収入も処遇もよい状況にはない。他の経路で日本に滞在している途上国の外国人、さらには非合法に入国している外国人に至っては、さらに状況は悪い。総じて構造的に劣悪な経済状況、就労環境に置かれているひとが多く、そのことが犯罪率が高い傾向の要因となっていると考えられる。

つまり、「外国人の犯罪」と呼ばれる事柄のほとんどは、日本国籍者にも適用される「経済的要因」によって説明されうるわけだ（社会学者に対しては、「経済的な変数を統制せよ」と言ったほうがわかりやすいかもしれない）。とすれば、犯罪率にかんして外国人と日本国籍者を分別して考えることにそれほどの意味はない。それは「外国人問題」でも「移民問題」でもなく、「経済問題」なのだ。

上野氏が一貫してみようとしないのが、この「経済と社会秩序」という古典的問題である。経済的な安定性がないところでも秩序は保たれると本気で考えているのだろうか。それとも「日本人は非常時でも整列する」などという、あの「日本人素晴らしい」論に与《くみ》するのであろうか。敗戦後の日本、「教育勅語」で教育を受けた人びとがどれほどの凶悪犯罪に手を染めていたか、どれだけ犯罪率が高かったか、戦争特需以降の景気回復で治安がどれほど劇的に改善されていったか、社会学者であれば誰しも知るところである。日本人は特殊な道徳意識を持つ人びとではない。経済状況が悪化すれば、外国人滞在者、移民の存在に関係なく、犯罪率は高まる。上野氏は日本特殊性論を打ち出したいのであろうか。

さらにいえば、九〇年代以降、移民増加によって経済成長を維持した国では、犯罪率の低下すらみられる。典型的なのはスペインであるが、ようするに、労働力不足→移民増加→経済成長→犯罪率低下という循環が生み出されているわけで、ここには魔法も何もない。ごくごく単純な社会の傾向性が存在するだけだ（http://www2.ttcn.ne.jp/honkawa/1170a.html）。「外国人滞在者が増加すると犯罪率が高まる」と言うのは端的に、日本という国が外国人の労働に関してきわめて厳しいハードルを作っていて、そのハードルを越えられない入国者が法により守られることのない就労環境に置かれるからであり、さらに合法的な入国でも「実習生」制度のような形で労働者としての権利を制限しているからにほかならない。

一方、「外国人滞在者・労働者が増えると犯罪率が低下する」というスペインのような傾向は、たまたまスペインにやってくる移民が道徳的に正しい人たちだからというのではなく、経済環境がよくなるとスペイン人も移民もともに犯罪率が低下する、というだけのことである。

上野氏は識者として公のメディアで発言しているのだから、この点については私以上に専門知識を持っているはずだ。にもかかわらず「移民」は無理であると言う。なぜか。

ひとつには、経済という人間の社会的営みに対する上野氏の認識の無頓着さと、それを支えるナショナリズムが考えられる。つまり「経済などというのは、成長がなくても、そんなにひどくはならないだろう」という、日本経済の底力に強い信頼を置いている可能性がある。たしかに第二次大戦後、移民をほぼ政策的に受け入れることなく経済成長を達成したのは日本ぐらいである。

しかしそれが、人口ボーナスや特需などいかに「偶然的」な要因によって達成されたかは上野氏もご存知のはずだ。日本人の勤勉なエートスが経済成長を可能にした、などと言うのは絵空事である。

いまひとつには、「経済が悪くなっても日本人は清く正しく生きるだろう」という漠然とした日本人の秩序志向への信頼が考えられる。現に日本はデフレの時期に「排外主義」の顕在化を許してしまった。経済だけが原因とはいわないが、まだ一億人の人口規模を持ち、団塊ジュニアが生産年齢にあるこの時期のデフレですら「我慢できない」人びとが、人口が半減し老人比が重くのしかかる状況での生活・経済環境に充足することができるとでも考えているのだろうか。

上野氏は「平等に、緩やかに貧しくなっていけばいい」と言う。なぜ日本だけがそんなことが可能だと考えるのか。上野氏をはじめとする脱成長派に聞きたいのはそのことである。上野氏は「社会民主主義」という言葉を使っているが、どこに「成長」を目指さない社会主義思想が存在していたというのか。「権利・自由の欺瞞には踊らされずにみなの豊かさを求めていく」というのが社会主義の基本理念であろう。いつから社会民主主義は「清貧の思想」になってしまったのか。

総じてこれらの問いへの答えが得られない現状では、ひとつ考えられる有力な仮説は、「脱成長派は「日本経済」や「日本人のエートス」の力強さ、秀逸さを固く信じている」ということだ。これは伝統的な日本特殊性論にほかならない。単一民族神話を解体したいのなら、そんな日本特殊性論もちゃんと一緒に清算すべきである。「脱アイデンティティ」などと言っている暇があったら、ご自身の強固なナショナル・アイデンティティを「脱構築」すべきである。あるいは自分はそうしたナショナリズムから自由であると考えているのかもしれないが、**犯罪率と移民問題を結びつけた時点で何にご自分が踏み込んでしまったのかを自問していただきたい。**

4 「逃げるが勝ち」の倫理と新自由主義の精神

世代間再配分についても気になるところだ。「みんな平等に貧しく」と簡単にいうが、平等というのはいうまでもなくきわめて難しい概念なので、まずは不平等状況をリセットする状況想定が必要となる。となればもちろん、デフレによってその職業キャリアを毀損された出生コーホート、ロストジェネレーションへの再配分、しかも、高度経済成長のもとで利益を受けた世代からの再配分、財と機会の移転が必要になる。

どれだけ上野氏をはじめとした左派が「アベノミクス」を否定しようと、ここ数年の新卒就職率は高卒・大卒ともだいぶ改善されており、ご存知の通り大学院志願者は低減傾向にある。上野氏のお膝元であった東京大学人文社会系研究科でも入試時期を前倒しし、実質的に「青田買い」に参入した形となっている。「若い人たちはかつてのような夢を持てない」というのは自由だが、「夢を持っていないはずだ」という思い込みを押し付けてはならない。

ロスジェネの人口ボーナスもそろそろ期待できない時期に差し掛かっている。「産めよ殖やせよ」などというつもりは毛頭ない。そうではなく、世代的な不利益を被ってきた人びと――現在の若者と団塊ジュニアの狭間でわりをくった世代――への社会的な再配分を考えなくてはならないということだ。そうした世代間不平等の解消に向けてどのような方策を上野氏が考えているのか、これがあきらかにならないと、「平等に貧しく」などという言葉に同意することはできない。

これまたいうまでもなく、団塊世代にしても、独居老人世帯や貧困世帯、人的関係資本から疎外された人びとなど、「これ以上むしりとられたら死ぬしかない」というひとは山のようにいるのであって、日本は豊かな社会ではまったくない。GDP比の貯蓄率はOECD諸国のなかでもイタリアとともに低い水準にあり、団塊世代の貯蓄率はたしかに国内的にみれば相対的に高いといえなくもない――貯蓄・資産形成期が長いのだから当たり前――が、それは正規分布のような形をとっておらず、所得と同様に「持っている人が持っている」というだけだ。

団塊世代の貯蓄は、貯蓄なしをあわせて一〇〇〇万未満が五七・八パーセント、年金などをあわせて「そこそこ豊かな」老後を過ごしうると考えられる三〇〇〇万以上の貯蓄のある人は一三パーセントにすぎない（内閣府『平成25年版　高齢社会白書』より）。年金を含めた年間所得三〇〇万以下の世帯は過半数を超える。独居老人比は二〇一〇年には女性高齢者で二割を超え、団塊世代女性の相対的貧困率も二割に達している。現在の生産年齢世代は、ストックの形成も難しく、放置しておけばその水準すら達成できないのだ。

世代間再配分を果たそうにも多くの団塊世代にはそれが難しい。貯蓄額・資産の大きい人びとの資産が、社会的な再配分に向かっていない状況は、上野氏自身が属する「団塊」世代内での断絶を示している。**「逃げ切れる団塊」などほんの一握りの人たちであり、そうしたなかで「おひとりさま」などと提唱するのは、社会政策としては絵空事に近く、再配分をなにも考えていないことの証左である。**

夫と離婚して慰謝料と年金で「健康で文化的な生活」をある程度期待できるひとなど、ほとんどいない。「1％ vs 99％」でいえば、団塊世代女性の多くは九九パーセントの側にいる。男性から女性への再配分にしても、ほとんどの男性高齢者にその余力はなく、どれだけかれらから「回収」しようとも、寿命の差を考えれば世代内再配分に大きな期待をすべきではない。「おひとりさま」は、そういうジェンダー論的にも残酷な思想である。いまさら「再配分を考えて平等に貧しく」などといわれても、鼻白むというもので、まずは「おひとりさま」の撤回から始めるべきだろう。

というか、そんなことは疑似問題なのだ。「人間お金だけじゃない」という人生訓は美しくはあるのだろうが、それは社会政策次元で社会学者がいうべきことではない。企業の内部留保を問題化するのなら、なぜ留保が解けないのかを考えるのが政策であり、それはそのままご自身と同世代の富裕層の貯蓄や資産にもあてはまる。しかし先記のように、そこから搾り取ったところで、老人の死亡率が「自然増加」するだけで、経済成長がなければ生産年齢世代が得るものは大した額ではない。最悪のシナリオである。その再配分を支える体力が今の日本経済にあると本気で考えているのだろうか。

経済というのは、社会のすべてではない。権利は大切である。善《よ》さも正しさも大切である。しかし、正しさが善さ（goods＝財）によって支えられていることもまた、自然権論者ならぬ社会学者であれば考えなくてはならない。制度の公正性と経済的合理性を分けて考えること自体、社会学者の不遜というものではないか。

「清く貧しく」というのは「勝ち組」の余暇、娯楽にすぎない。高層マンションの生活に退屈した小金持ちの道楽だ。

上野氏や内田氏がそんな趣味にかまけているあいだに、すべきことは山のようにある。おそろしいまでに徹底された移民・難民制限、その人権意識が強く疑われる入管の対応、メディアに垂れ流される外国人＝犯罪者論と日本礼賛、エビデンス無視のご都合主義的な歴史認識、改憲への行程の整備……。そして、上野氏がいうような経済に対する残酷なまでの無関心・楽観視――それはたいがい本人の意図と反して、本人が懸命に批判されている「新自由主義」と一致する――は、「日本の底力」なるものへの倒錯した哀愁の現れにほかならない。

おそらく日本が移民政策を進めたら、多くの人たちが東アジアからやってくるとでも思っているのだろう。しかし、東アジア地域は途上国（タイ、ベトナム等）も含め、あと数年のうちに「少子化」のモードに入る。日本人が考えている以上に日本の経済は弱体化していて、賃金の上でもけっして優越的な位置にはない。頭を下げても来てくれない、その可能性を考えたことはあるだろうか。

上野氏であればこの一〇年の間に、東京大学からどれだけ多くの韓国人留学生がいなくなってしまったのか、知らないはずはない。中国からの移入者もいまがピークと考えていい。その頃になって焦って移民受け入れに転じても、誰もこんな国には来たくないだろうし、上野氏の言うように衰退していくのなら、その「利益」もなにもないだろう（現在でも、だ）。上野氏はあまりに日本社会を信頼しすぎているのではないか。その懸念は以前から持ってはいたが、今回の記事ではっきりと確信した。脱成長論とは反多文化主義であり生活保守であり、マジョリティの道楽である、と。

自分は違う、と上野氏は言うだろう。しかし、論理的にみれば、完全にそうした流れに掉さしているとしか思えない。娯楽のために踏みつぶされる人びとの複数性をもった声に耳をふさぐような思想を、フェミニズムが許すはずもない――私はそう信じている。

5　「まじめに正義と配分の話をしよう」

こうした、上野氏のまがうことなきナショナリズム（括弧すら必要ない）は、おそらくはご自身が忌避するであろうトランプ大統領の社会政策、そして生活保守を馴致《じゅんち》する新自由主義とほとんど差はない。上野氏の信念体系では、「フェミニズム」「反差別」「反新自由主義」はセットとなって存在しているのだろうが、私はそのセットが、学者として踏まえるべき合理性・道理性を兼ね備えているとはいえないと考える。

　上野氏は新自由主義者である。

　私は新自由主義という概念は、社会学的には使い物にならない概念、万能すぎて何の反証可能性もない、雑に過ぎる理論であると思っているが、とにもかくにも「小さな国家（緊縮財政）／個人主義的な競争主義／流動性の上昇／貧富の格差の肯定」という要件が新自由主義なるものであるとするなら、上野氏は間違いなく新自由主義者である。

　上野氏は、日本が淡々と滅びていけば自動的にスウェーデンのような福祉国家になると考えているようだが、そんなわけがない。経済規模が異なるので単純比較はできないが、先にも触れたように、スウェーデン経済は九〇年代半ば以降の財政再建が、為替減価や生産性向上と相まって経済成長と結びつき、一定の定常性を維持しえている国である。

　まさかここで「やっぱりスウェーデンぐらいまで人口・経済規模を小さくすればいいじゃないか」というのなら、もう社会について語るのを止めた方がいい（環境条件が変わった状況での因果遡行は社会科学的にいえば「無理」である）。あのおそろしく税金の高い国家において、日本や韓国以上の成長率を維持できているというのはどういうことか、少し考えてみればわかるだろう。

　スウェーデンは当然のことながら金利政策と人的投資を基本軸とした経済・社会政策をここ二〇年間の間にしたたかに採っており、為替レートの減価（自国貨幣の価値下落）による輸出の好調が財政均衡と連接する「構造」を創り出してきた。設備投資・イノベーションの活性化を図り、法人税率は九〇年代以降引き下げ続けられ、現在では日本よりもはるかに低い税率となっている（湯元健治・佐藤吉宗『スウェーデン・パラドックス』日本経済新聞出版社、二〇一〇年）。

こうした構造に大きく寄与したのは、女性の労働力活用と、未来の労働力への投資、そこから得られる輸出産業を支える充実した人的資本である。将来の労働力の質を高め、イノベーションを果たしうる人材養成のための投資を制度的に行っているわけだ。「なんで「［子どもを］私が預かるわ」、「親同士で預け合いしよう」という話にならないのか」「目の前にある待ったなしのニーズをお互いにサポートして解決しようと考えずに、なんでも制度とサービスに行くんですね」（次章「政治的シニシズムの超え方」）といった、上野氏の社会化への恐るべき冷淡さとは無縁である。

むろんそれはバラ色の歴史ではない。スウェーデンが優生学的な事実上の断種政策を七〇年代にいたるまで行っていたことは、「人」を投資としてみることの裏面であり、いいことずくめの話ではない。

とはいえ、日本や韓国のように、経済規模が大きいにもかかわらず、教育投資に関して世帯支出に頼りきりで、かつ、英語通用圏でもない（し賃金も低い）ので人材も集まりようのない国が、どうやって生き延びていくかを考えるとき、将来の労働力への投資や、理に適った統合教育――統合教育というのは「お国柄」に染め上げるということではない――は有効な手立てとなる。少子化問題は、むろん産む／産まないの自由は産む人にあるわけだが、現下の日本は、まずは出産・育児にかんする社会化があまりに不十分で、女性の負担をあてにしているため、「産みたいけれど、産めない」人が多数いるという状況だ。これは「産めよ殖やせよ」という話ではなく、端的に「産んでも仕事を続けられる／られない」という労働・就労形態をめぐるジェンダー非対称性の問題である。

そうした将来の労働力としての子どもの養育に対して、どれだけ社会の側が投資するか、ということが問題なのであり、これを私的セクターに投げ出している状況が問題なのである。上野氏は私との対談（次章「政治的シニシズムの超え方」）で、育児の社会化について否定的な発言をしているが、これはまさに育児・教育を「私化」する新自由主義の発想にほかならない。育児・教育の社会化、適正に管理された移民政策（十分な共生教育）、多文化主義の担保は、中長期的にみた場合、子どもを持たないひと、持てないひとにとっても十分にペイする投資であって――短期的には積極的な財政にもとづくデフレからの脱出が至上命令である――その投資が恒常的に存在してはじめて、北欧型の定常社会が機能するのだ（そもそも北欧型の福祉国家体制が一〇〇年近い時間のなかで醸成されてきたことを忘れてはならない）。不況時に財政出動することや金融政策にコミットするのは、ごく当たり前のケインジアン的発想であって、なにも安倍首相の占有物ではない。

経済は言ってみれば「下りエスカレーターを駆け上る」ようなシステムであり、上野氏が夢想している「脱成長成熟」の社会も健全な投資への動機づけと成長が不可欠である（なにかというと「かつてのような高度経済成長はありえない」というが、そんなことはどんな反緊縮派も知っている)。女性労働力や将来の労働力への人的投資、現在の多文化的状況の認識と改善、多文化主義に基づく人的資本の流動化への投資に向けて経済成長を図るというのであればともかく、経済成長そのものを否定してみせるというのは、端的にジェンダー公正の問題と多文化主義の問題を、「一国経済主義」の枠内で否定することを含意する。「経済」の問題と「多文化主義」の問題を分けて考えられる、という発想自体が、「正しさ」の水準においても「善さ」の水準においても、能天気としか言いようのない「日本経済・日本人への固い信頼」に支えられていることを見逃すわけにはいかない。

長くなったが、要約すれば簡単な話だ。小学生の椅子取りゲームのような幼稚な社会観——トランプのそれとまったく同じ——をちゃんと捨て去り、「真面目に正義・公正と善の話をしよう」ということである。

6　内なるトランプを見据えよ

と書いたところで、特定非営利活動法人移住者と連帯する全国ネットワーク・貧困対策プロジェクトからの公開質問状への回答が、上野氏のブログに載せられた(「人口減少か大量移民か?ちづこのブログ No.113」https://wan.or.jp/article/show/7070)。社会学者としての誠実な回答を期待していたが、その期待は完全に裏切られた。むしろ「上野千鶴子は新自由主義者である」という仮説が強化された形だ。

二点に分かれているが、第一の点。「私の見解はこれまでではなく、『これから』先の将来について論じたものです」の部分だが、なにを言っているのか理解不可能である。「これまで」の正しい認識なくして「これから」など語りうるはずがない。諸々《もろもろ》の社会科学的な「これまで」への不見識とそれに基づく印象論も甚だしい「これから」の話が問題となっているのだ。客観／主観といい、恣意的な線を引いて話をずらすことは一切おやめいただきたい。移民問題は論壇プロレスのネタなどではないのだ。

第二の点。これは本当に絶望的な問題だ。「ジェンダーやセクシュアリティと移民の問題が同じにできないのは、前者が選択できないのに対して、後者は政治的に選択可能だからです（難民の問題は別です）。したがって、『公開質問状』にあった『この発言を、上野氏のご専門であるジェンダー問題におきかえると、「日本は女性差別的な国。日本人はフェミニズムには耐えられないでしょう。日本に女性はいない方がいいです」となります』は、まったく当たらない類推となります」と上野氏はいう。「選択可能」ということがいかに「自由」「責任」ということと微妙な関係を持つのか、上野氏を含むフェミニストたちは延々と繊細な議論を積み重ねてきたはずだ。それがここでは完全に等閑視され、蔑《ないがし》ろにされ、侮辱されている。

この点をさらに掘り下げよう。第一に、なぜ、いかなる基準で、「選択できる／できない」という区分で海外からの移住者・居住者差別問題とジェンダー非対称性の問題とを分断しうるのか。

どれほど多くの在日本朝鮮・韓国人のひとたちが「選択して」日本に生まれ育ったというのか。「選択なのだから、文句を言うなら出ていけ」はヘイトスピーチの常套文句である。「選択である」という認識が「自己責任」とむすびつけられ、異議申し立ての権利を簒奪《さんだつ》してきた歴史、現在進行中の歴史をみて、なぜこれほどまでに残酷なことがいえるのか。また、親が不法滞在し、日本で生まれ育った子どもたちが、親とともに生きる権利、さらには「選択したわけでもなく」生まれ育った日本の地で生きていく権利をも奪われかねないきわめてクリティカルな状況にあることは、いくら専門外とはいえ上野氏もご存知だろう。

ジェンダー／セクシュアリティに関して、「選択できる／できない」はきわめて両義的な意味を担ってきた。一方では、家父長制・生物学的決定論が呪縛をかける「選択できない」ことからの自由を目指し、一方で、「差別はもうないからあとは各自の選択だ（自己責任だ）」という、構造的要因を無視した自己責任論と対峙し、「選択する／しない」という自由意志の問題には還元できないことの複雑さをみようとしてきたのが、ジェンダー論やセクシュアリティ論だったはずだ。その議論の蓄積もスルーして「選択できない」と決めつけられても、いったいどのような意味で、どの論理の水準で言っているのか不明であり、困惑するしかない。**差別研究でもジェンダー研究でもきわめて慎重に扱われてきた「選択できる／できない」を曖昧なまま対照させることがどれほどの理論負荷性を持つか、上野氏が真摯に考えた形跡はみられない。**

第二に、第一の点と関連するが、文章の主語がきわめて悪質な形で恣意的に割り振られている。

「選択する／しない」の主体の候補は、ここでは四つ存在する。ひとつは「移民」であり、ひとつは「女性」であり、いまひとつは「政府」、そして「社会」である。上野氏の議論は、一方で「選択」する主体を移民、「選択できない」主体を女性としたはずなのに、いつの間にか「移民政策を選択する」国家や社会の話にすり替えられている。選択する移民をどう受け入れるかの選択と、「移民にならずに生きていくことができる」という移民の選択はまったく別のことだ。

上野氏が言っているのは「私の印象では日本『社会』は移民政策に耐えられないから、『選択すれば』来ないでもよい移民に無理して来ていただく必要はなく、また将来の治安悪化のことを考えると、『国家』が移民対策を『選択しない』ことが現実的」ということであり、選択主体の複数性を「選択」というマジックワードで覆い隠してしまっている。「移民が自ら来ないという選択をし、日本社会もまた移民を受け入れない選択をすることがwin-win」と言っているわけで、おおよそ学術の水準に耐えうる文章となっていない。

第三に、「選択」というのは、他の選択肢があること、他行為可能性があってはじめて自由な選択といいうるのであり、他行為可能性がない、たとえば移民したくとも現実的にほぼ乗り越え不可能なハードルが設定されているため、選択のしようがないといった場合には「自由な選択」とはいえない。

そもそも日本に外国人として生まれてくることは「選択」ではない。なるほど、たしかに日本政府や社会には、移民を受け入れないという「選択」＝他行為可能性が「保証」されている。この非対称な「選択」を比較可能であるかのように描き出すことは、社会学の基礎の基礎である行為理論についての見識が問われてしかるべきである。

上野氏は、これほどまでに残酷な――リアリズムではなく、端的に不見識にもとづく――社会構想を示しながら、市民社会の広がりに期待を持っているという。多文化の現実を受けとめられない人たちに抗して、多文化の事実を見据え、多文化主義の実装を目指すことこそが、「国民」ならぬ市民なるものの責務なのではないか。上野氏のいう市民が国民でしかなかったことを、悲しいことだが、あらためて強く思い知らされた「回答」であった。

＊

私は少子化問題というのは、将来の労働力確保の問題というよりは、基本的に女性に著しい不平等をしいている「家事／ケア労働」をどう社会的に公正化するのか、という問題だと認識している。「出産意志はあるが、産めない／育てられない」という層が多い一方、産む／産まないは当然当人の意志によるものだ。そこを強制して、お国のために子ども殖やせ型のお馬鹿なお話に付き合うつもりはない。安倍内閣の掲げる現状の数値目標もナンセンスだ。しかし、〈産みたいひとがいるのに産めない状況の改善〉を求める女性は少なくない。正当なニーズである。それが結果的に長期的な出生数上昇につながったらそれはそれでよいではないか。

そうした対応は「産まない人／産めない人」への不当な負担であるとは考えない。育児・教育・福祉の社会化、人的資本への社会的投資で恩恵を被るのは「産む／育てる」ひとたちだけではないのだから。未来のまっとうな社会への投資だと思っている。

労働力の確保はもはや手遅れ気味ではあるが――現状、米仏独と異なり、日本に来る金銭的・社会的メリットがもはやなさすぎるので、そこのあたりのちゃんとした待遇・権利保障・教育システム、多様な職種・生き方が併存可能な形を整え――移民や外国人労働者に二顧の礼で来ていただくしかない。勘違いされないよう、あらかじめ言っておくと、移民受け入れ策に切り替えても、外国人労働者／あるいは移民になる意志のあるひとにとって、日本はもはや魅力がさほどないぐらいに「堕ちた社会」になっている。「アジアのひとたちのあこがれの地」などと夢想するのは不遜なうぬぼれというものである。

それでもまだ来たいと言ってくれているひとたちがいる。来てくれているひとたちがいる。そして、なにより実際に来ているひとたちがいる。その人たちが安心して生きていける環境・法整備を「最低限度先進国として当然のレベル」にまで持っていく――日本はとうていその水準に達していない――のは、かろうじて先進国たりえている国の責務であろう。その責務を果たしてから「無理」と言っていただきたい。

上野氏が先のブログで言う通り、「福祉国家にはつねに潜在的に境界の管理が伴」う。しかしそれは当然のことながら、日本国籍を持つ親から生まれた者のみが経世済民の対象となるということを意味しない。なぜこうも限定的に、日本に生まれ日本人として育った人びとのみを社会の成員と考えようとするのか。上野氏のいう市民社会は、いつのまに狭義の国民国家に従順なものに成り下がってしまったのか。日本の戦後民主主義・市民社会論自体がいかに「ネイションモデル」に塗り固められていたかは、すでに多くの指摘がされてきたが、上野氏もその「市民派」の流れに掉さすということなのだろう。

「人口規模1億人を維持しようと思えば3・3千万人の社会増」が必要となり、人口の一〜三割が移民となる状態に日本人は耐えられない、というのが上野氏の診断であるが、なぜそうも「日本人」に優しいのか理解できない。人口に占める外国出生者の比率は、スイス二八・三パーセント、豪二七・六パーセント、カナダ二〇パーセント、北欧、英独仏蘭も一〇パーセントを超える。一・一パーセントの日本が多文化状況に懸念を持つなどとんでもない話である（OECD International Migration Outlook 2015にもとづく http://www2.ttcn.ne.jp/honkawa/1170a.html 参照）。準備をしてから心配をしろ、というスタート地点百歩前の状態である。

人口の一割が移民になったとして、その移民の統合教育や異文化教育、権利保障をこそ考えるのが社会科学者の役割であって、日本特殊性論を振りかざし、「寝た子を起こすな」式のレトリックでもって日本社会を甘やかすのであれば、そんな社会は「社会」の名に値しない。そこには「社会など存在しない」。

しつこく繰り返すが、「移民が来ると反対派が騒いで治安が悪くなる」から「移民は無理」というのは、「日本では家父長制が強固だから、変えるのは客観的に無理。だから等しくみんな耐え忍ぼう」というのと同じロジックである。言うまでもなく差別は比較不可能ではあるが、差別者のロジックはたいてい同型である。

治安云々を言うのであれば、貧困や経済的な困窮と犯罪との関連のほうがよっぽど深刻に懸念されるべきだ。敗戦直後、日本の治安が良かったなんてどのデータをみたらいえるのか、「昭和三〇年代」がどれだけ貧しく犯罪の多い社会であったのか、お忘れになったのか。これだけ排外主義が許容され、多文化の事実にもかかわらず、最低限の多文化主義にすら「PC疲れ」と不平を言うような人たちが少なからず存在する現在、経世済民のコントロールがつかなくなったらどうなるか、考えただけでもぞっとする。

一見やさしさを装った「脱成長」の仮面の下には、根拠なき大衆蔑視と、世界社会（N・ルーマン）における日本の退潮を直視できない団塊インテリの日本信仰、多文化主義への不見識と意志の欠如、選択できる／できないという線引きを前提とした――在日外国人をめぐる問題系とジェンダー問題とを分断する――無邪気な自己責任論、それらを包含した、多様性をみない平板な「社会理論」が根を張っている。それは「一国主義」で生きていけるというトランプの無根拠な信念と、語り方を変えただけで、まったく同型である。

脱成長派は、優し気な仮面を被ったトランプ主義者にほかならない――悲しいことではあるが、いまはそう考えるしかない。

安易に社会に絶望できるのは、現在進行形で紡ぎだされているマイノリティの声の複数性に耳を塞《ふさ》ぎ、無根拠に「日本社会の底力」なるものを信憑することのできるマジョリティの特権である。この特権を特権であると認め、自分の言葉が踏みつぶした複数の――日常的・恒常的に生み出されている――「絶望」の声に耳を傾け、自らの思想的・実践的な「襟」をただすこと。脱成長左派に求められているのは、そういう基本的な――むろん難しいことではあるが――ことである。

そうしたスタート地点に立ち戻らずに「連帯」を言うこと、構想することはできない。**シニシズムも絶望も、「認知的不協和」を解消するという点では機能的に等価なマジョリティの選択肢である。**そのマジョリティに与えられた「選択」肢がいかなる理由の体系、構造に支えられ、どのような効果、機能をもたらしてしまっているのか、その問いを直視するところからしか「連帯」は生み出されないだろう。逆にいうと、その連帯なくして現在の世界社会をサバイブすることはできないということでもある。はたして私たち――日本という地政学的環境で生活にかかわっているすべての人びと――に、「絶望」している余裕など残されているのだろうか。

第2章　政治的シニシズムの超え方——上野千鶴子氏との対話

——国民の理解が得られないまま、九月一九日に「安全保障関連法案」が参議院で可決、成立しました。この法案をめぐっては、国会議事堂前をはじめ全国各地で抗議集会が開かれました。

上野千鶴子さんは「安全保障関連法案に反対する学者の会」の呼びかけ人のひとりとして活動をされ、以下のような旨の発言をなさっています。七〇年安保闘争の敗北後、正義を唱える者を冷笑するシニシズムが蔓延したが、二〇一五年の夏はその政治的シニシズムを一掃し、まっとうなことを口にしてもよいという新しい時代が始まった。安保法案は強行採決されたが、敗北感は決してない。民主主義は国会の中ではなく、国会の外にある。これから国会の外の民主主義をどうひろげていくかが大事であると。

一方、上野さんは反対運動に賛同しつつも、そのなかにある性差別、マイノリティ差別について問題視されました。フェミニズムの立場から現在の状況についても、お話を伺いたいと思っています。

また『バックラッシュ！　なぜジェンダーフリーは叩かれたのか？』で上野さんにインタビューされた北田暁大さんにもご意見を伺いたいと思っております。

1　デモができる社会に変わる

上野　今回、北田さんが対談相手だというのは、意義深いことです。北田さんは『嗤う日本の「ナショナリズム」』で、一九七〇年以降の日本の政治的な空気がどのように変わってきたか、を考えてこられました。私には二〇一五年夏は、その点で事件と呼んでもいい分岐点になるという予感があります。

私は七〇年安保世代ですから――六八年と言ったほうがいいかな――六九年には東京大学安田講堂が陥落し、七〇年にはすでに運動は退潮期を迎えていました。あのとき、正義を掲げて闘った学生たちの敗北、そして七二年の連合赤軍事件での自滅的な終末を迎えて、そのショックで立ち直れなかったひとたちがたくさんいました。その学生運動世代の背を見てきた次の世代が「バカなやつらだ」という冷笑的なシニシズムをずっと持ちつづけてきました。このシニシズムは想定以上に長くつづいたと思います。それが二〇一五年夏を契機に変わったという気がするんです。

私の個人史をたどっても、約四〇年ぶりにデモに出ました。自分が生きているあいだに再びデモに行くとは想像していませんでした。そういう意味でも感慨があります。私より少し上の世代である柄谷行人さんは、3・11から半年後の「9・11新宿・原発やめろデモ」でのスピーチで、「デモで社会は変わるのか？　イエス、変わる。デモのできる社会に変わる」という画期的な発言をなさいました。そして、その予想は一〇〇パーセントあたりました。

今回の国会前でおこなわれた抗議行動で、安倍政権の政策に変更が起きると考えていたひとはいなかったと思います。口に出すと「敗北主義」と言われるので、誰も言わなかったのでしょうが、国会の外での行動がどれだけさかんになろうとも、国会内勢力配置は変わらないということは目に見えていました。自公が安定多数を占める国会内勢力をつくりだした、安倍総理の政局のコントロールも非常に老獪でした。二〇一四年一二月の突然の解散総選挙で安定多数をとったうえで、四年間の長期政権の基盤をかためた。その最初の半年間で、選挙の争点にならなかった政策を矢継ぎ早に出したわけです。用意周到でした。

にもかかわらず、「正しいことは正しい」「イヤなことはイヤ」と言っていい。それはダサいことでもなんでもない。そういう空気が日本全体に広範にひろがった。私も周囲のひとたちの反応の変化を、如実に体感しています。

代々木公園での「9・23さようなら原発　さようなら戦争全国集会」で、SEALDs（Students Emergency Action for Liberal Democracy-s「自由と民主主義のための学生緊急行動」）の奥田愛基くんが、「デモなんかやっても意味ないというやつらがいるけど、意味ないっていうやつが意味ない」とスピーチしました。素朴なボキャブラリーですけど、まっとうなことをまっとうに口にしても誰からもばかにされない。そういう雰囲気がひろがった。国会前だけでなく地方も含めて、運動の裾野が非常に深く広いという感じがします。決して一部のひとの行動ではありません。

一〇月一九日にも渋谷駅前ハチ公前でSEALDsの抗議活動がありましたが、敗北感も悲壮感もない。言うべきことは言いつづけていく。むしろ、その雰囲気が定着したと実感しました。これはひとつの転換が起きたと言うべきでしょう。

もうひとつ付け加えると、二〇一五年夏は、突然起こった変化ではありません。ルーツは3・11にある。3・11の衝撃は日本社会全体にボディブローのような効果をもたらしたと思います。先に引用した柄谷さんのご発言も、3・11以後の脱原発デモのなかで出てきたものでした。私のデモ復帰もじつは二〇一一年九月でした。3・11は「第二の敗戦」とも言われましたが、「ニッポン、変わらなくちゃ」という気分が強く生まれました。脱原発デモはピーク時に二〇万人が集まったと言われます。今回のデモは一二万八〇〇〇人でした。六〇年安保の最大ピーク時で動員数三〇万です。六〇年安保、七〇年安保のときに、ヒロイックなデモをしていたひとたちから見れば、微温的に見えたかもしれません。決まった時間に集まって、決まった時間に終わり、ゴミを拾って帰ると。そういうデモのスタイルが定着していった。そういう、これまでの経験値の蓄積があったからこそ、それがSASPL（Students Against Secret Protection Law「特定秘密保護法に反対する学生たち」）につながり、さらにSEALDsにつながっています。

北田　私の印象はかなり違っています。現在進行形の問題について云々するのは控えたいところです。というのも、現在自分のところに集まっているかぎりでの情報があまりにも錯綜していま す。肯定的・否定的のいずれにしても、評価をするほど機が熟しているとは思えません。

ひとりの市民としては、私も国会前にはしょっちゅう行っていました。ただ、これが「新しい」運動かどうか、正直わかりません。正負両面あるわけで、断片的な印象批評だけはやめたい。プロパガンダになってしまいますから。

　大阪の御堂筋を歩く「OSAKA AGAINST RACISM 仲良くしようぜパレード」や「東京大行進」などの反ヘイトスピーチ、反差別の活動にも参加しています。デモのできる社会のなかでデモをする。その政治的可能性を疑っているわけではありません。SEALDsをはじめとする反安保のデモには、その主旨に賛同して国会前に足を何度も運びました。これが無意味だとは思っていません。SEALDsの運動については肯定的にとらえていますが、その主張はとてもシンプルなので、それに対しても賛成と言うしかない。足を引っ張りたくもないし、アイドル化する気もない。そういう意味では私はシニカルなのかもしれませんが、それは別に運動を否定するものではない。学者の「本能」のようなものです。

　今回は、論点をあまり拡大せずに、「学者」とデモの関わりについて見ていければと思っています。いま上野さんがおっしゃったように、負けは予測していたわけです。安倍政権の支持率が現在あまり低下していない状況も、ある程度予想がつきました。よほど大きな経済失政がないかぎり一年後には支持率を回復しているでしょう。すると、いま学者は何をするべきか。そのフェーズが変わってきたんじゃないか。

上野　北田さんにも私にも、いくばくかの当事者性がありますから、政治的シニシズムが払拭されたと私が集会でスピーチしたのは、スピーチは行為遂行的《パフォーマティブ》言語行為であり、なにがしかのプロパガンダだからです（笑）。社会学者としては、二〇一五年夏をどのように歴史的に評価するかにはまだ早いというのはそのとおりでしょう。

ただ、六〇年安保を経験した世代と七〇年安保を経験した世代――つまりデモの経験値をもっている世代が続々街頭に再び現れた、というのは私の実感としてあります。そして、約四〇年間、そういう経験をもたなかった世代も、街頭に出てきた。そういう経験値が蓄積されていくことに対する希望があります。

北田さんは次のフェーズとおっしゃいましたが、どういう問いを立てておられるんですか？

北田　学者も運動の担い手であるかぎりにおいては「参加者」の一人にすぎません。それは、いままでと変わりません。しかし、あれだけの大きなインパクトを持った反安保運動が、安倍政権に対して打撃となったのか、というと世論調査の動向を見るかぎり、内閣不支持率との相関は弱まりつつあり、「反安保」一本で現政権を倒すことは現実的に難しい。時間経過による忘却効果は私の予想をはるかに超えて早いものでした。

内閣支持率ということでいえば、ひとつの潮目は八月一四日に発表された「戦後七〇年談話」にありました。「反安保」の左派からみればきわめて欺瞞に満ちた談話だったわけですが、あれは案外と世論受けして、結果として強行採決の負の効果を相殺してしまったように思います。また投票行動の指標となりそうなイシューはやはり経済と雇用です。私たちから見ればお笑い沙汰でしかない「一億総活躍」にしても「新・三本の矢」にしても、ああいうキャンペーンを次々と繰り出すことは相応に与党の「信頼回復」に繋がっていくものです。それに対して野党民主党はどうでしょうか。本当は強行採決前に「採決後」を見据え、それこそ自民党に抗するマニフェストを用意してキャンペーンを張っておくべきところ、経済政策にしても安全保障にしてもバラバラ感だけが露呈している。まずは、反安保は大前提として、与党への対抗軸を明確にした「経済」「雇用」「社会保障」「安全保障」「歴史認識」「ジェンダー政策」などを整理し、対抗キャンペーンを張っていかなくてはならない。

私たち学者ができることといえば、そうした論点をしっかりとまとめていくことであり、パブリックにしていくことでしょう。いや少なくともアベノミクスの大失敗といった敵失や、選挙協力のみを念頭に置いた「反安保」に頼り切るのは違うよ、ということを指し示していくことが重要です。詳細は申し上げられませんが、私はこの点強い危機意識をもっていて、「戦後七〇年談話」の頃から少しずつ準備をしてきています。それは運動と対立するものではありません。自分の資源を路上に行く以外の方向で使う率を高めていく、ということです。敗北主義は私の好むところではありませんし、気合いを入れれば選挙に勝てるというほど楽観的でもありません。

2　冷笑的シニシズムのメカニズム

北田　冷笑的シニシズムに話を戻すと、『嗤う日本の「ナショナリズム」』という本では、二〇〇〇年代のネット右翼についても分析しています。ネット右翼にあるのは、冷笑的・偽悪的なものがいつしか熱狂へと変わっていくメカニズムだという話をしました。そしてそれは「右」に限ったことではない、とも。

上野さんのお話でいうと、デモ型の運動の経験値の少ない世代の知識人に、私はこのメカニズムが作用していると感じます。たとえば内田樹さんですが、彼のデビュー作は『ためらいの倫理学』という本で、年齢の割には論壇デビューが遅くて、論壇年齢的には私とそんな変わらないんですね。この本はベストセラーになりましたが、当時私はものすごくいやなものが出てきたと思った記憶があります。内田さんの論理は、基本的には、「自分の直観を含め複数ありうる他の可能性から選択すること」へのためらいというものがあって、そのためらいのないひとたちの「審問の語法」を批判するものでした。

つまり「言っている内容は理解できるが、言い方が〜」というある種の語り口批判によって、ためらう自分が無敵の武器を手に入れる。様式はとても簡単です。「〇〇は言っている内容はいいんだが、ためらいがないので、暴走してしまう」と。この「〇〇」には何を入れてもいい。『ためらいの倫理学』で、その例として挙げられていたのが、フェミニズムや歴史認識問題でした。

――この本の「アンチ・フェミニズム宣言」という章は「私は「正義の人」が嫌いである」という一文から始められています。内田さんはもつべき知性とは「「自分が誤り得ること」（そのレンジとリスク）についての査定能力に基づいて判断すること」とされていますが、「私が知るかぎり、「自分が間違っている可能性を吟味する」能力を優先的に開発しようとしているフェミニストはほとんどいない」と批判されています。

北田　いまの内田さんがどう考えるか興味深いところですが、この批判様式は冷笑的な、というか「他者がためらっている」か否かの検証もなく、自らを「ためらい」というシニシズムの側に置き正当化するものです。冷笑が「ためらい」という美しいことばを与えられて、倫理的に正当化された。この話法は、二〇〇〇年代に流行っていて、『中庸、ときどきラディカル』の小谷野敦さんも似たようなことを書かれていました。「あえて」とかアイロニーを言っていたひとたちがことごとくフェミニズム批判をしていたことは、とても象徴的だと思います。シニシズムというものが、二〇〇〇年代に一定数の男性文化知識人を惹きつけ、当時若手の私の同世代もその思考様式に惹きつけられていた。私は不思議で仕方がありませんでした。

だから、今回内田樹さんがこのようなかたちで反安保運動にのめり込んでいくことにまったく違和感がないんです。彼が批判してやまない「審問の語法」への「ためらい」がとれた瞬間になだれ込んでいく。ネトウヨが冷笑的なシニシズムから熱狂へとなだれ込むメカニズムと一緒です。シニカルにかまえていて、例外状態になったらためらいを解除する。「僕はためらったんだから、たんなるコミットではない特別なコミットだ」という自己規定が熱狂を正当化する。シュミットが言った意味での政治的ロマン主義のロジックそのものです。

『嗤う日本の「ナショナリズム」』に書いてあることですが、こうしたロマン主義はその内容に関しては右にも左にも適用されうるもので、内田さんの姿勢は右から左への転向というよりは、きわめて論理的な展開だと思うのです。内田さんにしても高橋源一郎さんにしても、「ポスト全共闘」世代の運動へのコミットメントは、「しらけ」からのきわめて論理的な展開であり、「反知性主義」という批判の仕方やSEALDs世代と自分たちの世代の「あいだ」を「日本最弱」などと呼ぶ世代論など、昨今の内田さんの発言に私はきわめて危ういものを感じています。運動にコミットしているから危険というのではなく、社会学的・経済的に「物語」に近いものを捏造し、異なる意見を排除する方向性にはとうてい同意することができません。そしてそういう「物語」によって反安保を達成できると思うのは、文学者の傲慢だと思うのです。さらに彼のフェミニズム嫌いは払拭されたのでしょうか?

上野　内田樹さんは一九五〇年生まれだから、私よりやや若い遅れてきた世代ですね。首都圏と関西の違いもありますし、わずかな世代の差と、論壇デビューの年齢の違いもあるでしょう。七二年の連合赤軍事件の顚末に対する衝撃は大きかったので、あとから来たひとたちが冷笑的な雰囲気になったのは理解できますが、その世代のひとたちが論壇的な発言力をもつようになったのが二〇〇〇年代、ということですか?

北田　どうなんでしょうか。あの世代の論客には似たようなスタイルを感じますね。コーホート(世代的な集団)の特質というよりは、「論壇」的な言及関係での特徴といいますか。

上野　私がびっくりしたのは、中島岳志さんがデビューしたとき、「保守主義者」と名乗っていたことです。彼のいう「保守」は「リベラル保守」の意味のようですが、私たちの世代にとって、「保守」というのはそれだけで否定的なラベルで、それを自称するなんて、ありえない選択でした。なのに、それを看板に掲げて出てくる論壇人がいた。内田樹さんも中島岳志さんも、保守論壇のアイドルになるべき立ち位置にいたひとでしょう。ある時期まではそういう指定席を与えられるはずだったにもかかわらず、おふたりとも、最近は「リベラル保守」の立ち位置に変わってきた。今回の「学者の会」では、私と内田さんは共闘しています。彼もためらいを捨てて行動に出たのかと観測していたのですが、北田説では、彼が変化したわけではなく、一貫性があったと。

北田　「ためらい」や「あえて」という機会主義的なアイロニストが決断主義にいたるという、カール・シュミットの『政治的ロマン主義』以来の定義がきれいにあてはまるとは思います。中島さんや萱野稔人さんのいう「保守主義」「ナショナリスト」というのは、よくもあしくも内田さんのような堅固なものではなくて、わりと最初から「朝日新聞」的なものと親和性が高かったと思いますが。

上野　彼らの論壇的立ち位置も変わりました。『ＡＥＲＡ』の連載での内田さんの政府批判の発言はきっぱりしていますし、中島さんも、テレビ朝日の「報道ステーション」でのコメントを見ていると、たいへん明快です。内田さんは芸があってなんでもないことに筋道をつけて安全な着地点に話を落とすのが得意です。保守論壇にとっては安全パイとして便利なひとのはずでした。保守論壇は一定の指定席を保守系知識人に提供していますが、とっくにそこからはずれているんじゃないですか。高橋源一郎さんも文壇自体をパロディにしてきたひとですけれど、朝日新聞論壇時評の最長不倒記録を更新して、いまやあまりに朝日的なまっとうさに、文学者がこれでいいのかとハタから心配になるくらいです。たしかに自称「保守」という名乗り方じたいが、シニシズムといえばシニシズムですよね。シニシズムは対抗すべき何かがあるときにしか成立しません。しかし、対抗すべき正義という仮想敵が弱体化してしまうと、アイロニーはアイロニーにすらならない。そういう事態に彼らは遭遇しているのかもしれません。

七〇年世代の自滅ぶりを見てきたひとたちが、冷笑的な態度を形成したことはわかります。けれど、そういうひとたちも変わってきたという見立てはあたっていないのでしょうか?

3　3・11が変えたものと変えないもの

北田　わかりません。私自身が不思議でならないのは、内田樹さんにしても小熊英二さんにしても高橋源一郎さんにしても、3・11で「変わりすぎ」たということです。上野さんは変わって当然だと思われるのかもしれませんが、私はなぜ変わるのかぜんぜんわからない。3・11が強烈なインパクト、カタストロフィだったことは否定しませんが、思想や社会科学の知というものが、社会的なカタストロフィによって変わるようなものではもう学問として終わっています。変わったように見えるとすれば、パースペクティブのどういう変換が起きたのか、あるいはもうちょっと愚直に、社会のあり方や構造がほんとうに変わったのか見ていく作業が必要です。

上野　私も変わりましたけどね。

北田　変わったというひとがいるのはわかるんです。実際いろんなひとたちが生活の変化を余儀なくされた。しかしそれで分析手法や理論が大きく変わるなんてことはありえない。実際変わってないわけです。一般のひとではなく、学者が「変わった」ということに私は大きな疑問を抱いているのです。

上野さんが書かれたもので私がいちばん好きなのが、「女性革命兵士という問題系」（『現代思想』二〇〇四年六月号）です。ちょうど9・11のときに、『現代思想』周辺の男性知識人たちが、「いま例外状態だ！」という感じの、妙な興奮の仕方をしていた記憶があります。それに冷水を浴びせるような論文だったと思います。

――9・11を巡ってテロリズムに関する、太田昌国さん、酒井隆史さん、冨山一郎さんの三人による座談会「暴力と非暴力の間」に対して、上野さんは「9・11のテロリストに対する口には出さない共感がみえかくれする」と書かれています。

北田　そのときの上野さんを見ていて、これこそが必要な姿勢だと思ったんです。つまりあのときの日本の知識人にとって9・11は、自分の日常の話ではないわけです。政治的・経済的には、少なくともミクロ水準では直接の関わりはなかった。だけど、ワールドトレードセンタービルに飛行機が突っ込んだ映像に異常に興奮し、例外状態の到来を読み取り、本来であれば冷徹に分析すべき立場の男性知識人たちがスペクタクルとしての「アメリカ批判」に熱狂した。「やった！」

って興奮しているひとたちに向けて、「いやいや、男性諸君、待ちなさい」と言ったのが上野さんの論文だったと思うんです。

人びとにとっての例外状態というのは基本的には「つくれるもの」なんです。非常事態、例外状態は「日常のポリティクス」といった面倒なことをすっとばすことを正当化してくれる。で、男の子って、困ったことに、例外状態が大好きなんです。

上野　おっしゃるとおりです。例外状態は非日常ですから。

北田　男は、例外状態をつくって興奮するというのを繰り返す、困った「動物」なんです。3・11はたしかに大きいですが、さんざん指摘されているように3・11によって日本社会の構造がいびつなかたちで顕在化したということでしかない。それまで表面化されていなかったが学者間では常識であったいびつさを、従来通りの方法で分析し、批判していくこと。それが学者の役割であり、例外状態の構築から一歩離れて問題解決を目指す。上野さんはなぜ変わったのですか?

上野　開沼博さんが指摘されたように、フクシマでは戦後日本の宿痾の縮図のような構造が表面化したにすぎないかもしれません。だけど、私には反省するに十分な理由があったんです。八〇年代に私は、青木やよひさんらの「エコ・フェミニズム」と袂をわかったという個人史があるからです。

私の周囲には、「エコ・フェミ」がたくさんいましたし、一九八六年のチェルノブイリ事故に衝撃を受けて、反原発デモや、愛媛県の伊方原発三号機建設に反対して現地集会を呼びかけるひとたちも、身近にいました。私は彼女たちと、途中まで一緒にいたのに、いまから思えば、「小異を立てて大同につかなかった」のです。

集会に行くと、集まっているのは女性が大半で、そこでは「お母さん」という呼びかけが圧倒的です。母性主義そのものです。私は、母親でない女は、ここに存在しないのかと反発しました。甘蔗珠恵子《かんしやたえこ》さんの『まだ、まにあうのなら』があの当時ベストセラーになりましたが、やはり「わが子のために」なんですね。いまもそうですが、「子どものために」ということばは、女にとって錦の御旗です。「自分のためには女は動けないのか」という気持ちもありました。私の周囲にそういうひとたちがいたからこそ、「小異を立てて大同につかなかった」んです。

北田　ああ、なるほど。非常に重要なお話だと思います。上野さんがご自身の原罪というか、ある種の贖罪の意識をもっているがゆえに、いま動いている。

上野　反省しました。広瀬隆さんの本も読んでいるし、高木仁三郎さんも知っていたし、原発への警告はいやというほど聞いていた。実際にチェルノブイリ事故が起きたことにショックも受けていました。いまから思えば、「テクノ・オリエンタリズム」にも陥っていました。「技術水準が低くて管理がずさんなソ連のことだから事故が起きることもあるだろう」という侮りがありました。

3・11のときにもし高木仁三郎さんが生きておられたら、どんな思いをされたか。「あんなに警告したのに」と思われるでしょう。あのときの衝撃には二種類あって、予想もしなかったことが起きたという衝撃と、予想どおりの事故が起きてしまったという衝撃があったと思います。私は後者に近い立場です。「あんなに聞いていたのに」と。「安全神話」に騙されていました、とは言えないのです。だから、そのぶんだけ自分が許せないんです。

4 「68年」と「15年」のあいだ

北田 いまおっしゃったことはふたつあって、ひとつは実存的かつ社会的な問題ですね。日本に住む少なくない数のひとがおなじような贖罪意識をもっていると思います。もうひとつは、その贖罪意識をもつひとが実際には七〇年代から〇〇年代までに存在していた社会運動の歴史を見えにくくさせてしまう、ということです。おっしゃる通り、二〇一一年以前にも反原発運動があった。ほかにもダムの埋め立てに対する運動、住民運動、環境運動がさかんに展開されたのは七〇年代です。新左翼残党色が強いので忌避されがちですが、三里塚闘争だってずっとつづいていたわけです。つまり、シニシズムと言われた時代は、じつは非政党型の運動が「大学」を越えて熟成する時代でもあった。大きなコンクリート型行政への闘いが繰りひろげられていた。二〇一一年に突然新しいものが出てきたというふうには思えません。

二〇一一年において運動が突然変わったという言説は、これまでの運動の歴史を消すものでもあるし、そこで積み重ねられてきた運動へのリスペクトも感じられない。実際には存在するはずの連続性も看過されてしまう。いまの国会前はとてもたいせつな運動だと思います。しかし連続性と非連続性の両方を見据える必要があります。私がくどいくらい小熊英二さんの「新しい」という表現に違和感を表明しているのはそのためです。

新しいところは、もちろんあるわけです。反原発運動からヘイトスピーチに対するカウンター行動、現在の安保法案反対運動にいたるまで、運動の様式は変わったわけですし、大規模な路上運動が目立つようになったというのはその通りでしょう。二〇〇三年の自衛隊イラク派兵のさいもサウンドデモがありましたが、現在のように大きな波及効果はありませんでした。反原発も反安保もその意味でのスタイルと規模の変化はある。イラク戦争や3・11のときと違い、まさに「我がこと」なわけですから、ひろがりが出てくるのは当然です。

しかし、八〇年代の反原発運動における母性を自然環境保護に結びつける言説に対して、上野さんが距離をとったのは仕方なかったと思います。なにしろいちばん「近代家族」的規範と実態が浸透していた時期ですから、そこを警戒するというのは、切実だったと思います。

上野　あの当時は、ジェンダー本質主義がまかりとおって、「女性原理派」や「母性主義」が強かったですね。ジェンダー本質主義が理論的かつ最終的に解体するのは九〇年代のジュディス・バトラーの登場を待たなければなりません。その後、晩婚化・非婚化で母にならない女が増えたので、もはや女を相手にして「お母さん」とは呼べなくなりました（笑）。

北田　お母さんに訴えかけても、そもそも母数がすくない。

上野　「負け犬」世代が登場するという人口学的な変化も起きたので、母性主義にははるかに対抗しやすくなりました。

北田さんがおっしゃるとおり、3・11までの四〇年間に運動が何もなかったわけではないということは重要ですね。

証言しますが、七〇年の学園闘争世代が「ブル転（ブルジョワジーに転向）」したというのは、嘘ですよ。サンプルの小さいデータですが、ある大学のデータをとったひとがいて、学生運動に積極参加した者がシンパを入れてほぼ二割、それに積極的に対抗した者が約二割、あとの六割がノンポリだったそうです。じゃあ闘争に参加した私の周りの二割はどうしているかというと、本当に地道に生きています。第一、いわゆる大企業に入ったひとは皆無。学習塾の経営やフリーランス、なかには会社をつくったひともいますが、「暴力学生」は雇ってもらえなくて自営業やるしかなかったからです。

四〇歳過ぎてから一部上場企業勤務の男性と知り合いになったんですが、彼が、私にとって、初めての一部上場企業にいる友だちだということに気づきました（笑）。考えてみたら私の出た大学も一応銘柄大学、一部上場企業に就職した友人がいても不思議じゃないのに、友人で一部上場企業に入ったひとはひとりもいませんでした。

北田　それは世代内でも特殊な環境だと思いますが……。

上野　田中美津さんがリブの女は一生リブだ、と言いましたが、そういう人生を送ってきたひとたちは、一度やったことをやめません。女は地域で共同保育や食品の安全について活動してきたし、男も住民運動や環境保護活動にかかわっています。二〇一五年夏に、そのひとたちが街頭に出てきたのは新鮮でした。国会前で白髪頭のひとたちが喜々としていましたから。

七〇年代安保闘争に参加した私たちは世代間対決をしました。「こんな世の中に誰がした。オヤジがわるい」と言って、オヤジたちに石投げたわけです。目の前の教師は、追い詰めて吊るしあげる相手でした。なにしろ"Don't trust over thirty.（三〇歳以上のオトナは信用するな）"という標語のある時代でしたからね。年長の世代と和解したり共闘したりするなんて、これっぽっちも思いませんでした。

ところがいまの若者たちは、ちゃんと高齢者に敬意は払うわ、スピーチでも泣かせることを言うんです。「七〇年間、殺しもせず殺されもしない憲法九条を守ってきてくれたのは先輩たちです」とか言うわけです。そういう継続性を自覚している。世代間の関係が、私たちが経験した対立関係と異なって、連続性があります。

想像ですが、このような多世代型の運動は、六〇年安保闘争にはあったかもしれません。しかし、七〇年世代は学園を闘争の場にしたために、対決の構造をつくらざるをえなかった。世代体験の継承に関していうと、私は自分の世代が四〇年間寝ていたとは思いません。彼らが突然変わったとも思わない。変わったこととといえば、再び街頭に出てきたというぐらいです。その点では、私もまた例外ではありません。

北田　そう、全然「寝て」なかったんですよ、全共闘世代も、ポスト全共闘世代も。現在、路上に出る手伝いを、若いひとたちがしてくれているのは事実ですね。

世代論をあまり言いたくはないのですが、私は、上の世代を憎んではいないんですよ。バブル世代を許せないといったところで、どうすればいいかもわからない（笑）。でも、八〇年代も二〇〇〇年代も確実に運動はあったし、私ですら、イラク派兵にしても慰安婦問題にしても反バックラッシュの運動にも実際に足を運びました。そこから見たときに、ぜんぶ少しずつつながっている。フェミニズムだって、必ずしも大学や路上だけではない場所で、活動があったわけです。そうしたものの蓄積は、とても大きい。

私が小熊英二さんの朝日新聞の「国会前を埋めるもの　日常が崩れゆく危機感」（二〇一五年九月八日）を読んでイラッとしたのは、そうした連続性をご自身の実感にもとづき切断しているように見えたからです。

――小熊英二さんはこの記事のなかで、「経済の上昇期に、繁栄と安定に違和感を抱く学生」たちによる「安定した『日常』からの脱却と、非日常としての『革命』を夢見る志向」を背景にした「68年」と、「経済は停滞し、生活と未来への不安が増している」状況下、「革命」や「非日常」を夢見るのではなく、「『平和』な『日常』が崩れていく不安」を背景にした「15年」の運動は、「異質だ」と指摘されています。

北田　上野さんの世代から浅田彰さんを挟んで小熊英二さんくらいまでの一〇年間、この世代がいちばん経済格差が小さいのに学歴の重要性が高かった時代だと言います。いわゆる文化的資本のゲームが激しかった世代だと思いますが、そのゲームの「勝者」から見ると、前の世代への反発があるかもしれません。だけど、そういうところ以外では綿々とした運動の継続があり、専業主婦による住民運動もたくさんあった。それは切実な日常の政治だったわけです。「68年」の瓦解とともに立ち上がったウーマン・リブが指摘したのも、日常がもっている深い政治性ですね。実際、日常を舞台とする社会運動というものが七〇年代以降大きく裾野をひろげていった。というよりそのような運動の基礎がないことには、それ以後の展開はありません。

5　運動の連続性と非連続性

北田　変化があったとすれば、先ほども言ったように、デモのスタイルが現代的に整ってきたというのは、たしかにあるかもしれません。二〇〇〇年代前半のアメリカによるイラク攻撃反対を訴え、カルチュラル・スタディーズ系のひとたちがサウンドデモを渋谷でやっていました。また、反ヘイトスピーチ運動を先導してきたひとたちがやってきた運動のスタイルが今回の安保反対運動には継承されています。

上野　社会運動論の用語では「レパートリー」と言いますが、連続性をいえばLGBTのレインボー・パレードの影響が大きいと思います。祝祭的な雰囲気で、デモと呼ばずにパレードと呼ぶ。それに音楽とコスプレがつく。運動のレパートリーがひろがって、それが受け継がれてWomen in Blackもあれば Red Action もある。すこし前のひとたちから見れば「軟弱」といわれるかもしれませんが、そこに参加することが楽しいという雰囲気をつくってきたわけです。たしかにそれらの変化はもっと前に起きていますね。

北田　ベルリンのラブパレードが有名ですね。二〇一〇年に中止になり、一一年にドイツに行った私は見に行けなかったんですが。ミュージシャンの石野卓球さんも行っていたし、ほんとうに「楽しそうな」パレードでした。これもＬＧＢＴ系と言えばそう言えます。このスタイルはたしかに一定の訴求力をもつ。だからいまでもレインボーフラッグがいろんなところで使われたりする。でも、これはこれで問題があって、昔からやってきたＬＧＢＴの当事者からすると、「レインボーフラッグの簒奪」という話にもなるわけです。スタイルだけではなく、そうした差異の政治をイシューの名のもとに無視できなくなったという「新しさ」も強調しておきたいところです。

上野　SEALDsの組織については詳しくは知りませんが、べ平連（ベトナムに平和を！市民連合）も、そう名乗ったひとが「べ平連」であり、中心になる代表を置かない運動をやってきました。とはいえ、新しさだけではなかったと松井隆志さんが的確な分析をしていらっしゃいます（「運動のつくり方の知恵　べ平連・鶴見俊輔・プラグマティズム」『現代思想』二〇一四年一一月号）。部分的には旧世代の組織論と運動論を引き継いでいると。修正主義者として共産党を除名された吉川勇一さんがしっかり事務局を固めていました。逮捕者が出るときちんと引き取りに行くとか警察との交渉にあたるとかです。最終的には私財をなげうっても責任を取ろうとした何人かのひとたちに支えられました。いわば縁の下の力持ちのような事務局組織と表のメディアパフォーマンス的な動きがうまく連動していた。SEALDsについても新しさばかりいうのは不公正ですね。

北田　不公正といいますか。新しい点は新しいけれども、それをあまりに強調すると見えなくなるものもある。SEALDsの方自身が「自分たちは新しい」と言ってる気はしないのですが、小熊さんのような方が問題なしとは言えない世代論を用いて「新しい」というのは、研究者としては強い違和感を持ちます。

上野　六〇年代のデモは、非日常でした。機動隊との対決が予期されていて、そこには暴力も含まれている。悲壮感がありました。非日常的な活動に悲壮感をもってヒロイックに参加するというのが、男の子たちの三点セットです。それがなくなったことは、とてもいいことだと思います。だから私はずっと、ヒロイズムはフェミニズムの敵、と言ってきました。

それ以前に遡れば、反体制運動はすべて非日常活動でした。それどころか非合法活動でもありました。五〇年代の日本共産党の山村工作隊などを見ると、自分の生活や生命をコストにして非合法活動に邁進したひとたちがいました。

若松孝二監督の『壁の中の秘事』という、私が若いときに見たポルノがいまでも忘れられません。元活動家同士のカップルがいて、女は団地妻になっていて、昔の男と不倫するわけです。それを別棟の団地の窓から望遠鏡で見ている浪人生がいるという……。その女は、革命に身を捧げるために不妊手術をしたという設定です。これが実にジェンダーと革命の関係を象徴しています。つまり、生殖する身体は、革命にとってはノイズなんですよ。身重の女を殺した連合赤軍のリンチ殺人を予告するかのごとくです。そのノイズを自らの意思で扼殺《やくさつ》した結果、選んだ団地妻の生活も子を生《な》さない不毛なものとして描かれている。最後は浪人生によってその人妻が殺されます。行き場のないお話です。社会変革というのは、自分の日常をぜんぶ犠牲にして挺身するものだったんですね。そういう時代の最後が七二年なのかもしれません。その後も「大地の牙」などの爆弾テロがありましたが。それに嫌気が差した人びとが登場するのは、当然でしょう。

フェミニズムは、闘いの場を非日常から日常に変えた運動だと私は思っています。毎朝誰がごはんの支度をするのか、からはじまって、誰が子どもを保育園に連れて行くのか、子どもが熱を出したら誰が迎えに行くのか。すべてが闘いでした。だからこそ、「個人的なことは政治的なことである」ということばの意味があったわけです。

ついでにいっておくと、小熊英二さんに対する北田さんの批判は、ちょっと見当違いのように思います。小熊さんの非日常批判というのは、あの当時のウーマン・リブが、学生運動の担い手たちに言った台詞だったからです。

北田さんは小熊さんへの批判のなかで、「六八年の運動をぜんぶ男の非日常の運動に仕立てあげてしまった」というような言い方をしているでしょう。だけど当時、小熊さんのような批判を男に対して向けたのが実はフェミニズムだったわけです。男の運動の非日常性を批判した。つまり、あなたとおなじことを言ったわけです。

フェミニズムは暮らしや子育てに闘いの場を移しましたが、女の闘いのなかには、「生活保守主義」というものが基本にあるんですね。それを否定するわけにいかないんです。住民運動と市民運動とは、ともに生活保守主義に根ざしていますが、両者は仲良くないんですね。主婦はもともと都会的な存在ですから、主婦の参加していた市民運動の典型が生協運動で、生協運動とフェミニズムも相性よくないんですが、私は、小熊さんの主張は、生活保守主義の部分をうまくすくっていると思いました。

北田　小熊さんは六八年を一部学生による非日常の運動だという。二〇一五年は、日常だと。私が言っているのは、日常対革命という対照項を立てた瞬間に、七〇年代、八〇年代の記憶が落とされてしまうということです。

上野　そこはおっしゃるとおりです。

北田　それをそぎ落とすことによって、このコントラストが成り立っている。そこで何が消え去っているか。その最たるものが、ウーマン・リブです。それは小熊さんの『1968』の最大の弱点です。

上野　それはそのとおりです。小熊さんのリブ論はあの本の弱点だと思います。私は彼に、自分が知らないことは論じるな、と言いつづけてきました。ただ、六八年の位置づけに関していえば、六八年が非日常だったということは、フェミニズムがずっと学生運動にしてきた批判そのものです。だから、それがはずれているわけではない。ただし七〇年から二〇一五年まで何もなかったかのように論じられるのは困る、というのはそのとおりだと思います。

6　社会運動とセクシズム

――上野さんはSEALDsを中心とした反対運動に深く賛同しつつも、そのなかに性的役割の固定化や性差別がいまだあることを問題視されました。

二〇一五年七月二四日の国会前の抗議活動でSEALDsの芝田万奈さんが「安倍首相への手紙」と題してスピーチをされました。そのなかに、「家に帰ったらご飯を作って待っているお母さんがいる幸せを、ベビーカーに乗っている赤ちゃんが、私を見て、まだ歯の生えない口を開いて笑ってくれる幸せを、仕送りしてくれたお祖母ちゃんに「ありがとう」と電話して伝える幸せを、好きな人に教えてもらった音楽を帰りの電車の中で聞く幸せを、私はこういう小さな幸せを「平和」と呼ぶし、こういう毎日を守りたいんです」という文言がありました。

これに対して、英文学研究者である北村紗衣さんがその家族像にたいしてブログで違和感を表明されました。「私が一番「これは全然ダメだ…」と思ったのは、「帰ったらご飯をつくって待ってくれているお母さん」がいることを平和な世界の象徴として訴えていたところである。これは自分の経験に基づいているのだろうが、全体的にものすごく家庭を守る母（「両親」ではない）とその子どもというイメージに依拠しており、はっきり言ってこのスピーチで提示されている「平和な家族像」というのはむしろ首相とその一派が推し進めているものに近い、母親が家にいて子どもを育て、家事や炊事をするという保守的・伝統的な性役割に基づいた家族モデルへのノスタルジーだと思った」と。

この北村さんの発言が凄まじいバッシングを巻き起こしました。上野さんは、こうしたバッシングに対して「「お母さんがご飯を用意してくれている幸せ」発言への違和感を表明した女性が叩かれたとか。発言した本人にとってはかけがえのない平和の実感だろう。だが「(毎日)ご飯をつくって待っていてくれているお母さん」の立場ならどうだろうか。そういう想像力も必要では」、あるいは「運動の中の性差別は、後まわしにしてよい問題ではない。性差別とたたかえない運動が解放的で民主的な未来をつくることはない。だからこそ男女共学で闘ってきた学生運動にしたたかに裏切られた女たちが「女だけのデモ」をやった1970年10月21日が日本のウーマン・リブの記念すべき誕生日なのだ」とも書かれています。

北田　北村さんの発言は、何が論点となっているのかもわからないほど、ほとんどネットリンチのような状態になっていました。とくに男のひとたちのバッシングがひどかった。なぜそこまでやるのか。振り返ってみると、「お母さん／ごはん」のもっているメタファーの訴求力が強かったのかな、と。見てると、ほかのところにはそんなに引っかかっていない。このことばのもつ波及力が大きかった。それじたいが「お母さん／ごはん」は「壊されてはならない日常であるべきだ(そう捉えられても認めるべきだ)」という強い信念の表明のように感じました。

上野さんが反原発運動の母性主義から距離をとっていったのと同じことを北村さんは単刀直入に言葉で示したわけですが、それが、机上の空論で運動を批判するインテリ批判みたいなところまで行ってしまう。フェミニズムの運動にとってあたりまえの認識の表明が、他のひとはともかく普段はフェミに理解のあるリベラル顔している男性知識人から強い拒絶を受けたというのは、これが二〇一五年なのかと暗澹たる気持ちになりましたよ。運動の実務運営者であればわかる。しかし、いい年した「左派男性知識人」のえげつない批判には辟易しました。

上野　芝田さんの発言を聞いたとき、最初に抱いた感想は、このひとは「子どもの立場」から発言しているな、というものでした。長い間学生と接してきて、二〇代初めの若者たちは家族のなかで「ケアされる存在」と自分を思っていて、その点では男子学生も女子学生もあまり変わりはありません。そういう無邪気な自己中心性があって、「毎日ごはんをつくっているお母さん」が何を考えているか、あまり想像力がない。そういう率直でナイーブな発言に対して、あなたの発言には死角があるよ、とコメントするのは、あってもふしぎではありません。それが本人からの反批判ではなく、主として外野にいた男たちから叩かれる、という構図は、ほんとに奇妙ですね。やはり「母性」は男のアキレス腱なのでしょうか。

ネオリベ的な政策のせいで、主婦でいられないひとたちが増えました。そのうえ結婚しない女たち、子どもを産まない女たちがこんなに増えるとは、たぶんお釈迦さまでも予想してなかったでしょう。そういう変化が起きているときに、母性的なものに対する受け止め方に、男性と女性のあいだでだいぶギャップがある。北田さんのいう、母性主義批判をする女性に対するネット上のバッシングというのは、「母性を引き受けない女」に対する男の敵意がものすごく大きいということでしょう。男性と女性のあいだに、歴史的ギャップが二〇年くらいあるんじゃないでしょうか。女はそうとう変わったのに、男は変わっていない。

そのギャップを痛感したのは、北村さんへのバッシング以前に、自民党杉並区議の田中ゆうたろう氏のブログ炎上事件のときです。待機児童で保育所に入れなかったお母さんたちが、行政不服審査請求をおこなったことに対して三六歳独身男性区議が、「「お願いです。私達の子育てをどうか手伝って下さい」、これが待機親に求められる人としてのマナー、エチケットというものではなかろうか。……最初から子育てを社会に押し付けるな、大人の都合に子供を巻き込むな、そう言っているのである」とブログに書きました。頼むんなら、遠慮しいしい言えと。これが大炎上しました。

私がそのとき思ったのは、赤ん坊が一歳になったときに育休復帰する女を、いまは誰も「母性崩壊」と言わなくなったことです。「なんで三歳まで家にいてあげないの？」「せめて小学校に上がるまでは家にいてあげて」なんて言う女は、皆無と言っていいぐらいです。昔は、この三六歳男性区議が言うようなことは、まず年長の女が言ったものです。いま、年長世代も同世代も、女はそんなことを言わなくなりました。まして、共働きで何がわるいと女も思うようになった。女なら子育てに専念してあたりまえという母性の引き受けが、女についてはこれだけ変化したのに、男のほうではいっこうに変わっていません。

そういう意味で「母性」は、男にとってのアキレス腱ですね。でも、それ以前にもネットの世界で、レズビアン叩きや腐女子叩きがすごかったですよね。女性性の核心に母性があるとしたら、母性を引き受けない女に対する反感は、男のあいだに根強くあると思いますよ。なぜかというと、母性が幻想にすぎないとしても、自分に根拠を与えてくれたものの根源にあるのが母性だと思われているからです。男は「永遠の息子」でいたいのでしょう。その根源にあるものですら崩れようとしているという危機感を、彼らが強くもっているということなんじゃないでしょうか。

北田 なるほど。北村さんはSEALDs支持者から批判されたわけですが、一方SEALDs内の女性たちもアンチの男性からセクシズムとしか言いようのない批判を受けている。運動内／外というよりは、「運動」という場を媒介として前景化するセクシズムの問題であると思います。

もうひとつ指摘しておくと、今回あらためて思ったのは、フェミニズムを学問だと思っていない男性知識人がたくさんいるんだなあ、ということです。母性表象と戦争動員なんてそれこそ古典的なテーマであり、近代国家が反復してきたスローガンなわけで、二一世紀なわけですから、「新しい」運動がそうした轍を踏む必要はない。また専業主婦をめぐる論争の蓄積を思えば、北村さんの発言が出てくるのもさして違和感はないはずです。少なくともフェミニズムを理解していると自称する知識人であれば。ところが、そこに引っかかるひとが大変多い。フェミニズムなんて読んでない。別に読まなくてもいいけど、読んだふり、わかったふりをしなきゃいい。「言い方がきつかった」という話もありますが、その水準であればあれほど大炎上するわけもない。繰り返しますが、いまは二〇一五年であり、一九七五年ではありません。左派男性知識人の意識の現状に私は衝撃を受けています。

上野 女性学ができてから四〇年くらい経ちますが、初期のころを思い出すと、「それって学問ですか?」とおっさんから死ぬほど言われましたよ。それがまさか学問の世界で市民権を得て、教壇の上で講じることができるようになるなんて夢にも思いませんでした。いまでもあります。講演で女性の聴衆からさえ、「ジェンダー研究って、こんなに論理的なものだったんですね」とか言われたりしますから。フェミニズムはいまでも「ブスのヒステリー」と思われたりしてるんでしょう。

北田　ただ、女性って、人生のどこかで何らかのかたちでフェミ的なものに触れざるをえないと思うんです。

上野　北原みのりさんと朴順梨《パクスニ》さんの共著『奥さまは愛国』のなかに、在特会系の女性組織である「なでしこアクション」のメンバー対象のインタビューが出てきます。それを受けて、的確な指摘をしています。彼女たちは、女の弱さが許せないんだと。女を弱者だということがまんならない。被害者化されたくない。実際にはさまざまな不利益を受けているんだけども、プライドがそれを認めることを許さない。自分の弱さが認められないから、ひとの弱さはもっと許せないという、マイノリティによくある心理機制です。一方で、フェミニズムが目に見えるようになってきたから、対抗勢力も見えるようになってきたということもある。そういう女は昔からいましたよ。

7 ネットと運動

上野 ネット言論について川上量生《のぶお》さんの『鈴木さんにも分かるネットの未来』を読んでたいへん参考になりました。川上さんは、ネット世代が世代交代したと論じています。仮にネット言論界があったとして、以前のネット言論界の住民たちは、「リア充」（現実［リアル］の生活が充実している、つまり仕事にもモテにも恵まれたと想定される人びと）が仮想敵だったというんです。「リア充」という仮想敵をつくって、自分たちを「非リア」（非リア充の略語）と規定する。そうして、シニシズムを糧にした言論界をつくってきたというわけです。

それに加えてネット言論界について参考になったのが、伊藤昌亮さんの「ネット右翼とは何か」（山崎望編『奇妙なナショナリズムの時代』所収）です。ネット言論界の最大の敵は、マスメディア——いわゆるマスゴミですね——で、ネットは「マスコミの正義」に対する対抗意識という、これもまたシニシズムの文法をもっています。炎上コラムニストとして知られる小田嶋隆さん流にいうと、「学級委員長的言説」に対する反発ですね。その小田嶋さんですら、そういう表社会の正義が弱体化しすぎて、いまや正論を述べざるをえない、と発言しています。

そのシニシズムの向かう方向に、「弱者の正義」を声高に主張するように見えたフェミニズムがあった。そこにもとからあったミソジニー（女性嫌悪）が結びついて、フェミ・バッシングになったと考えられます。そのうえ、ネオリベのなかで、一部の女が陽のあたる場所に出ていくのす。

と重なっていたこともあって、女がバッシングの対象になるのは見えやすいリクツです。わかりやすすぎて、笑っちゃうくらい。歴史のなかでくりかえされた、あまりにも古典的な鉄板ネタです。

でも、ネットはもはや、一部の先進的なネットユーザのものではなくて、大量のひとたちが参入してくるようになったことで、担い手の質が変わったと川上さんは言います。ネット新世代はリアルとバーチャルを股にかけるかたちでネットを活用している。ネット言論界が、自らを「非リア」と自己規定するひとたちによって担われるという風潮は、急速に衰えつつあるというのが、彼の観測です。

北田　前からそういうひとたちは少数だと思いますよ。やや印象的な観測という気がしますね。「2ちゃんねる」が生まれたのが一九九九年です。二〇〇〇年代に「リア充」と「非リア」という対立軸があったけど、現在はみんなスマホをいじって、そうした区別が意味をなさなくなった。そういうイメージでしょうか。

私はど真ん中の世代なので、なんとなく理解はできますが、まず二〇〇〇年代においてもウィンドウズ95以前からのネットユーザとそれ以降の人たちの間には技術の知識に関しても、コミュニケーションの仕方についても格差があり、なんの技術的知識もなくネットに書き込めるひとが増大したのは本当に二〇〇〇年前後ぐらいからです。その後「2ちゃんねる」をはじめとする匿名掲示板等がクローズアップされていきますが、そのユーザーがマジョリティであったことなどありません。ほとんどのひとは「2ちゃんねる」を見てない、というか存在すら知らないでネットを使っていたわけです。そのなかでセクシズム的、反韓中的な書き込みをする層はさらに絞られる。「非リア」という自己規定のひとがネットユーザーの主流になったというのはいまひとつ合点がいきません。だいたい「非リア」のひとがナショナリズムやセクシズムの担い手であるという前提がよくわからない。

そのうえで、わからないではないのは、ネット使用と日常のつながりがより密接になり、スマホなどを介して終日何らかのかたちでネット上でコミュニケーションをとることが可能になり、それこそ「ネットでの自分」と「リアルな自分」という区別があまり役に立たなくなってきた、というのはありえる話だと思います。実際、匿名掲示板などと異なり、Twitterとかfacebookというのは、日常生活とのつながり方がもっとシームレスですね。「非リア」が主体とならなくなったというよりは、端的にリアルとネットのあいだの壁が薄くなり、匿名であれこれしているひとの特異性が目立つようになったということのようにも思います。川上さんの本はまだ読んでいないので批評は控えますが、なんとなくは理解できます。たしかに私を含め、Twitterで罵倒芸を多用するのは2ちゃん世代というか、四〇〜五〇代に多い気がします。「昭和」っぽい芸風なので早かれ遅かれすたれていくと思いますが（笑）。

福田和香子さんというSEALDsのメンバーで『ふぇみん』（二〇一五年八月一五日号）でセクシズム批判をされた方がいますが、最近、また実に酷い目にあわれていました。SEALDsの女性たちは、アンチSEALDsのひとからメンションが飛ばされることが「日常化」しているわけですが、卑猥なこととかたくさん書かれているわけです。セクシズム丸出しの。そういうのを一日中、毎日毎日見せられて、怒りの限界を超えて「社会の最底辺」と返した。「なぜわたしが大事に思ってる女の子たちがこんな社会の最底辺彷徨ってるようなクズに毎日毎日罵詈雑言投げつけられて苦しまなきゃいけないのか。こんなに言われると人でも殺したのかと思うけどデモやっただけだからね　アホかよ」と。そうしたらアンチが大喜びで「差別だ！」と叩いた。なんか　ヤニヤして「こいつ正義の人ぶってるけど差別者だぜ」と言いたげな書き込みを見ると他人の私ですら、本当にげんなりするんですね。

自分に対するセクシズムをともなった誹謗中傷が毎日送られてくれば、そりゃ、そういうことも言いたくなりますよ。「見なきゃいい」というのは、現在の若者にとっては「野良犬にかまれたと思って」というぐらい無理筋な要求です。SEALDsの女性たちに送られている性的な視線には——それがたとえ肯定的であれ否定的であれ——とても問題があります。セクシャライズせずに他者を「批判」できないのかお前たちは、と言いたくなる。

上野　コミュニケーションのモードが変わったんですね。自己承認を求める場所が、リアルとネットの両方にある若いひとたちにとって、ネットを「見るな」ということは無理なんですね。私ならネットのほうを遮断しますが。それが最近やっとわかってきました。

ただ、どちらがいいというわけではないですが、われわれの世代はネット上どころか実際の現場で露骨に性差別されましたからね。最近ではリアルな世界ではさすがにおおっぴらな性差別をするのは遠慮があるでしょう（笑）。ホンネは変わらないとしても、タテマエは変化しました。ネットでは対面性がないから、どこまでも下劣なホンネが出てくるんでしょうね。しかも完全に自分の匿名性を守ったまま、安全圏から人を罵倒できる。卑怯卑劣です。

北田　福田さんが「最底辺のクズ」という発言をしたときに、自身がSEALDs擁護者から被害を受けた北村さんがTwitterで「擁護」されていました。北村さんは、「この件の発言はともかく、本当にものすごい罵詈《ばり》讒謗《ざんぼう》を集団で投げつけまくって、ブチ切れてこっちが一言二言言ったら鬼の首をとったように「誹謗された」と言ってくる人たちはいる。自分が卑劣なのに相手には完全無欠の高潔さを求める超ダブルスタンダードな人たち。本当にうんざりする」とわりと共感的な応答をしているんですね。ここに「連帯」があるなと思ったんです。誹謗中傷、セクシズムのことばの砲弾浴びつづけたら誰でも「死ね」の一言ぐらい言いたくなりますよ。言えたらまだいい。ことばを失ってしまう人たちだっている。被害者が絞り出したことばを鬼の首をとったかのように喜々として消費するひとたち。悪質なネット右翼と大差ありませんよ。そしてそれは、北村さんをネットリンチしたひとたちも同様。

福田さんの体験と、北村さんとの体験は実は通じている。つまり「声を上げる女には批判は必要はない。ただ性的に罵倒するだけだ」というセクシズムですね。「いいセクシズム／悪いセクシズム」の区別があるはずもない。左右問わず、セクシズムの問題は二〇一五年のいまになっても全然消え去っていない。
上野さんは国会前を日常の運動とおっしゃられましたが、運動にはお祭り程度の非日常性はあるわけです。祝祭空間では思いがけず建前が解除されてセクシズムがより鮮明なかたちで出てきてしまう。男たちにより「運動とは何か」「何が優先事項か」という問いが語られるとき、女性たちの日常の政治性は付随化されたり、過剰にクローズアップされたりする。SEALDs批判派のみならず、擁護派からも「敵対者」の女性にセクシズムを向けられること。例外状態、というかある種の非日常性が左派男性知識人の「隙」をつくってしまっていると感じます。

上野　もちろん街頭に行くのは非日常です。しかもハレの場ですから、そこで女が目につくことをすると必ずやられます。しっかし、わかりやすすぎますね。いつになっても「女」は屈強かつ最強の差別の記号なんですね。そして、最後の差別の記号だともいえるでしょう。「男」は「女でない」ということだけでアイデンティティを守っていますから。「女」という記号は、どれだけ他者化しても、貶めてもいいのです。そして「女」を他者化すればするほど、「男」という集合的アイデンティティは確立されますから。「女」に向けられている発言を、「ブラック（黒人）」ということばに置き換えたら、完全にアウトですよ。人種についてアウトな発言が女についてはOKというのは、それだけ「女」という差異の記号が自然化されている、ということです。
それにしても、テマヒマかけてわざわざネット上で攻撃するひとたちは、何が楽しいのでしょうね。彼らはそうすることで何を得ているのでしょう。罵倒や攻撃は、それじたいで快感なのでしょうか。「差別と抑圧は蜜の味」と言いますしね。

北田　別に安保法制反対運動だからとくに出てきたというわけではない。バリケードの裏や、バリケードの外から覗き見するメディア等でおこなわれてきた、日常の政治学がネットで可視化されただけなんですね。

運動絡みの性差別もTwitterで上野さんが声をあげたことで、沈黙していた声が活性化されたのは確かなんです。何かを言うとコテンパンにされる。だから声をあげない、という女性たちのことばがエンパワーされた。性的含意をもつ罵倒もだいぶやりにくくなったのではないでしょうか。だから、やはり先生がされたようなアクションはしたほうがよい。「痴漢は犯罪」なんだから、「ネット痴漢」も犯罪だと呼びかけていく必要がある。いまさらバーチャルだからとか言って許される時代ではないですよ。

上野　そうですね。東京メトロの構内で「痴漢は犯罪です」というポスターを目にしたときの感激は忘れられません。セクハラもＤＶもいまは不法行為になりましたが、つい最近までセクハラは「職場の潤滑油」、ＤＶは「痴話喧嘩」と呼ばれていました。ひどい時代がつづいたものです。長いタイムスパンで考えると、「女叩き」は明治時代から変わっていません。

平塚らいてうが『青鞜』を出したとき、同時代の男たちから猛烈なバッシングを受けました。「お嬢様のお手並み拝見」や「嫁きおくれの女が何か始めた」と、ありとあらゆる侮蔑とからかいの総攻撃を男メディアから受けた。そのときはじめて平塚は自分のやっていることがたんなる文芸運動ではないと気が付いたんですよ。彼女はバッシングによって政治化したのです。
男たちがもの言う女に「夜道に気をつけろ」というような世界で、女性がいかに対抗したかというと、鈍感力を鍛えてきた。何を言われても、されても、傷つかない心と体を手に入れてきた。どうせあんた男たちなんてその程度の生き物なのよね、と身を守ってきたんですが、鈍感力を身に付けてくるとそのツケもあるんです。例の「ろくでなし子さん事件」と「ぺッパイちゃん事件」です。

――ろくでなし子さんは自らの女性器を型どりデコレーションするアート「デコまん」を発表されていましたが、二〇一四年七月一四日、自身の女性器を3Dプリンタ用データにし、活動資金を寄付した男性らにデータ送付のかたちでダウンロードさせたとして警視庁にわいせつ物頒布等の罪等の疑いで逮捕されました（「わいせつ物陳列」「わいせつ電磁的記録等送信頒布」「わいせつ電磁的記録記録媒体頒布」の三件の起訴）。
「セクハラ生成ロボぺッパイちゃん」はデザイナーの市原えつこさんが開発した、ヒト型ロボット「Pepper（ペッパー）」の胸部が、そのまま女性の「胸部」となり、タッチすると反応するプログラムで、ネット上で批判が殺到しました。

上野　両方とも女性のセクシュアリティに関わる身体のパーツを見世物にしたり、からかいの対象にしたりする作品を、女性自身が自らつくったことが新しいといえば新しい。北原みのりさんはそれを「傷つかない身体」とすごくうまく表現しました。女性は傷つかない鈍感力を鍛えることで、男メディアのなかで指定席を確保していくんですね。
これだけ性差別的な社会が変わってない以上、この社会を生き延びてきた女は全員レイプ社会のサバイバーだって言いたくなるよね。女はそれを学習して対処していくわけですが、沈黙を強いられた女がいっぱいいますよ。その結果、今度は自分のルサンチマンから、傷ついたと発言する女に敵意をもつという不幸なことになる。「慰安婦」問題のときにそれを痛感しました。「あのときはね、みんなつらかったんです、慰安婦だけじゃないですよ」と引揚者の女性に言われました。

8　共感・連帯・制度

上野　たとえば、いまの若い人たちが「毎日がレイプ」みたいな環境をサバイバルしようとすると、どんなことが必要なんでしょう。私の体験からすれば、自分を支えてくれたものは何だったかというと、仲間だけなのよ。いま「連帯」という言葉を使うか迷ったんだけど。

北田　なんでためらうんですか。私は連帯が好きなんですよ（笑）。先生の世代はずいぶん連帯を嫌うなと……。

上野　「連帯を求めて孤立を恐れず」という世代ですからね（笑）。つまりは「連帯」なんですが、女同士の連帯だけが支えだったんです。上の世代から見ていると、私たちの世代で可能だった女同士のつながりが、いまの若いひとたちには難しくなっている感じがします。私たちの世代は階層と学歴を問わず、女がまとめて差別されていました。私と専業主婦になった女性とは紙一重の差だったといつも思っていました。いつどこで人生が分岐したら、ああなっていたかもしれないという感覚がある。女のライフスタイルが地続きだということが、連帯のひとつの根拠になった。いまのひとたちにはそう思えないらしいのよね。

北田 Twitterで四カ月に一回位の頻度で盛りあがるイシューに、ベビーカー関係で嫌な思いをした女性の体験談、目撃談があります。体験者が「悲しいことがあった」というふうに書くんですが、繰り返し繰り返し、議論が広がります。それに対するメッセージの多くはベビーカーをもつ母親の擁護と制度の不備への批判です。かつてベビーカーを押して働きに行く母親が世間全体から非難された状況から、事態はある程度好転しています。ベビーカーで子連れで通勤したり、街を歩いていたり、といった日常がいかに「ベビーカー排除」型のルールで出来上がっているか、にもかかわらず「産めや増やせ」といった言葉が躍る。

こうしたイシューに関しては、子どもをもっている女だろうともっていない女であろうと、女でなかろうと男であろうと、怒りを共有できたりする。こういった連帯もまた可視化されています。

上野 それは「連帯」と呼べますか。

北田 私は連帯と呼びますね。知らない他者の痛みを軽減しようという社会的な関係性。

上野 「承認」は得られるかもしれません。川上未映子さんと対談したときにつくづく思ったことがあります（上野千鶴子・川上未映子「闘う女の背を見ながら」『セクシュアリティをことばにする上野千鶴子対談集』）。子育て中の母親はストレスがたまり、戦力にならない夫にも文句がいっぱいある。ルサンチマンの解消のために子どもの世話をほったらかしにしてネット中毒になるママもいます。SNSの投稿に「いいね！」ボタンを押してもらうことで承認欲求が満たされる。

しかし、そこで寝ている子どもの育児支援は誰がやってくれるんでしょう。夫も手を貸さないし、現実世界では誰ひとり手を出してくれない。リアルな生活には一切変化がありません。

北田 親御さんが預けられる託児所が増える。公的な扶助がもっと増えなければいけないといったことですか。

上野 やはりいまのことばに世代を感じますね。川上さんと話しても思ったんですが、なんで「私が預かるわ」、「親同士で預け合いしよう」という話にならないのか……。

北田 それはちょっと難しいですよ。あたりまえですが、都市部のマンションに住んでいるひとたちは隣同士知りませんからね。子育ては「見知らぬ他者」への共感をもとに社会化したほうがいいと思いますよ。

上野 タテマエはもちろんそうです。けれども、目の前にある待ったなしのニーズをお互いにサポートして解決しようと考えずに、なんでも制度とサービスに行くんですね。ネオリベの世界で生きてきた人たちなんだと思いましたね。私たちの世代は「共同保育しませんか」と夜中にビラを電信柱に張って歩いたりしたひとがいました。保育所運動も大切ですが、目の前にいますぐに入れる保育所がないときは預けあったりしました。姑が「私たちはこんなに苦労したのに、おまえたちは……」というように聞こえるからあまり言いたくないですけど（苦笑）。

北田　だからといって「お友だちに預けよう」というのが規範化されても困るわけです。では人びとは共感能力が減ったのかといえばそうではない。共感と連帯と制度構築がなだらかにつながっていくと思うんです。さっきのベビーカーの問題でも怒りや悲しみへの共感が可視化される。そこから、どうすればいいのか、という議論も出てきて、制度についての議論も深化する。

上野　おっしゃる通りです。さすが社会学者、まとめ方がうまいですね。

9　シニシズムを超えて

上野　では、あらためてききますが、まっとうなことをまっとうに言うことに対するシニシズムは払拭された、というよりも払拭してほしい、払拭されてほしいという観測はどうでしょうか。

北田　私もそれを願っていますよ。上野さんの願望と同じです。ただ、着地点として運動以外のオプションを考えるのも学者のお仕事のひとつですよね、と申したまでです。それはシニシズムでも冷笑でもない。運動を引き下げるものでもない。シニシズムの払拭は運動の場じゃなくても、日常的なところでも制度的なところでも問題化されうる。研究者なりの見方と方法が提示されてしかるべきフェーズに入っていると思います。政治は議会だけではないけれども、政治は路上だけでもない。

上野　一部の学者が唱えている、反安保法制の闘争の「次は参院選」という掛け声は、あまり感心しません。安全保障関連法廃止で一致した野党による連立政権「国民連合政府」を、共産党が提案しました。世論が自分たちを変えたという理由で、共産党はこれまでの党是をひっくりかえすような路線転換をしました。それは結構なことですが、いまの野党の顔ぶれを見ていると、それも求心力をもつかどうかわかりません。

「民主主義って何だ?」「これだ!」っていう直接的な意志の表明を高めようとしているときに、間接民主主義、代議制民主主義をゴールにすることを、学者が言い出すのは適切ではないと思います。

安保法案に関して学者のなかでまず動いたのは法学者でした。憲法学者や法学者だけでなく、日弁連を含む法曹界が大きく動いた。昨年(二〇一四年)の七月一日の集団的自衛権の行使容認の閣議決定から、「法の番人」たちの危機感が大きくなりました。「立憲主義」という専門用語が、これだけひろがりました。しかし、立憲主義はほんらい、簡単に政治を変えない、変えさせない、という保守的な考え方です。立憲主義の根幹を侵されたと怒ったのは法の専門家たちで、彼らにほかの分野の研究者たちが同調していきました。が、その着地点が、代議制民主主義かというとそれは違うと思うんです。

北田　ああ、ということは先生がTwitterで書かれた「国会の外にある」というのは、別に国会を否定しているわけではなく、その外にひろがっている社会的なものをきちっと問い返しつづけていく必要があるということですね。やっと納得できました。議会制民主主義のなかで議会と選挙は非常に重要ですが、社会はそれだけで完結しているわけではない。せっかくここまで路上に人びとが繰り出したのだから、議会の外にある社会や社会的なものを見直していく契機にするべきだ、ということですね。

上野　そうです。法学者は法しか見ていませんが、社会学者をはじめ人文社会系学者にとって、社会のエートスがいちばん大事であり、その空気を変えていくことが重要です。講演に行くと必ずおバカな質問がきます。「上野さん、政治家にならないんですか」と。私は政治家になる以上にもっといいことをしているんですって答えていますが（笑）。

北田　社会学者としては当然ですよね。あくまでも政治は社会の一部であって、それに働きかけていくためには、社会そのものを分析・批判的に捉えていく必要がある。政治家になったらそんなこと忙しすぎてやってられません。3・11や反レイシズム運動の盛り上がりを起点にして、社会的なものを日々問い返すようなことがあたりまえになっていけばいい。みながみな毎日国会前に行く必要はない。その怒りを制度へつなげられる社会にしていく。そのためにシニシズムは払拭されてほしいということですね。

上野　もちろんそうです。講演で地方に行くことが多いのですが、運動が地方で深く広く根を張っているのを感じます。加えて、代議制民主主義が欠陥と限界のある制度だということを、みんなが学習したということが大きいと思います。

北田さんともうひとつお話ししたいのは、生活保守主義の崩壊という問題です。庶民や市民の運動において、生活防衛意識からくる生活保守主義を批判することは難しいと思います。その点からいうと、六〇年代、七〇年代の運動と二〇〇〇年代の運動の大きな違いは、経済環境です。六〇年代は成長期で国民に対する経済的分配が増えていました。七〇年代は再分配の成果がピークに達し「大衆社会」状況が生まれました。「高度消費社会」とも「爛熟大衆社会」とも呼ばれましたが、「大衆社会」論は、もともと「無階級大衆社会」と「無階級」が前についていたことを忘れてはなりません。七三年にオイルショックを経験する直前までは、このまま経済発展しつづけるという根拠ない楽観が国民のあいだにありました。六〇年安保のときにも、労組で動員されたサラリーマンが、次にトヨタのどの車を買うかと話しながらデモをしていたと資料から明らかにされています。戦後の社会運動の最大のピークだった六〇年と七〇年は経済成長期に起きています。闘争は経済的なひっ迫からではなく、政治的争点で闘われました。

ところが、いまはそうじゃないわけです。加藤周一さんが六〇年安保について書いた文章を読み返したんですが、そっくりそのまま通用しそうなことが書いてありました。「いわゆる「安保闘争」の未曾有の大衆動員は、国内問題であった。そのとき国民大衆と反対党が、岸内閣にもとめたことは、こういうことである。新安保条約の批准については、国内の世論がわかれているから、議会を解散して民意に問え。――周知のように、時の与党は、衆議院の議席の絶対多数を占めていた。しかしその議席の配分を決定した総選挙は、「安保」の問題を争点として行われたのではなかった。しかも新安保条約の内容が次第に知れわたると共に、その議席の配分が、賛否の世論の配分を反映していないことが、いよいよあきらかになっていた。……しかし新安保条約は批准され、単独採決で新条約を可決した保守党は、秋の総選挙で、再び絶対多数を獲得した」（加藤周一『続羊の歌』）。岸退陣後、「所得倍増計画」を掲げた自民党の池田政権に経済的に回収されてしまったわけです。

安倍政権は同じシナリオを考えているでしょう。政治で生じた亀裂を経済で修復していく。しかし、経済環境が変わってしまいました。あのときは成長期で、人口も増え、子どもも生まれていました。けれどもいまは完全に逆。低出生率、高齢化で、人口減少期に入り、経済成長は終わり、不況の連続、それに借金の増加に円安。高度成長期と同じシナリオが通用するわけがありません。小熊さんが言ったように、自分の生活基盤が脅かされているという感覚は、六〇年と七〇年のときにはなかったことだと思う。その生活不安は、とくに若者が体感していると思います。

男は忘れたがるから忘れているけれど、私ははっきりと覚えています。七〇年のときには「家族帝国主義粉砕」という標語がありました。それは、「家族帝国主義粉砕」といくら叫んでも、家族が壊れないぐらい強固だったからではないか、と回顧的に感じています。いまの若い世代は離婚やシングルマザーの家庭を経験して、家族をもろいものと体感しているのじゃないでしょうか。

北田　「感じ」だけだと思います。大学生ぐらいの年齢に限られた景況指標があるのかどうかは探してみますけれども、たとえば大卒学齢にかぎっていえば、有効求人倍率は二〇一一年にガタ落ちし、今年（二〇一五年）にはV字回復して震災以前の水準に戻っています。そして若者ほど就業状態を幸福の規準とする傾向がここ数年ありましたから、正直な話、今年・来年で若者の幸福度や景況感は大きく変わる可能性があります。若いひとの幸福感を社会学的に考えるとき、経済という変数は残酷なほど重要なものです。また若者のなかで、重要な人間関係として「家族」や「友人」をあげる率はここ三〇年ぐらいの傾向で上がりつづけています（北田暁大「若者論の理由」『若者の現在　文化』）。

　私の考えでは、小熊さんのように、二〇一五年安保での若者のあり方を、六八年に浮かび上がった「現代的な不安」のさらに現代的なバージョンとして捉えるのは、ちょっと無理があります。SEALDsの方々の動機を考察するのと、世代論を展開するのは異なることです。私は明確に反安保の立場ですから、粗い現状分析にもとづく精神論は回避したい。生活保守主義は数十年来一貫した傾向であり、かつ若者の幸福度は経済・雇用状況に左右される。これはもう少し時間がたって調べてみないとわかりませんが、現在の大学生ぐらいだと、小熊さんのいう日常への不安をもっているひとは、ロスジェネ世代より比率は小さくなっているんじゃないでしょうか。

上野　家族の安定性は確実に低下していると思いますよ。それに、景気回復と言っても、ジェンダーギャップが大きいでしょう。

北田　これはとても重要な論点であり、上野さんと私の社会観を大きく分かつものなので、今度データとつきあわせながらお話ししたいと思います。雇用については男女のギャップはこれまた一貫して激しいので、おっしゃる通りだと思いますが、問題は安定性というのをどうやって測定するか、だと思います。

経済成長についてですが、私は、むろん中国のような開発途上的な成長は無理だと思いますが、低成長でもない、持続可能な、成熟した成長がありうると考えています。もしかすると私のように高度経済成長もバブルも知らない人間のほうが、「経済成長」という言葉に強い意味を込めていない、上野さんたちの世代のほうが「経済成長」という言葉にかなり強い意味をみいだしているのではないか、とも思います。問題は需要サイドでの「成長」でしょう。もちろん、いまの政権がもつ家族像や女性像のなかで経済成長できたとしても、社会保障から何から社会がボロボロになってしまう。そうならない方向性を打ち出すことが野党の最優先事項ではないでしょうか。

上野　けっこう楽観的ですね。

北田　たとえば、ドイツなどは日本よりはるかに人口が少ないですが、あの程度の経済規模は維持できている。もちろん、ＥＵでさんざんおいしい思いをしてきていて、実質的にＥＵでの一強状態のなかで財政均衡を成し遂げたという「ずるい」立場にドイツはあるわけです。日本に同じようなことを期待することはできない。ならば、経済成長を諦める、というよりは、日本の地政学的状況を踏まえて、人口八〇〇〇万ぐらいの国家経済がどう成り立ちうるのかを考えるのは、社会科学者の責務であると考えます。

本当は、私も経済成長という言葉はそんなに好きではないんですね。たとえば、社会成長という言葉はどこか気持ち悪い。しかし、社会的なものの成長は必要です。社会的なものの充実を考えるためには経済的なベースが必要なのも当然。ソーシャル・リベラルと言いますか、社会民主主義的な市場モデルは実装不可能ではないと思いますし、現実的にそうした方向性を模索していかないと、二〇年後には若い世代に迷惑をかける私たちの世代は死ぬしかないわけです。負の遺産をいまの若いひとたちに残さないために、団塊ジュニアの学者には考えなくてはならないことが山のようにある。

上野　成長はナイーブに信じられなくなっていますが、変化はありうると思います。ソーシャルハンドリングというのは、塀の上を運転するようなきわどい作業です。いつどこでこけるかわからない。いろんな国の例を見てみても、いままで起きてきた社会の危機はほとんどが人災です。安倍内閣のままだと、日本でも人災が起こるんだろうなと思います。

この一〇月二五日に日本学術会議ジェンダー研究分科会主催のシンポ「均等法は白鳥になれたのか――男女平等の戦後労働法制から展望する」が実施されますが、私はその基調報告者のひとりです。一九八五年に成立した男女雇用機会均等法は一九九七年の改正強化により、「みにくいアヒルの子から白鳥になった」とも称されたんですが、私の考えは違います。「白鳥になれずに、カモになった」と(笑)。ネオリベの餌食になったと。

北田　上野さんや小熊さんのような影響力のある方には、予言の自己成就、有効需要を喚起するような期待を作り出し、できるだけ希望のある未来図を描いてほしいと思っています。

上野　私は高齢者です。あなたの世代の仕事ですよ。

北田　あと二〇年ほどすると私を含めた団塊ジュニア世代が老人になる。地獄ですよ。電車で小さな子どもを見ると、「自分はあの子たちの負債になるんだな」って思うんです。そうならないためには、四〇代、五〇代の私たちが手を打たなきゃいけない。ロスジェネは希望がないことを主張した。SEALDsは現代的な希望を語る。私たちは、希望でも絶望でもなく、希望が可能になる条件を語る。それはシニシズムではなく、SEALDsの希望をちゃんと実装していくための中堅の責任である、と。

上野　やはりシニシズムのツケは高くつくと思います。シニシズムはシニシズムをもったひとたち自身がツケを払うことになる。年金制度はどうせ破綻するから払わないという団塊ジュニア世代の確信犯不払い者がいましたが、未払いのツケは本人が払わなければなりません。年金はもともと払ったひとしか受け取れないようにできています。持ち家も貯蓄もあり、年金ももらえる団塊の世代は、なんとか老後を乗り切れると思います。団塊ジュニアから下の世代の老後はどうなりますか、とよく聞かれますが、「怖くて考えられない」と答えています。自分の身を守るために何が必要かは当事者が考えるしかないんです。シニシズムはそれらも冷笑の対象にしてきたんです。

北田　そうですよ。破綻しますよ。

上野　「怖くて考えられない」と言うとき、考える責任は誰にあるかというと当事者にあるんです。たとえば、介護保険制度は団塊世代が一〇年かけてつくってきました。団魂世代が介護を行う当事者だったからです。介護保険があるとないとでは介護負担はものすごく違います。

北田　いちばん社会に迷惑をかける世代は、私たちです。私たちが六五歳になったとき、日本の生産年齢人口は六〇〇〇万〜七〇〇〇万人ぐらいになっていて、長生きする団塊ジュニアが社会を圧迫する。その前になんとかしなければならないわけで、経済を含めた社会成長がないと悪夢しか残っていない。そのためにも上野さんには引退してもらっては困りますと（笑）。重要なのは、将来を見据えた世代間の連帯であり、分断と責任探しゲームではありません。

上野　おっしゃることはわかります。歴史の継承を、いままでも感じてきましたが、二〇一五年夏、強く深くあらためて感じました。国会前に瀬戸内寂聴、大江健三郎、澤地久枝さんたちが出てきているのを見ると、私たち団塊世代は「おにいさま、おねえさま方、どうぞ安心して引退なさってください、あとは私ども後輩がお引き受けしますから」とは言えない社会をつくってしまったと痛感しています。スピーチでは「だからおにいさま、おねえさま方には、死ぬまでがんばってくださいと言わなきゃいけない」とギャグを言って笑いをとるんですが、笑ってる場合じゃない。それは私自身の身にも跳ね返ってきます。SEALDsの若者たちだって、あと二〇年も経てば、後から来た若い世代に同じことを言われるんです。

北田さんを含めてあなたたち団塊ジュニア世代が、自分の思想形成期をシニシズムの時代に生きたことには、あなたたち自身もツケを払わなければならないし、その後の世代にも払わせることになります。

北田　あまり世代を「擬人化」しないほうがいいと思いますけれど。たしかに世代間で継承や連帯をしなくてはいけない。

上野　それはお互いさま。人間の一生は長いので、そのハンドリングは、社会のハンドリングと同じくきわどい綱渡りです。

北田　何の話をしているんだろう。人生の話をしている（笑）。

上野　社会をどうしようかと考えることは、自分の人生をどう生きるかということなんですよ。

北田　社会はこうあるべきという問題から社会学者は逃げてはならない、逃げなくていいということなんですよね。そういうことは語らないといけない。

上野　私は四〇代のはじめごろのエッセイ（『ミッドナイトコール』）で、歴史家の色川大吉さんに出会って、「社会科学が倫理的な学問であることを、カナリアが忘れていた唄を思い出すように、思い出した」と書きました。学問には倫理性があるんです。社会学はとくにそうです。

上野千鶴子（うえの・ちづこ　1948〜）東京大学名誉教授、立命館大学特別招聘教授。家族社会学、ジェンダー論、女性学を専攻。著書に『家父長制と資本制』『生き延びるための思想』『おひとりさまの老後』など。

第3章　上野千鶴子・消費社会と一五年安保のあいだ
――転向を許されない思想をめぐって

1　「失われた40年」

二〇一五年夏。政府与党が強行採決を図る安保法制を阻止すべく集った群衆のなかに上野千鶴子はいた。首都圏反原発連合主催の日比谷公会堂でのトークと国会前スピーチでは、「3・11後に40年ぶりにデモに参加したことを「告白」。2015年夏の風景は、3・11以後の反原発デモの継続が生んだもの、と発言」した（https://twitter.com/ueno_wan/status/646321564653236224）。反ヘイトスピーチでの共闘を目指す「のりこえネット」の共同代表者、かつて反フェミニズムの旗手として対峙した内田樹とともに「安全保障関連法に反対する学者の会」の呼びかけ人にもなった。まさに良心的左派のひな型ともいえる路上行動に、上野はためらうことなくコミットし、立憲主義を切り崩す与党自民党の姿勢に立ち向かっていた（る）。

上野の名をフェミニストの大御所として知る若い読者のなかには、上野が路上行動に共鳴することに、違和感のない人も多いかもしれない。フェミニズムといえば、なによりも女性たちの置かれた困難な状況を変えていくために社会に対して言葉や行動で働きかけていく、という像はそれほど的を逸していない。そうした理解も当然のことだ。しかし「40年ぶりに」とあるように、実は、上野は直接的な路上での社会運動には長らく距離を保っていた。もちろん、政治に無関心というわけではなく、講演や集会など言葉による政治には強くコミットし、様々な概念を生み出し、人びとの行動を動機づけてきた。上野が距離を置いてきたのは、デモに代表されるような集団的な街頭・路上での示威活動に対してである。

フェミニズムの理念が十分に社会に浸透しているとは思えない（どころか日本はいわゆる先進国のなかでも悲惨な状態にあるのだ）が、「セクハラ」「DV」「セクシズム」といった言葉が限定的とはいえ日常的にも認知され、本音はともかくとして安倍政権が「女性活躍推進」を口にする現在においては、路上の行動とそれ以外のフェミニスト活動とのあいだに垣根があるとは思えなくても当然である。しかし、全共闘運動の破綻とその瓦礫のなかから立ち上がったウーマン・リブの「遅れてきた後継者」としての上野にとって、路上・街頭での集団的示威は、つねに警戒の対象であり続けてきた。そして路上に再び戻ったいまもまた、上野は、おそらくは内田樹や高橋源一郎が持たないであろう戸惑いを抱え込んでいる。なぜか。

ここでは、失われた「40年」を上野千鶴子という思想家がどのように観察してきたかを、「消費社会」という七〇年代末から八〇年代の日本の商業アカデミズムを覆った概念を梃子《てこ》にして考えていくこととしたい。

2　ヒロイズムからの降り方

八〇年代とは、文体の時代、文体を使い分けること自体が一定の政治的意味を持つと信じられていた時代であった。いや、いつの時代もそうなのだろうが、九〇年代以降、あの「昭和軽薄文体」に類するような文体を、みかけることは少なくなった。九〇年代以降に頭角を現すようになった論客、たとえば、宮台真司にしても東浩紀にしても、内田樹にしても、昭和軽薄文体ほどに自らの文体を崩すことはない。たしかに、宮台などは、語りのコンテクストにたえず言及し、自らの言説の戦略性を語りたがる。しかしその彼にしても、実は、理論社会学者としてのデビュー作『権力の予期理論』と、援交少女を論じた『制服少女たちの選択』とで、それほど文体を変えているわけではない。語り口そのものを賭金とした八〇年代の昭和軽薄文体は、やはり、固有の歴史的出来事、プレ八〇年代との差異化の戦略として理解されなくてはならないだろう。八〇年代なかばにブレークした全共闘世代人・上野千鶴子も、当然のことながら（？）昭和軽薄文体の戦略的使用者の一人であった。

私は、超硬派の仕事から超軟派の仕事までしていて、原稿を頼まれると、編集者に、「どの私を見せますか」って聞くんです。だから、私の書いた本を1冊だけ読んで、それが私らしさだと思われたら困っちゃう。（『COSMOPOLITAN』一九八七年六月号、三〇頁）

わたし自身は「七色の文体」（！）の持ち主と言われたい。文体がちがえばちがう貌を見せたいし、文体ごとにちがう聴衆を持つのも悪くない。できたら文体の数だけ、ペンネームを持った方がよかったかもしれない。これがあの本を書いたウエノさんと同一人物とは信じられない、と言われたら幸せ。〔中略〕文体は考え方の「型」を決めるから、文体がひといろしかないことは、考え方のフォーマットが一つしかないことを意味するだろう。（『群像』一九八八年三月号、三二七頁）

二つ目の引用部の省略部分には、「だから名前を隠してもやっぱり作者がわかってしまうシイナ節とかモモジリ語とかはやりたくない」とある。しかし、シイナ節にしてもモモジリ語にしても明確に「七色の文体」の思想のうえに展開された「戦略」――この言葉ほど八〇年代的なものはないように思う――であったはずだ。八〇年代において文体は、たんに受け手・宛て名ごとに選択される手段・道具ではなかった。「七色の文体」の思想は、文体の差異（軟／硬）を伝達可能性の高／低へと結びつける啓蒙の論理と異なり、文体（言語）と思想との密接な関係性を指し示すメタ思想だったのである。

言語を思想へと従属させる言語思想への抵抗実践としての軽薄文体。その文体の思想と消費社会の論理が交差するところに、糸井重里がコミットしたコピーライターの行動倫理がある。

言語記号の自律性を表現するコピーライターの振る舞いが、不可能であるしかない言葉と思想（対象）との一致を主体に強要する――総括――「六〇年代的なもの」から降りるための儀式＝方法論であったように、昭和軽薄文体も一つの抵抗運動であった。「運動にもコレクティブにも〔中略〕猜疑心をもっていた」（女たちの現在《いま》を問う会編、一九九六、一二六頁）、「最初は女性運動が大嫌いで、集会などに立ち合うといつもおびえていた」（『CLASSY』一九八八年五月号、二〇二頁、ただし引用はインタビュアの文）という上野もまた、そうした世代的な方法論を踏襲していたといえるだろう。運動や共同性に臆病なのではない。言語／思想の一致を目指す志向性への批判意識こそが、「七色の文体」思想の根底にある。「それにしても。人はどうしてある場面やある一つの文章からだけ、その人の全体性が類推できると信じていられるのだろうか。どんな断簡、どんな場面にも、人柄の全体性はにじみ出ると信じているのだろうか」（前掲『群像』三二七頁）。

しかし、糸井の場合であれば、男性的な論争ゲームから「降りる」こと、言語記号の自律性に充足した素振りをみせることが、そのまま抵抗となりえたのに対して、女性でありフェミニストである上野の場合はそうはいかない。糸井がモグラ叩きと言い表したような、学生運動におけるあくなき論争ゲームから、元中核派の糸井が「降りる」のと、女性というジェンダーに帰属させられる者が「降りる」のとでは、おのずと意味が違ってくる。前者は、「男が男から降りる」ことによって固有の政治的利得を得ることができるが、後者の場合は、男性的論理ゲームから「降りる」ことが、かえって当の批判対象を温存させることになってしまう。女性が男性的論理ゲームから「降りる」とは、ようするに男性的論理ゲームが設定する「男性的／女性的」の分別指標を承認することになってしまうのだ。

注意すべきは、マスキュリンな文化から距離を置き、そこから「降りる」ことをもって思想的課題とする、という糸井的な方法もまた、近代社会において連綿と受け継がれてきた男性文化の一つの系をなすということである。マスキュリニズムから「降りる」ことを倫理化する思想、それが一般にロマン主義と呼ばれているものだ。かれらは、合理主義的、設計主義的な近代のあり方、一定の思想にもとづき自らの立場を選択（し結果責任をまっとう）すべし、というヒロイックな倫理に違和を表明し、アイロニカルな世界への態度を倫理化する。マスキュリニズムを批判するもう一つの男の思想、それがロマン主義である。

当然のことながら、ロマン主義という「降りる」思想は、「降りる」こと自体がメッセージとなりうる男性にとっての言説戦略である。本来舞台に上がっている、舞台を目指しているべき男性であるからこそ、舞台から「降りる」ことによって剰余価値を生み出すことができる。逆にいえば、降りていてしかるべき女性の場合は、「降りる」という行為は価値を生み出しえないだろう。女性が価値を生み出すためには、舞台に上がり続けるか、舞台下の指定席で舞台の制度的価値を担保しつづけるか、のいずれかである。近代的言説の構図内においては、女性のロマン主義はいわば構造的に不可能なのである。

男性的な論争ゲームから降りることもまた、男性の特権である――おそらく、第二波以降のフェミニストたちは、この歴史的事実を何らかの形で受け止めざるをえない。暴力的な共同体主義へと短絡するゲームから「降りる」ことと、それでいて男性的なロマン主義にも距離を確保しておくこと。ポスト・リブのフェミニストである上野はこうした困難を引き受けなくてはならなかった。この困難さへの痛切な自覚ゆえに、上野の戦略はきわめて錯綜したものとならざるをえない。

わたしは啓蒙がキライだ。他人から啓蒙されるほどアホではないし、他人さまを啓蒙するほど傲慢でもない。フェミニズムの運動は、自己解放から出発したはずなのに、いつのまにか「すすんだワタシ」が「おくれたアナタ」を啓蒙するという抑圧に転化してしまった。〔略〕ススンダ方はオクレタ方に正義を押しつけ、あまつさえフェミニズム十字軍よろしく女の正義を「輸出」しさえする。〔略〕大きなお世話だ。何が解放かはテメエで決める。他人さまの定義のお世話なんかにはならない。それがフェミニズムの出発点だったはずだ。
（上野、一九八八、二五五頁）

リブは、全共闘の「男の運動」、ヒロイックな「「戦時」の運動」に失望した女性たちが、とり乱しつつ自己を肯定する方法論として誕生した（同前、二五八―二五九頁）。フェミニズムがその「出発点」を忘れ十字軍化するとき、フェミニズムは、男性的な論理に彩られた舞台―でのヘゲモニー・ゲームの一プレーヤーとして「登録」されることだろう。そんな舞台からは「降り」なくてはならない。しかし、「降りる」とはいっても、フェミニストは、共同性を全面的に解除するわけにはいかない。フェミニズムがイズムであるかぎり、「死ぬための思想」によって媒介される男性的な共同性とは違う形で、何らかの共同性を担保しなければならない（することができる）からだ。とはいえもちろん、男性的な語法で満たされたロマン的「降り方」――女性原理に媒介された共同性――を素朴に受諾するわけにもいかない。

上野は、この緊張感を体現した先駆者として、リブを位置づける。「彼女らは、女性性の負の価値を負のままに引き受け、その逆説を通じて、負の位置から社会の総体を撃つことができた。これは社会がもともと認めてきた女性的な価値――たとえば受容性や繊細さ――に対し、お役御免を宣された男性原理からへゲモニーを譲渡されるといった、「相反補足的」二元論の間のシーソーゲームとは全くちがったものである」（上野、一九八六ａ、一五四頁）。

上野のエコロジカル・フェミニズム（男性＝文化／女性＝自然という近代的価値観を「流用」し、自然保護運動などのさいに「女性的観点」を前面に出すフェミニズムの立場）批判は、何も「女性の男性化」や、「女性性」を戦略的媒介とした共同性の否定を狙って、提示されたものではない。《マスキュリンな共同性だけではなく、「女性原理」に親近性を持つロマン主義的な共同性からも距離を置きつつ、しかも何らかの共同性を担保する》というリブ的緊張感の（男女を問わない）八〇年代的忘却に、警鐘を鳴らす試みであったというべきである。いわゆるアグネス論争（一九八七―八八年。アグネス・チャンの子連れ出勤の是非をめぐって、林真理子、中野翠、上野千鶴子らが展開した論争。上野は、アグネス擁護の立場を表明）への「参戦」にしても、論争が「「相反補足的」二元論の間のシーソーゲーム」化し、「女による女の「子連れ出勤」批判を、高みの見物して喜」ぶ人の認識枠組みが温存されてしまうことへの危機感に駆動されたものと考えることができる。「エコフェミ批判では女性性を否定しているのに、アグネス論争では戦略的に利用している」という上野批判を聞いたことがある。しかし、そうした批判が乗っかっている／自明視している社会的ドラマトゥルギーこそが、上野の敵だったのである。

リブが先鞭をつけた課題を達成するために、八〇年代の上野が打ち出した戦略が、ネットワーク型運動論、インターディペンデンスの倫理である。「思想や理念を問わず、行動に共感したら、時間と空間を共有し合」い、「その中では離脱も合流も自由」であるようなネットワーク型の運動。それは、近代的なインディペンデンス（自立）／ディペンデンス（依存）、男性的運動／女性的共同性という対立図式を失効させる。男性的舞台から「降りる」ことは、運動そのものを否定することにはならないし、運動にコミットすることも「男性化」することにはならない。「自分がフォロアやる場合もリーダーやる場合もいろいろあります。ただ、私は時限つきの集団しかつくらない。プロジェクトしかつくらないのです。成功すると加わった人は、また次をやろうというのだけれども、私は絶対反対する。必ず解散する」(『Voice』一九八八年三月号、一〇九頁)。フェミニズムの十字軍化にも、女性原理によるフェミニズムの囲いこみにも抗いつつ、運動の方法と集団性の倫理を模索していくこと。それは、ポスト・リブの言説空間、「女の時代」という空疎な標語が踊った八〇年代を生きるフェミニスト――上野のみならず――が回避することのできなかった(いまだ継続中の)課題・使命であったということができよう。「降りる/上がる」構図の彼岸、糸井的な――マスキュリニズムと距離を置く男性の――「降り方」と位相を違えた地点に八〇年代上野の思想実践はある。

3　文体の政治学と女性革命兵士という問題系

一九九五年に『小説TRIPPER(トリッパー)』に掲載された「平成言文一致体とジェンダー」という論文のなかで、上野はふたたび「文体」について言及している。

ところで、わたしはこの文章を「因習的《コンヴェンショナル》」な論文体で書いた。「因習的」というのは、「決まり事」や「約束」にしたがった「論理的(共有された思考の筋道にしたがった)」文体、というほどの意味である。(中略)わたしがこの文体を採用したのは、引用した文体の多様性に対して、地の文の中立性を保とうとしたのもひとつの理由である。だが、「文体の中立性」が意味する政治性に、わたしが無自覚なわけではない。それは文体の「不偏不党性(無味乾燥さ）」を気取ることで、かえって他のすべての文体の「特異性」に対して、超越的な審級を占める。（上野、二〇〇〇、五二―五三頁）

冒頭に引用した「七色の文体」から七年。おそらく、上野の基本的な思想スタンスにブレはない。しかし、文体について言及する振る舞いの持つ意味（文脈）が、微妙に変化しつつあることをうかがわせる文章ではある（もちろん男性的文体の問題は、はやくから指摘されている）。かつては「文体を使い分ける」ということ自体が、固定的なアイデンティティへの固執を解除する政治的戦略とされていたわけだが、右の引用では、個々の文体が避けがたく担ってしまう政治的意味が問題とされている。「ほんっとはさ、こんなアカデミック・ランゲージ（教養ぶりっこ）なあんて、かなぐりすてて、うつろっていく文体の波間にただよい出してもいーんだけど。／でもね。どの文体を選んでも、「文体の政治」から逃れることはできない」（上野、二〇〇〇、五三頁）。消費社会的な戦略としての文体の使い分けから文体の政治へ。その背後には、「語り方が決まらなければ、語られる内容も定まらない。そのような「語り」の変容の時期を、わたしたちは生きている」（同前）という歴史認識がある。

上野にとって、昭和軽薄文体とは、たんに「六〇年代的なるもの」から「降りる」パフォーマンスではありえなかった。それは、むしろ既存の「降りる／上がる」の対立項を突き崩すための理論装置の一つであった。「降りる」という振る舞いには還元できない政治的過剰こそが、上野の消費社会的パフォーマティヴの賭金だったのだ。では、戦略としての文体の使い分けから文体の政治への移行を促す何かとはいったい何だったのだろうか。

糸井重里は自分が「モトカゲキハ」という過去の経歴を隠すことはなかったけれども、けっして積極的に語ることもなかった。ときに世代を背負ったような話法をとったりもするのだが、基本的には世代論的な語りを回避していたように思う。それはもしかすると、七、八〇年代消費社会を生きる「全共闘世代」として自分に課したモラルだったのかもしれない。過去の体験を特権化する先行世代への異議申し立てを行いつつ、八〇年代以降、後続世代に対して同様の世代論を振りかざしている（とされる）同世代人を横目に、彼は歴史意識なき動物たらんとしていたようにみえる。

意外に思われるかもしれないが、糸井と同じ一九四八年生まれの上野千鶴子も、世代論的な政治語りを回避し続けてきた人だ。もちろん、同時代分析や戦後社会論は数知れず提示している。しかし、一九六七年に大学入学したバリバリの全共闘世代のわりには、世代論と同時代論をリンクさせた仕事はそんなに多くはない。全共闘世代の労働状況、あるいは当時のアカデミズムにおける女性研究者の置かれた状況を説明するための一エピソードとして、自分の体験が語られることはある。しかしその多くは「六八年」の記憶とは無関係のものといってよい。九六年に出された『銃後史ノート戦後篇8』には、次のような何とも素っ気ない文章を寄せている。

全共闘からわたしが学んだのは、ひとりになること、であった。七二年に連合赤軍事件が発生し、同世代のだれかれがショックを受けているときに、わたしは組織の持つ体質にとっくに醒めていた。／だから東京方面で女たちがリブというものを始めたと伝えきいたとき、運動にもコレクティブにも、すでにじゅうぶんに猜疑心をもっていたわたしは、遠くのできごとのようにそのニュースを聞いた。（女たちの現在《いま》を問う会編、一九九六、一二六頁）

田中美津が「永田洋子はあたしだ」と書き残し、メキシコへと旅立ったと聞いたとき、「連赤の末路は、わたしには既視のことがらに見えた」（同前）という。六七年に入学しその後のフェミニズムを先導していく旗手の言葉としては、いささか「冷たい」。続いて七〇年代後半における女性学との出会いが肯定的に書き留められている。リブとリブ以降のあいだの断層線を強調することによって、六〇年代末から七〇年代初頭について語ることを回避しているかのようにも映る。

もちろん、全共闘への言及そのものを回避しているわけではない。たとえば、八九年の「曽野綾子騒動」のきっかけとなったエッセイ、あるいは曽野の批判を受けて『月刊Asahi』に寄せた「反論」には、全共闘についての記述が多く見受けられる。しかしその話法はけっして、世代論的なものではない。むしろ、上野の眼目は、世代論的語りから全共闘を解放することにある。ちなみに、曽野綾子騒動というのは、曽野が『新潮45』に上野を批判するエッセイを載せ、『週刊新潮』などの雑誌メディアが「曽野綾子さんに叱られた社会学者「上野千鶴子」助教授」という具合に大いに盛り上がった、という「事件」。曽野サイドからすれば「上野千鶴子騒動」ということになるのだろう。よく上野vs曽野論争などと言われるが、論争らしきものはほとんど展開されていない。

曽野の上野批判というのは、簡単にいえば、「学園紛争」を「「戦争」だったのかもしれない」(上野、一九九三、六〇頁)と言えてしまう上野の「戦争」観に、戦争をローティーンで体験した世代として物申す、というものだ。体験主義的な世代論の典型といえよう。面白いのは、曽野が標的としたエッセイが、初めのほうで世代語りの反復について語っているということである。「上野さんたち「戦中派」はね」と「おくめんもなく言う」「自称「戦無派」の年下の友人」の言葉を受けて、上野はいう。「そう、世代の分岐が年齢によってではなく、社会的な事件によって細分されるとしたら、二十年前のあの事件は、わたしたちにとって、ひとつの「戦争」だったのかもしれない」(同前)。

世代的共感を生み出す構成的な契機=トラウマを、ここでは一般化した形で「戦争」と呼んでいる。ようするに上野は、どの世代も、世代なるものが信憑性をもって現れてくるときには、「戦争」の記憶を媒介にしている、という言説の形式を指し示しているにすぎない。四五年に終結した戦争と全共闘の闘争との比較不可能性はおり込み済みである。戦争体験の「ほんもの度」を競い合うつもりなど毛頭ない。だからこそ上野は、「「戦争」や「闘争」を、独占しようとする世代的な特権意識」に対する大塚英志の批判を受け入れることができるのである。「反論」のなかでは、曽野の事実認識の誤り――「日本の「学園紛争」の時、学生は一人も死ななかった」――を指摘した後に、全共闘世代と一括りにされるものがいかに実体のない共同幻想であるのか、ということをデータを参照しつつ、社会学的に指し示している。身も蓋もなく、一九四八年生まれコーホートの凡庸さがあきらかにされていく。これは、先行世代に差し向けられた批判ではなく、明確な世代論批判である。世代的体験を倫理へと転化させ、他の世代と「ほんもの度」を競いあうゲームの不毛さ、多様で凡庸な諸々の体験群を象徴的なトラウマによってまとめあげてしまう認識論的な暴力。だから、たとえその「世代的な特権意識」批判に同意したとしても、「全共闘世代」という幻想の実体化にコミットするかぎりにおいて、大塚の言説もまた批判の対象となるだろう。そもそも、騒動の引き金となったエッセイにしても、「ほんもの度」ゲームを勝ち抜くための武器として「わたしたちの世代体験」を使っているわけではなかった。もちろん、上野の仕事に世代的利害が存在していない、というのではないし、私的な体験を語ることを抑制している、というのでもない（それはフェミニズムのひとつの賭金である）。しかし、世代論的な語りの構造に対して、かなり自覚的に距離を置こうとしていた――事実置きえていたかどうかは別として――というのは、抗いがたい事実であるように思える。

その上野が、七〇年代の女性兵士たち――永田洋子、浴田《えきた》由紀子、重信房子――をめぐる本格的な考察を提示したのは二〇〇四年のこと。『現代思想』六月号に掲載された「女性革命兵士という問題系」という論文においてである。
もちろんそれ以前にも、連合赤軍にふれた文章は存在している。たとえば、九五年の『諸君！』二月号に掲載された「連合赤軍とフェミニズム」という文章（後に『上野千鶴子が文学を社会学する』に収録）には、すでに「女性革命兵士」で前面化された問題意識の「萌芽」が見受けられる。しかし、そこで採り上げられているのは、《男女平等を是とするなら、女性もまた軍隊に「共同参画」すべきと考えなくてはならないのか》という問題、つまり「女性と軍隊」をめぐる問題系であった。この問題系については、上野はかなり早い時期から解答を出している。「フェミニストは、戦争を正気の沙汰ではない、と戦争そのものを解体すべきなのだ」（『朝日ジャーナル』一九九一年二月一五日）、つまり〝Ｎｏ〟と。この解答は、「女を男なみに、がフェミニズムの目標ではない」という年来の上野の主張から自然と導き出されたものといえる。正当化不能な悪にフェミニズムがコミットする必要はない、ということだ。しかし、「女性革命兵士」が採り上げている問題系は、それとは異質のものである。

だが、この問い（引用者注：女性は軍隊に参加すべきか、否か）の背後に、澱のように淀んだもうひとつの問われない問いがあることに、わたしは早くから気がついていた。その問いに触れることは、わたし（とわたしたちの世代）にとって痛みを伴うタブーであり、長いあいだ問われないままに放置されてきた。それは国家暴力に女が動員できるならば、対抗暴力

にも女は動員できるか？　という問いである。（「女性革命兵士という問題系」『現代思想』二〇〇四年六月号、四八頁）

この上野の問いの差し出し方に違和を持つ読者は少なくないはずである。解答のパターンはそれほど多くはないようにみえるからだ。つまり、対抗暴力も暴力である以上駄目、ということであれば答えは〝Ｎｏ〟だろうし、対抗暴力にもいいものと悪いものがある、というプラグマティズム（？）を採用すれば〝Ｙｅｓ＆Ｎｏ〟ということになる。対抗暴力万歳ということであれば、当然〝Ｙｅｓ〟ということになるだろう。問題は「女性兵士よしや？」というもの以上に、複雑であるようにはみえない。にもかかわらず、あっさりと女性兵士の問題系に〝Ｎｏ〟と解答した上野とは思えない、ためらいに満ちた文章が綴られていく。どうやら、上野にとって、女性兵士の問題系と女性革命兵士の問題系は決定的に・本質的に異なっているものらしい。そのことは、かなり率直に書かれた告白によってあきらかになる。

加納との対談で吐露しているように、わたしは対談に臨むにあたって今回はじめて永田洋子の『十六の墓標』上下、『続十六の墓標』等の関連文献を読んだ。わたしたちの世代にとって七二年の連赤事件は、消すことのできない世代の汚点であり、歴史的なトラウマであった。率直に白状すれば、見たくない、聞きたくない、という拒否感が先に立って、わたしはこの

問題に直面することを避けてきた。（同前、五六頁）

かつて「七二年に連合赤軍事件が発生し、同世代のだれかれがショックを受けているときに、わたしは組織の持つ体質にとっくに醒めていた」と突き放すように語った上野の言葉である。もちろんこれは、上野の日和見主義などによって理解されるべきことではない。むしろ、連赤事件という出来事、あるいは連赤によって極端な形で指し示される倫理を冷ややかにやり過ごそうとする、かつての彼女の態度の徴候性を私たちは見てとるべきであろう。

おそらく上野にとって、「わたしたちの世代」の記憶の原点は、輝かしかったりほろ苦かったりする全共闘運動にではなく、「正しい暴力」というフィクショナルな対象を賭金として提示された言説と実践の総体にあるのだ。全共闘とリブの「あいだ」にある出来事性といってもいい。それは「世代的な特権意識」を担保してくれるようなものではない。もちろん、ヒロイックな「男性的」美学は、連赤への真摯な反省を提示することにより、「私たちの世代にしかできない反省」に耽溺することもできるだろう。しかし、上野はそうした反省の素振り自体が、「正しい暴力」に魅かれる男性的な「死ぬための思想」を反復するものと考えていたのではないか。「死ぬための思想」とは、八〇年代の上野の言葉でいえば、「非常時の運動」論とでも言うべきものである。「男たちの社会的な運動っていうのは、いわば非常時の運動なのよね。ヒロイズムが根底にある……。」（『MORE』一九八八年九月号）。

男性的な「死ぬための思想」、「非常時の運動」論と共犯関係を築くことなく、それでいて国家暴力へのラディカルな抵抗を肯定するためには、何をどうすればいいのか？——それが、「わたしたちの世代」が問わないままに放置してきた問題、「女性革命兵士」という問題系である。「わたしたちの世代」を語ることは、特権意識丸出しの凡庸な自己肯定か、反省的なヒロイズムに陥るしかない。そうしたアンチノミーのなかで、上野は「語らない」「やり過ごす」という選択をしてきた。世代論への違和は、もちろん社会学者としての方法倫理にもとづくものだったといえようが、そうしたアンチノミーを感じざるをえないポジションにある「フェミニスト／社会学者」の決断でもあったともいえる。上野は、構造的に世代論を禁じられ続けてきたのである。いうまでもなく、禁じていた主体は上野自身だ。

4 「降りる」ことと「転向」のあいだ

糸井は、自らコピーライターという記号論的存在となることによって、全共闘的、「ヒロイック」な倫理空間から「降りる」ことを選択した。自らコミットした「六〇年代的なもの」への抵抗として、消費社会の虚妄に賭けたといえる。上野もまた、自己を規定する世代的利害など存在しないかのように、「全共闘世代」という括りを解体しつつ、積極的に八〇年代以降の消費社会を記述・観察していく。かれらの八〇年代は、「六〇年代的なもの」、「どこを切っても金太郎アメみたいな、自我のトータリティを求められていた」（『COSMOPOLITAN』一九八七年六月号）世代的体験から「降りる」ために費やされてきたといえるかもしれない。まさしく自らを歴史的負荷のない記号のように提示しつづけ、世代論的ノスタルジー／反省から距離をとり続けてきたかれらの挙動は、七〇年代の社会的記憶を持たない者にとっては、ときにオブセッシブにも映る。「団塊の世代はずるい」といえてしまう大塚のほうが、よっぽど自由であるように見えてしまう。語弊はあるかもしれないが、そうした世代的オブセッション――世代論を回避しようとする倫理と言い換えてもいい――のなかで、かれらの消費社会の実践倫理は獲得されていったのだろう。「女性革命兵士」という問題系は、そうした実践倫理の実定性を、上野自身が問い返す契機となっている。だからこそ、相当に率直な世代論的告白がなされているのだ。

だが当然のことながら、糸井と上野とでは、「六〇年代的なもの」からの「降り方」がだいぶ異なっている。「世代論への距離感」ということだけで、両者を一くくりにすることはできない。糸井、というか、糸井と同様に全共闘の記憶との距離感において自らの立ち位置を測定し続けてきた――つまりヒロイックな社会運動にシニカルな態度をとり続けてきた――高橋源一郎や島田雅彦、そして遅咲きではあるが「審問の話法」批判によって論壇に躍り出てきた内田樹が、「3・11」や「反安保」においてシニシズムを一挙に解除した（降りることから降りた）ことは、実に分かりやすい。それは機会主義的なシニシズムが一挙にロマン的対象への没入へと転化する男性的ロマン主義のきわめて教科書的な反復である（その意味でシニシズムを維持しえている糸井は突き抜けた強度を持っているといえるかもしれない）。政治運動に冷淡な姿勢をみせていた小熊英二が「3・11」以降の例外状態に昂揚感を隠し切れないのも同じ理屈で理解できてしまえる。

しかし、上野の場合、逞しいシュプレヒコールの合間に、やはり喉元に突き刺さった骨のように、女性革命兵士たちの記憶が蘇ってくる。

反安保運動が最高潮を迎えた二〇一五年八月。上野は自身のツイッターアカウントにおいて、「運動のなかにある性差別批判、マイノリティ差別批判を「運動の足を引っ張る敵対行為」とバッシングする人たちがいるという。いつかどこかで見た景色」から始まる連投を開始した。この前提にあるのは、ある若手女性研究者が、国会前デモでの若い女性参加者のスピーチに違和感を表明し、それがデモ賛同者によって批判の的となったという「事件」である。「「お母さんがご飯を用意してくれている幸せ」発言への違和感を表明した女性が叩かれたとか」「発言した本人にとってはかけがえのない平和の実感だろう。だが「(毎日)ご飯をつくって待ってくれているお母さん」の立場ならどうだろうか。そういう想像力も必要では。」と議論は続く。この議論をめぐる論争状況については、私自身も当事者の一人なので、ここで詳述することは控えたい。重要なのは、「ささやかな日常」の持つ政治性を長年にわたり問いかけつづけてきたリブ、フェミニズムの思想の系譜が、二〇一五年の「反安保」においても、上野のなかで、けっして失われていない、ということだ。

小熊英二は直接名前を挙げないという方法で、この上野の発言を批判的に捉え、「68年の革命」と「2015年の日常」を対比させている。「国会前の若者たちは、「革命」や「非日常」を夢見ているのではない。「平和」な「日常」が崩れていく不安を抱き、それに対し何もしてくれないばかりか、耳も貸そうとしない政権に、「勝手に決めるな」「民主主義って何だ」と怒りと悲嘆の声を上げているのだ」（「国会前を埋めるもの　日常が崩れゆく危機感」『朝日新聞』二〇一五年九月八日）。別に上野は、若いスピーカーが「革命や非日常を夢見ている」と言っているわけではないし、そもそも「「平和」な「日常」」なるものに埋め込まれた政治性を問いかけつづけてきたのがリブ、フェミニズムなのだから、これほどに的を逸した批判も珍しい。小熊において「日常／革命」という二項図式が強固に作用しており、「日常の政治性」を六八年と一一年のあいだで問い続けてきたリブ、行動する女たちの会、女性学、フェミニズムの系譜が、比較対象群として認知されていないということの傍証であろう。

この対話なき「論争」の後に、私は上野と二〇一五年に対談する機会をもった（前章）。そのさいに「連赤のトラウマ」とは異なる「40年の沈黙」の理由を語っている。「私の周囲には、「エコ・フェミ」がたくさんいましたし、一九八六年のチェルノブイリ事故に衝撃を受けて、反原発デモや、愛媛県の伊方原発三号機建設に反対して現地集会を呼びかけるひとたちも、身近にいました。私は彼女たちと、途中まで一緒にいたのに、いまから思えば、「小異を立てて大同につかなかった」のです。／集会に行くと、集まっているのは女性が大半で、そこでは「お母さん」という呼びかけが圧倒的です。母性主義そのものです。私は、母親でない女は、ここに存在しないのかと反発しました」。「小異を捨てて大同につく」という大義の話法は、母性主義批判を小異とする。この小異を上野はけっして小異とすることができなかった。母性主義との闘いはけっして「小異」ではなかったのだ。

社会運動における母性主義、これもまた上野を路上から遠ざけた一つの理由である。もちろん、例外状態に高揚する男性たちのヒロイズム的な運動と、女性性を前景化することにおいて説得力を獲得する運動。あるいはその「不幸な結婚」。上野の四〇年間の沈黙は、まさにフェミニストの闘争としての沈黙であった。その沈黙を解除したいまもなお、上野は闘争としての沈黙が持っていた政治的意味を却下しきれてはいないし、これからもそうだろう。**機会主義（シニシズム）から決断主義（ロマン主義）への転回は、男性マジョリティに許された特権だ。上野はたしかに沈黙を破った。しかし、それは「転向」を意味するものではない。**いわば論理的に転向することのできない上野の立ち位置は、自ら高揚への埋没を許さない。それは、シニシズムではない。フェミニストであること自体に課せられた文法的真理である。上野は転向するにはあまりに誠実すぎる「強い」思想家なのだと、私は思う。

〔参考文献〕
上野千鶴子『セクシィ・ギャルの大研究――女の読み方・読まれ方・読ませ方』光文社カッパ・サイエンス、一九八二年。
――『女は世界を救えるか』勁草書房、一九八六年a。

――『女という快楽』勁草書房、一九八六年b。

――『女遊び』学陽書房、一九八八年。

――『ミッドナイト・コール』朝日新聞社、一九九〇年。のち朝日文芸文庫、一九九三年。

――『上野千鶴子が文学を社会学する』朝日新聞社、二〇〇〇年。のち朝日文庫、二〇〇三年。

――「女性革命兵士という問題系」『現代思想』二〇〇四年六月号。

――『生き延びるための思想――ジェンダー平等の罠』岩波書店、二〇〇六年。

上野千鶴子・北田暁大「「1968」と「2015」のあいだ――安保法案反対運動の新しさと継承したもの」『atプラス』二六号、二〇一五年。

女たちの現在《いま》を問う会編『全共闘からリブへ　銃後史ノート戦後篇8』インパクト出版会、一九九六年。

第Ⅱ部　消費社会論の神話とデフレ社会の呪縛

第4章

思想の「消費」を捉え返す――三浦雅士氏との対話

1　編集者になるまで

北田　三浦さんは、私にとって――もちろん私にとってばかりではなく、ある世代の思想少年たちにとっては――特権的な「現代思想」への導き手です。思想とか哲学に興味を持つようになったころ、雑誌『現代思想』のバックナンバーを買いあさって、傍線を引きながらひたすら読んでいた記憶があります。読者に紹介するまでもなく、その『現代思想』を七〇年代なかばから八〇年代初頭にかけて――つまり、ポスト政治の季節の時期から、現代思想ブームにかけて――編集長として支えていたのが三浦さんです。どうにもアウラが眩しくて直視できないのですが……。

三浦　とんでもないですよ（笑）。

北田　私自身は一九七一（昭和四六）年生まれなので、ニューアカデミズムブームが起こった八〇年代前半の思想状況というのは経験知としてはほとんど知りません。「現代思想」――それはおおよそフランスの批評、哲学を指すわけですが――と呼ばれるものが、日本の思想界において、どのように立ち上がり、どのように展開していったのかということを、歴史の当事者である三浦さんに、いろいろと伺いたいと思っております。よろしくお願いいたします。

三浦　はい。ただ、その話だと七〇年代なんですよね。いいんですか？

北田　はい。七〇年代から八〇年代への流れをお聞きしたいと考えています。

私のイメージになりますが、日本における「現代思想」の牽引役となった『現代思想』という雑誌のバックナンバーを通覧してみると――大学生時代に本郷の古本屋へ行って一生懸命集めてたんですが――、いくつか柱があることがわかります。第一に、構造主義、精神分析、セクシュアリティ系の問題、それと生命論・科学論的なものですね。フランス系の現代思想や精神分析など、現在でも「現代思想」と私たちが聞いて思い浮かべるテーマ群です。こうした柱はやはり七〇年代に出来上がっているように思えます。

それからもうひとつ。ポスト六〇年代に生まれた『現代思想』誌の初期に大きな問題としてあったマルクス主義、新左翼といった問題系についても、枠組みは七〇年代にもう出来上がっている。八〇年代というのはある意味そうした枠組みを反復しているようなところがあるんじゃないかと思うんですよね。

よく「現代思想」「ニューアカ」は、政治性を抜きにしてフランス系批評言語に戯れていただけだ、といわれますが、七〇年代の『現代思想』を見ているかぎり、そうはいえない。政治の季節が終焉を迎えたことを認めたうえで成り立っている左派的な政治的姿勢と、そうした政治的姿勢に言葉を与えるものとしての記号論周辺の「現代思想」とが、絶妙なかたちで接合されています。そもそも三浦さんの前の『現代思想』編集長である中野幹隆《みきたか》さんは『パイデイア』におられた方ですし、六〇年代から安原顯《けん》が開拓してきた現代思想の血脈を『現代思想』は引いている。「六〇年代的なもの」と現代思想とを媒介するメディアとして七〇年代『現代思想』はあったわけです。「現代思想」というと八〇年代のイメージが強いのですが、それを語るうえでやはり七〇年代を欠かすことはできないと思うんですね。

連合赤軍事件以降の左派を語るうえで、記号論的・現代思想的な知と政治意識とが分かちがたく結びついていた、というのはよく指摘されることです。たとえば、大塚英志さんは、消費社会と左派的政治の結節点を糸井重里のパフォーマンスに見出しましたし、絓《すが》秀実さんは現代思想的知と七〇年代的政治の結節点を津村喬《たかし》の議論のなかに見出している。『現代思想』という雑誌もまた、七〇年代においては、現代思想を媒介とした六〇年代的なものの継承、という側面を強く持っていたように思います。

しかし、そういう七〇年代的な屈曲、現代思想と政治との微妙な距離関係は、八〇年代ニューアカブームを経た後には見えにくくなってきたように思います。学生と話をしていても、「昔は暢気な消費社会論的な現代思想がはやっていて、九〇年代以降はふたたび政治が前面に出てきた」というふうに言う人がいます。しかし「現代思想」は当初からかなり明確な政治性を持っていたと思うし、ニューアカにしても、そうそう簡単に「能天気」とのラベルを貼れるようなものだったのかどうか、疑問があります。ただいずれにせよ、八〇年代のニューアカ現象がフィルターとして入っているために、六〇年代以来の「現代思想」の歴史の連続面、切断面が見えにくくなっているのは事実だと思うんですね。そこでぜひ六〇年代と八〇年代の狭間にある七〇年代「現代思想」のことをお聞きしたいと思っています。

三浦　わかりました。役に立つかどうかわかりませんが、とにかく僕でわかることならなんでもお答えします。

北田　個人史的な質問から始めます。青土社が一九六九（昭和四四）年に創業されて、『ユリイカ　詩と批評』の創刊にかかわっていらっしゃいます。そのときから編集者・三浦雅士としてのキャリアが始まったということなんでしょうか。

三浦　個人史というのは苦手です。過去の事実は年々変化していきますよね。過去という概念そのものさえ変化していく。だいたい、手紙とか写真とかも嘘というか、虚構の始まりみたいなものですから。でもとにかくお答えします。お話しを伺っていて思いますが、僕にとっての六〇年代というのは、ちょうど北田さんにとっての八〇年代になるのだと思います。僕は一九四六（昭和二一）年の一二月生まれですから、六〇年代というのは十代から二十代にかけてになりますが、十代のころは社会に対する疑問がいっぱいあって、とくに教育制度に対しては全否定みたいな気持ちでした。というより、人間そのものに対して疑問があって、それでできるだけ人生から降りたいという感じでした。人間はたんなる誤謬なんだ、人類もたんなる誤謬なんだという意識がとても強くて、立ち竦《すく》む感じで何もできないという状態だった。ちょうどそのころに、宇佐見英治さんとか及川均さんとか那珂《なか》太郎さんとかに出会って、それでともかく生きていこうかということになって、たまたま那珂さんが、旧『ユリイカ』の伊達得夫の親友というか、中学時代からの友人だったということで、『ユリイカ』を復刊しようとしていた清水康雄さんに紹介してくれたんです。僕はそのころ、週刊誌の整理校正のような仕事をしていたんですが、編集という仕事はもともと好きだったんだと思います。小学校のころから、学級新聞を発案して自分で全部ガリ切りをするとかしていた。清水さんは若いころに河出書房の編集長に抜擢され、河出の倒産で退職した人ですから、社外のことが忙しく、数号のうちに実務のほうは僕一人でやらなければならなくなった。しかも、三号、四号ぐらいでもう返品の山で、やっていけないというような話になって、どうせ潰れるんなら好きなことやらせてもらおうということで、萩原朔太郎だとか宮沢賢治とかの特集をやらせてもらった。それが当たった。宮沢賢治の特集号なんか全部売り切れた。それで会社がもった。二二、三歳だったわけですが、一年後に編集後記を書くようになった、つまり編集の全体をまかせられるようになった。それでどんどんやっちゃって、そのまま七〇年代に突入しちゃった。

北田　当時はやはり、挫折の体験というか、六〇年代の余韻が色濃く残っていたんでしょうか？思想状況として。

三浦　六〇年代の余韻どころか、六〇年代そのものだったと思います。挫折体験け醒めた知識人にはあったかもしれないけれど、たいていの青年はアンガジュマンの思想を持っていて、反米反スタ反体制が当たり前だったと思う。僕がそのころ読んでいたのは、詩や小説の翻訳をのぞけば、吉本隆明と廣松渉《ひろまつわたる》だったと思いますが、まだまだ戦争責任、戦後責任という言葉が生きていた。中学・高校時代に読んでいたのはサルトルとかカミュとかヘンリー・ミラーとか。それからアナーキズムに関する文献。吉本さんを読みはじめたのは高校を卒業する前後で、ものすごく強烈な体験でした。当時、話題になっていたのはマルクスの『経済学・哲学草稿』、要するに初期マルクスです。廣松さんが『思想』に『ドイツ・イデオロギー』の錯簡《さっかん》問題を連載していて、興奮して読んでいたと思います。もちろん、そういう思想的なことは『ユリイカ』には必ずしも合わないわけですが、合わせようとしていた。一九七一年に「革命の詩・詩の革命」という特集をしていますが、文学的な革命こそ政治的な革命であるはずだと強く思っていた。政治的な革命だけではまったく無意味で、芸術的な革命、人間の全存在的な革命がなければしようがない。たとえば、どんな人間にも社会史のすべて宇宙史のすべてが凝縮しているのであって、特別な人間なんかを論じる必要はない、誰であってもその人間を本格的に論じれば、それだけで社会論、宇宙論になる、矛盾も何もぜんぶ出てくるはずだ、と考えていた。

マルクス主義の前にアナーキズムに惹かれていたのもそのためだと思う。というよりもニヒリズムですね。六〇年代には現代思潮社が光り輝いていました。澁澤龍彦やサドもそうだし、トロツキーもそうだけど、アナーキズム叢書のようなものも出ていた。僕はかなりアナーキズムに傾斜していたと思います。アメリカ大使館爆破事件（一九六八年）のときなんかは、僕のアパートまで警察が調べにきてびっくりしましたが、アナーキズムの研究会に出たりしていたからだと思う。実践的なことは何もしていないけど強い関心があった。だけど、アナーキズムは分業化されて以後の社会には対応できないと思うようになったんですね。それが致命的な欠陥だ、と。対応させるためには成員のすべてが相応の能力を持っていなければならない。極端に言えば、たとえば新幹線に乗る場合、乗客の誰もが運転を代われるというふうなくらいでなければ、本来的な意味でのアナーキズムは成立しないと思ったのです。そういうことがあって、吉本だとか廣松だとか読みはじめたから、マルクス主義に一挙に傾斜したんだと思います。

僕がそのころ一番こだわっていたというか、苛立っていたのは、全共闘に対してだと思います。非常に強い批判があった。僕は大学へは行かなかったわけですよ。高校も中退すべきだ——まあ実際中退とほとんど同じだったけど——と思っていた。思想は貫徹しなければいけない。もしも全国の高校生が団結して大学に行かないと言えばそれ一発で終わりじゃないかと思っていたから（笑）。「なんだ、甘えやがって、冗談じゃないよ」という意識は非常にありましたね。だから一九六八（昭和四三）年を可能性として捉える見方にはとても違和感がある。

北田　そうですか。たしかに六〇年代というとにかく吉本隆明の時代だったというイメージがありますが……

三浦　もう全面的にそうです。後から考えると、花田清輝《きよてる》の方が興味深いところがあるというか、もう一回全部読み直さなくちゃいけないと思いましたけど、でも、もうまさに吉本全盛ですね。吉本以外には存在しないという感じでした。

北田　吉本にもアナーキスティックなところが多々ありますね。

三浦　評論集の表題がみんなそうです。『自立の思想的拠点』（一九六六年）なんてアナーキズムそのものだと思う（笑）。だけど、僕がアナーキズムに惹かれたのは、誰かに影響を受けたというよりももともとそういう気質だったんだと思います。とにかく人間は生まれによって決定されるということに関して生理的な嫌悪感があった。それは天皇制に関してもそうですね。天皇制は天皇を差別しているから、つまり天皇が気の毒だから止めるべきだと思っていた。

2　『ユリイカ』そして『現代思想』

北田　そういうことが思想的な下地になって、一九六九年に青土社に入社されて、『ユリイカ』の創刊に立ちあうこととなる。

三浦　思想的な下地なんてとんでもない。偶然、那珂さんが清水さんに紹介してくれたからそういうことになっただけです。だけど、大岡信さんとか、谷川俊太郎さんとか、もちろん吉本さん、澁澤さんといった方々のお宅に伺うことになった。高階秀爾《たかしなしゅうじ》さん、山口昌男さんとか。そういった人たちから多くのことを学びましたね。とくに好奇心の強さを学んだ。編集の要点はそれだと思う。いずれにしても、編集者としては会うつど、その人たちのものを読んでいかなきゃならない。すでに読んでいても、もっと読まなくちゃならない。だから、すごい勉強になった。

柄谷行人に会うのは一九七二年になってからだと思う。柄谷さんが群像新人賞をもらった一九六九年の段階では読んでいなくて、たぶん二作目か三作目の評論を読んで感動した。電車のなかで読んで、ここに同時代、同世代の書き手がいると思った。この人には絶対会いたいと思って、原稿依頼とかそういうことではなく、とにかく連絡して、会って話したら意気投合しちゃったというか、なんだろう、後になって柄谷さんから聞いたんだけど、そういう奴っていないんだって。「あなたの書くものはすごい!」って言ってくる人（笑）。僕はそんなこと考えずに、とにかく感動して、それで行ったんだけど。本人というのは自分の魅力に気がつかないんですね。それで、自分は天才だと思う瞬間と、絶望的に無能だと思う瞬間のあいだをいつでも上下している。批評家はまだしも、作家、詩人、それから画家とか音楽家とかいうのは、みんなそうだと思う。的確な座標は描けない。補助線は引けない。だいたい、そんなことができるようだったら書いていないだろうし、いいものを書けもしないでしょう。「こっちに行けばこうなるから、絶対こっちに行ったほうがいいよ」とか、「こういうふうに見えるからこうだよ」というふうなのは、やっぱり第三者の眼にしかできない。正確かどうかは別として、俯瞰する目をもってこなければできない。僕はつまり、「あなたはすごい」と言うのが好きだったんですね、きっと。そういう魅力を見つけて、説得するのが好きだったんだと思う。

北田　補助線を導入し、本人が見えてないものを可視化する……。

三浦　というか、あなたがいかにすごいか、ということですね。すごい可能性があるというのが、なぜかよくわからないけど、読んでいると見えてきちゃうんですよね。それで興奮して、その人間が好きになっちゃうんですよ。その可能性が好きになる。

北田　柄谷さんにもその可能性を感じた。

三浦　柄谷さんは、どちらかと言えば批評家というより作家的、芸術家的なんです。自分に関して批評的であるというタイプではない。だから、浅田彰さんであれ誰であれ、誰かが傍にいるということが、彼にとっては必要なんだと思います。とにかく、そんなふうな感じで『ユリイカ』をやっていたと思います。

北田　『ユリイカ』を創刊してから三年後に編集長になられてます。

三浦　たまたま僕は実務的なことがかなりできたんですよ。デザイン的なこととか印刷のこととか、つまり手仕事が好きだったから。だから、『ユリイカ』の表紙とか目次とか本文レイアウトとかは、全部自分でやっていた。

北田　まさしく「ザ・編集者」ですね。

三浦　表紙とか目次というのは編集長のヴィジョンを一望できるようにしたものなんですよね。年表なんかもそうでしょう。だから自分でやらなければならないと思っていたんですね。そういうことが好きだっただけかもしれないけど。『ユリイカ』は菊判変形ですが、その判型を小型化したA5判で「谷川俊太郎による谷川俊太郎の世界」(『ユリイカ』臨時増刊、一九七三年)というのを作った。これでは活版、オフセット一色、二色、四色、グラビアと、印刷上の技法を使えるだけ使った。やはり臨時増刊としてA4判で作品特集「現代詩の実験」(一九七二、七三、七四年)というのを毎年作ったりした。『現代思想』の段階で、B5判変形で「一九二〇年代の光と影」(『現代思想』臨時増刊、一九七九年)を作って、これでA5、菊判、B5、A4と一通りのサイズをみんな作ったって喜んだりして、まるっきり子どもと同じです。「一九二〇年代の光と影」なんか、舌なめずりしながらレイアウトしていた。

北田　表紙が絵画調になっていた大きな判型のものですね。たいへんに美しいつくりでした。

三浦　二〇年代の絵を使って、後ろをわざわざパルコの広告にしたんです。パルコに行って、ここはパルコの広告じゃなきゃダメなんだって言って出してもらったんですよ。そういうのが好きだったんですね。それで、一年もしないうちにまかせられちゃったんですね。企画、依頼、入稿、校正、制作、ときには製本屋の手伝いまでした。一年、二年と編集部員も増えて『ユリイカ』では石田晶子、小野好恵というトリオ、『現代思想』では植野郁子、坂下裕明というトリオになった。個人的な記憶としては黄金時代です。編集部員のみんなにもずいぶん教わった。石田さんには音楽、小野さんにはジャズ、植野さんには合理精神、坂下さんには少女漫画とか教わった。まだ無名だった村上龍とか村上春樹に引き合わせたのは小野好恵ですね。

北田　そんなマルチ編集者状況のなか、七〇年代のなかばくらいまで、『ユリイカ』と『現代思想』の両方にかかわってらしたんですか。『現代思想』(創刊は一九七三年)は一九七五(昭和五〇)年一月号からですね。

三浦 『ユリイカ』はね、一九七五年の一月号まで。一九七五年一月号だけは両方の編集長。二月号からは『現代思想』だけで、一九八一年までです。

北田 三浦編集長第一作となる一九七五年一月号は「総特集・現代日本の思想」です。坂部恵の小林秀雄論や菅孝行《かんたかゆき》の鶴見俊輔論、由良君美《ゆらきみよし》の山口昌男論などが出ています。そして次号以降マックス・ウェーバー、デリダ、柳田国男、フランクフルト学派、言語……と続いていく。それにしても月一回、たいへんなパワーを要しますよね。

三浦 思い返せば恥ずかしいような内容かもしれないけど、とにかく重労働だった(笑)。月一回出して、増刊号も年に数冊出していた。ここで内部事情を話しても意味ないから話しませんが、『現代思想』がうまくいかなくなって中野さんは引き抜かれるかたちで辞めてやがて他社で『エピステーメー』をやった。それで僕は『現代思想』に転じることになって、小野好恵が『ユリイカ』をやることになった。当たり前だけど、『ユリイカ』でいちばん考えていたことは日本の詩の水準を上げること、活性化することです。音楽や美術をやるのもそのためです。『現代思想』で考えたことも同じ。欧米の書き手と対等に渡り合う日本の書き手、思想の担い手に登場してもらうことです。絶対に翻訳ものに頼りたくなかった。それが僕の方針ですが、その方針を貫徹するには、『ユリイカ』でも『現代思想』でも経済的に採算がとれなくてはいけない。だから、無理してでも増刊号を出した。本誌で自由にやらせてもらうために、増刊号は絶対に売れるというのを出す。『ユリイカ』で言えば、たとえばランボーだとか萩原朔太郎だとかボードレールだとかは確実に売れるだろう、と。それで、当時で言えば破天荒だったんですが、モーツァルトをやってワーグナーをやって、その次ビートルズをやる。そういう好き勝手もできたわけです。『現代思想』で言えば、フッサールだとかヘーゲルだとかユングだとか、本のような雑誌を同じ装丁で出した。そうしたら、いろんなところで勝手にバックナンバーを置いてくれるようになったんですよ。リブロだとか芳林堂だとかで。すると、雑誌だけど単行本みたいになっちゃって、場合によっては増刷りまでできるようになった。それでかなり経営的には楽になって、いよいよ勝手なことができるようになる（笑）。たとえば山口昌男がおもしろいと思った場合には、山口昌男を全面展開させるにはどういう特集をしたらいいかと考えるじゃないですか。そうすると道化なら「道化」（『ユリイカ』一九七三年六月号）となるじゃないですか。だけど、「道化」じゃ売れない。売れなくてもいいやと思うためには、ほかにものすごく売れるものを出さないと経営としては成り立たないわけだから。それは『ユリイカ』から『現代思想』までずっと続きました。

3　ポストマルクス主義の課題

北田　そのようなかたちで雑誌を続けられていくなかで、一番念頭にあったのはどんなことですか。

三浦　一九七〇年代の一番大きな問題は、その段階では漠然としたままであったにせよ、マルクス主義は終わったということ、そしてポストマルクス主義といったときに何がありうるかということだったと思います。そういう意味では、『現代思想』で言えば、一九七五年の段階で、それも臨時増刊総特集で、九月に「精神分裂病」を出し、一二月に「資本論」を出したというのは、内容的な評価は別として、自分がこれから採ろうとしていた方向性をはっきりと打ち出していると思います。連続的にこの二冊を出した段階で、自分の関心は、かりに少数であっても信頼できる読者の関心と、完全に一致しているとはっきり感じることができた。大げさに言えば、時代の背骨に触ったような気がした。恥ずかしいんですが、一九八四（昭和五九）年に、『ユリイカ』『現代思想』に書いた編集後記をまとめた『夢の明るい鏡』という本を出しました。『私という現象』（一九八一年）という最初の評論集と同じく、冬樹社にいた竹下隆夫さんがまとめてくれたんですが、巻末に総目次が載っている。刊行されてしまったものを読み直す習慣はまったくないけど、今回ちょっと見てみて、ああ、この段階でも必死になってやっていたんだな、と思いました。世の中、評価してくれる人だけではない、思いがけないかたちで足を引っ張る人の力が多いわけだから、そんななかで我ながらけなげというか（笑）。

『ユリイカ』から『現代思想』まで一貫して思っていたことは、考えることこそが最大の実践だということです。信念のようなものでした。知は力であるというのは悪い意味で使われるけど、そんなことはない。人間はこういうものだという考え方を根底から覆すことこそ最大の実践である。それが最大の実践になるまで、沈潜して考え抜くこと、どこまでできるかはわからないけど、そうしなければならないと思っていました。直接的な政治行動などよりそっちのほうがよほど重大だと思っていた。

そういう文脈では、『ユリイカ』の場合も、手始めはやはり「構造主義」だったわけです。「神話の構造」という特集（『ユリイカ』一九七〇年一一月号）を組んだ。山口昌男さんが忙しかったので、当時、上智大で助手をやっていた青木保さんに相談した。いま文化庁長官をなさっている（在任二〇〇七—〇九年）けど、当時はまだ二十代ですよ。我ながら大胆だったと思う（笑）。

趨勢としては構造主義だということははっきりしていた。構造主義というのは、バルトでありフーコーでありラカンであり、そして中心はもちろんレヴィ゠ストロースだというふうになっていた。それで人類学も脚光を浴びたわけですが、それは実存主義に対するアンチテーゼだったわけで、その場合の実存主義というのはサルトル的な実存主義、つまり実存主義的マルクス主義だった。それが終焉を迎えていたわけです。サルトルはレヴィ゠ストロースの構造主義には歴史がないと批判し、レヴィ゠ストロースは、歴史と言っても、古代史、中世史、近代史で、主題も方法も違うというのでは話にならないではないかと反論する。ここには面白い問題があって、現象学をあいだに入れると、ほんとうはサルトルもレヴィ゠ストロースもそれほど極端に違うということにはならないはずなんです。

思想の全体を眺めた場合、一九世紀が自然科学においても人文科学においても実体的なものを追究したとすれば、二〇世紀は関係的なものを追究してきたわけです。現象学、解釈学、言語論、記号論、科学史、美術史、もっとも典型的なものは動物行動学ですね。それまでの生物学の典型が比較解剖学だとすれば、動物行動学というのは動物とともに生きてみる、動物の眼で世界を見てみるというもので、明らかに意味の科学であり、関係をめぐる理論なわけで、実体をめぐる理論ではない。現象学の親類みたいなものだ。だから結局、関係的なものを軒並み特集していくという形になった。一方ではどんなふうにマルクス主義は終わろうとしているのか、それまでの左翼の理論と行動を反省的に特集していくのと並行して、マルクス主義が終わった後にはどうなるのかを考えていくこと、それが、七〇年代にしなければならないと思っていたことだったと思います。

北田　七〇年代の『現代思想』を見ていると、いくつか軸があるという話をしましたけれど、そのなかで言語論、構造主義というのが最大のポイントになっている。一九七五年六月にはさっそく「言語」という特集を組まれていますし、翌一九七六（昭和五一）年一〇月号でも「言語論」が特集されている。その頃には「フランクフルト学派」とか「レーニン」とか「毛沢東」とか、明確に政治的な指向をもった特集が組まれたりするわけですが、言語論や構造主義はやはりポストマルクス主義の課題として当時受け止められていた、ということですね。

三浦　そうです。後になって思ったんですが、網野善彦にあの段階でアプローチしなかったのはほんとうにまずかったなと思う。それから白川静とか、あの段階でアプローチすべきだったという書き手はいっぱいいますね。

北田　とても構造主義的ですよね。

三浦　そうだと思います。網野さんにしても白川さんにしても、歴史を構造の変化として捉えていたと思います。白川さんの場合は、漢字においてドラスティックな認識論的切断があったということですから、フーコーともデリダとも重なります。そういう意味では、もうポスト構造主義の問題を先取りしている。だけど、一般読書人には、丸山圭三郎が出てくるまでソシュールはなんか雲がかかっているみたいな感じだった。七〇年代末になって、浅田彰というウルトラ理解魔というか、あらゆるものを理解してしまう少年が出てきて、それで視界がとても明瞭になった。僕が一番感心したのはラカンですね。浅田さんのラカン理解にはとても感心した。その前まではラカンのことなんて誰一人わかっていなかったとさえ思えました。だから、いまから見て不満なところがたくさんあったとしても、無理もなかったという感じがしますけどね。

北田　いま浅田さんの名前が出てきましたが、私なんかが現代思想的なものに最初に触れたのは、ニューアカブームを経た八〇年代の終わりぐらいからなので、そうするともうマニュアル化が相当進んでいて、『構造と力』（一九八三年）をさらにチャート化するといったものまで現れていました。『わかりたいあなたのための現代思想・入門』（一九八四年）も定番アイテムになっていましたし、上野千鶴子の『構造主義の冒険』も一九八五（昭和六〇）年には出ていたので、見取り図はかなりクリアになっていました。大学に入ったときにはすでに橋爪大三郎『はじめての構造主義』

（一九八八年）も出ています。だからこそ逆に、いまひとつ、六〇年代的というか六八年的というか、マルクス主義的な思考の系脈と、構造主義との思想的繋がりが見えないところがあったんですね。

三浦　いや、だから、当時もまったく見えていなかったと思う。七〇年代の『現代思想』の限界です。「精神分裂病」と「資本論」を連続的に特集しているわけですから問題の在り処はおおよそ感じていたとは思いますが、マルクス主義の思想的欠陥がはっきりと把握されていなかった、また、指摘されていなかったと思います。いまでさえ、粛清とか収容所とか、要するにその全体主義が批判される程度でうやむやになっているところがあると思う。岩井克人さんが登場してはじめてはっきり見えてきたんだと思う。

重要なことのひとつは、これは観念論と唯物論の対比より、実在論と唯名論の対比として考えたほうがいいと思いますが、マルクスは、人間性を回復するためにはひとつの階層が形成されなければならない、それはプロレタリアートであると叫んで、以後、プロレタリアートという類をほとんどひとつの実体として扱ってゆくわけですよ。『ヘーゲル法哲学批判』の段階ではっきりとそういう戦略をとっている。これはオッカムなんかだったら、実在論だといって非難するような神学的議論だと僕は思う。種を実在というか実体と見なしているわけだから。天皇制と似たようなもので、共産主義から北朝鮮が出てくるのももっともだと思う。マルクスは『資本論』でも、「形而上学的な繊細さと神学的な意地悪さ」というように神学の比喩を何度も何度も使っているけど、自分の議論のなかに神学的な要素があることはなかば自覚していたんじゃないかと思えるほど、意識的に神学的戦略をとっている。要するに、現実には見栄っ張りで強欲な群衆は実在しても、プロレタリアートなど実在しないなんてことはテンから承知だったと思う（笑）。実在論というのは観念論のなかの観念論のようなもので、マルクスはヘーゲルを転倒させたのではない、唯物論に紙一重のヘーゲルを逆に観念論に後戻りさせただけだ、なぜそうしたかと言えば、実践的でなければならないという強迫観念からである、ということになると思います。これこそ神学的というべきものだ。この種の神学的邪悪さは、いまでも実践的戦闘的左翼の論理に残っていて、人を惑わしつづけていると僕は思いますよ。マルチチュードなんてその典型だと思う。マルクスこそ最大の観念論者で、それを引き継いでいる。

もうひとつは、これはメンガーからハイエクにいたるオーストリア学派が批判するわけですが、価値は労働から生まれるという古典派経済学の考えをそのまま継承したということ。岩井さんが明確に指摘しているわけだけど、ここで貨幣についての考え方を根本的に誤ってしまうわけです。プロレタリアートを実体化したというのと合わせて言えば、労働価値を実体化した、貨幣や商品のことも凝縮した労働時間であるというかたちで実体化したということです。日本やアメリカで次々にバブルがはじけていく様子を目の当たりにしている今なら、これは実感的にも嘘だと思うけど、岩井さんはその陥穽を明確に指摘したわけです。岩井さんの貨幣論は明晰で的確なマルクス批判になっていると思います。これもまたマルクスこそ神学的だったということの強烈な証左だと思う。

とはいえ、マルクスはそういうかたちでヘーゲルの神学的意地悪さを拡大して浮き彫りにしたわけで、その恩恵を受けたのがハイデガーだったと、たぶん、コイレとかコジェーヴとかは感じていたんじゃないかと、僕は思います。ハイデガーは何よりもまずアリストテレス学者だったんだと木田元さんが一貫して主張しておられますが、細川亮一さんが、これは九〇年代に入ってからですが、もう一歩進めて、『存在と時間』がアリストテレスの『霊魂論《ペリ・プシュケース》』、いわゆる『デ・アニマ』の精密な読解から生まれたということを論証している。つづめて言えば、現存在というのはプシュケーの訳語だというのです。しかも、同じようにヘーゲルもまた『デ・アニマ』の圧倒的な影響下に『精神現象学』を書いたというのです。この流れを同時代的に実感しながら、若かったラカンやイポリットたちにヘーゲルの講義をしたのが、やはり若かったコジェーヴだったと思えばいい。

今村仁司《ひとし》さんは『ベンヤミン「歴史哲学テーゼ」精読』（二〇〇〇年）のなかで、コイレが、『存在と時間』における時間論はヘーゲル批判のかたちをとっているけど、ハイデガーの時間論はヘーゲルのそれと違わないと批判していることを紹介していますが、とにかく一方ではそういうハイデガー読解をしながら、コイレの弟子のコジェーヴはヘーゲルを講義していたわけで、だとすれば、ラカンがそこから刺激を受けないはずがない。案の定、ラカンはほかならぬアウフヘーベンという語をフロイトのなかに見出して、そこから、フロイトのなかにいかにヘーゲルに通じるものがあるか、論証してみせるわけですよ。

ヘーゲルの『哲学史講義』を読むと、ヘーゲルがギリシア哲学の流れの全体を、ドイツ観念論の流れの全体と重ね合わせているという気がしてきます。たとえばプラトンをカントと重ね、アリストテレスを自分と重ねているんじゃないかというような気がしてくる。数学主義と生物学主義の違い、イデア的な考え方とメタファー的な考え方の違いというように。ドイツのギムナジウムでギリシア語が必須になり、ギリシア語原典をじかに訳さなければならなくなったのはシェリング、ヘルダーリン、ヘーゲルといった世代のちょっと上からではないかという感じがするんですが、そういうことを考えても、『精神現象学』はアリストテレスの、それも『デ・アニマ』の強い影響下に書かれたという細川さんの指摘は説得力があると思います。デカルトもライプニッツもスピノザもカントも、要するにラテン語派でありかつ数学派であるのに対して、ヘーゲルはギリシア語派で生物学派である。それは『精神現象学』の出だしからだけでもわかるという気がする。

ラカンがなぜ、ボルクの胎児化説を引いたり、動物行動学を気にして、かなり重要な局面で動物行動学に依拠した議論を自信満々で展開したりしたか、その背景がそこにあると思います。ラカンは構造主義のリミット（極限）である以上に、マルクスをも包含したヘーゲル主義のリミットなんじゃないか。そして、そういうヘーゲル主義のリミットということでは、何よりもまずフロイトがそうだったんじゃないか、とラカンは言いたかったんじゃないか。それこそフロイトに帰れということの意味だったんじゃないか。つまり、フロイトやラカンに見られるヘーゲルに繋がるような部分は、むしろヘーゲル批判、マルクス批判として読み取られなければならないんじゃないか。

そう考えると、フロイト、ラカンの欲望論、欲望の対象論というのは、痛烈なマルクス貨幣論の批判になっていることがわかってきます。欲望の対象というのは人間にあってはまったく恣意的なんです。その恣意性を通分するものとして貨幣が登場するけれども、それもまた根本的に恣意的なんです。労働価値には絶対に結びつかない。けれど、当のその人間にとってはその対象は決定的なんです。フロイト、ラカンは、人間はなんでもないものを実体化する動物だと言っているようなもので、要するにこれは神学批判だと思う。マルクスは経済学は批判したけど神学は批判しなかった。批判する必要もないほど自明だと思ったのでしょう。だけどというか、だからこそというか、マルクスは決定的に神学的だった。フロイトはその神学の核心を批判しているわけです。神学のからくりを暴いた。だから根底的な経済学批判になりうるし、たぶん、なっていると思う。ほんとうは、こういう議論をこそ、フランクフルト学派の連中はしなければならなかったんじゃないかと思う。マルクスとフロイトを繋げようとしたわけだし、そういう立場を標榜したわけだから。だけど、そういうことにはならなかったわけですね。

でも、そういう類の話は七〇年代にはぜんぜんなかったわけですよ。そういう話があれば、アルチュセールのフロイト理解、ラカン理解だって決定的なところで違ってきたんじゃないかという話も出てきうるわけですよね。でも、その段階では誰もそんなことまで考えてなかったと思います。僕の理解する限りではそうです。いまから考えてみれば、アルチュセールは十分に実存主義的な構造主義者だったように思えるわけですよ。

北田　構造を徹底させる素振り、「科学主義」のパフォーマンスによって、逆説的に実存をどこかに温存しようとしているようにも見えます。構造的因果性とか過剰決定の話というのも、分析哲学系の議論に接続されうるような形而上学的なものではなくて、要するに構造に還元できない過剰さに理論的位置を与えようとするものだと思うんですね。だからこそスチュアート・ホールのような「人間主義的」解釈が出てくる。

三浦　浅田さんはそういう問題のありようを理解していたんだと思います。「構造と力」というのは古典的な命名ですからね。それこそアリストテレスの「形相と質料」にまでさかのぼりうる命名です。マルクス批判は観念論と唯物論の軸ではなく、実在論と唯名論の軸で展開されなければならないという話を僕にしていました。それからメンガーからハイエクへいたるオーストリア学派の重要性についても、僕にはしていました。岩井さんほど明確であったかどうかは別にして、人文研の紀要か何かに書いていたんではないかと思う。でも、八〇年代になってからだと思います。だから、七〇年代の段階でそういうことを『現代思想』に反映させる力など、僕なんかにはまったくなかったと思います。浅田さんはアルチュセールのこともよく理解していたと思う。実存主義的構造主義じゃダメで、構造と力という観点に立たなければラカンではないんだというふうに思っていたと思う。だいたい、実践というのは実存とか倫理に結びついても、力には結びつかない（笑）。

北田　ああ、なるほど。七〇年代から八〇年代というと、レインのような、実存主義的な精神分析もだいぶ読まれていましたが、そうした方向性とラカンは実は逆向きである、と。反精神医学とラカン派では「人間」観が根本的に違いますからね。

三浦　だから本来的に言えば浅田さんは最後までラカンで行くべきだったんだと思います。それがなぜドゥルーズ／ガタリのスキゾとパラノになったのか、僕の理解が届かないだけかもしれないけど、ほんとうはわからない。逃走論というのは、実践しない実践みたいなものでしょう。それが、フロイトもびっくり、ラカンもびっくりという感じで流行した。まあ、ラカンは『アンチ・オイディプス』に嫉妬していたみたいなことをルディネスコが伝記のなかで仄《ほの》めかしているけど、だったらそれもわからない。でも、そういった問題点は、とにかく七〇年代の段階ではまだまだ靄《もや》がかかった状態だったと思う。

北田　差異化ゲームに読み替えられた構造主義は、実存、というか自意識のゲーム分析装置になってしまいましたからね。そのあたりが『批評空間』の人たちがボードリヤールに冷淡な理由かもしれません。ボードリヤールはボードリヤールで一九六八年を引き受けているんだけど、構造主義を差異化ゲーム、自意識ゲームの分析マニュアルとして使っているように見えたのかもしれない。「構造主義と六〇年代的なもの」の関係の忘却を考えていくうえでは、そのあたりがひとつポイントになりそうですね。ラカンの明確な継承を図るジジェクはボードリヤールとまったく違ったかたちで構造主義と政治的なものの関係を見ているように思えます。

　そうした差異化ゲームへの転態を予期していたからでしょうか、『現代思想』はあえて「マルクス主義と構造主義」という問題を引き受けていこうと……

三浦　それはなぜかというと前提があるわけです。突きつめればマルクスと同じになってしまって批判されてしまうでしょうが、左翼じゃなきゃいけないわけですよ、最終的に。マルクス主義を批判するのだって、左翼であらねばならぬからなんです。保守ではなく、革新でなければならない。大きなお世話だけど、マルクスを救うために批判するわけですよ。これは、六〇年代を生きた者の強迫観念ですね。人間は十代から二十代にかけてが知性も感性も一番鋭敏だと言いますが、その年代に受けた価値観というのは人格の基盤になっちゃうんですね。たまたまそうだったにすぎないことも、十代に体験したことは不動のものに見えてしまう。ホブズボームの『創られた伝統』も、ほんとうに論じられなければならないポイントはそこだと僕は思う。そこから抜け出すのにはたいへんな労力を要する。だから八〇年代に北田さんがどういうようなことを体験したかというのは非常に大きいわけですね。

4　八〇年代の激変

北田　いまや「現代思想」はほとんど普通名詞化していますね。フランス系、あと最近だとイタリア系の批評的な視座をもった思潮という感じでしょうか。英米から入ってくる現代思想、たとえばジュディス・バトラーやガヤトリ・スピヴァックなどの思想も、基本的にはフランス現代思想に大きな影響を受けています。英米圏で「現代哲学」といったら普通分析哲学を指すと思うんですが、日本ではそういうのは「現代思想」と呼ばれませんし、読者層もぜんぜん違うでしょう。西田裕一さんが編集長のときに一時期『現代思想』でも分析系の論文が多く掲載されていましたが、それでも分析哲学を「現代思想」と呼ぶことはないように思います。ほかの国がどうなのかよくわからないのですが、こうした日本の状況はなかなかにユニークなんじゃないでしょうか。「思想史」でも「哲学」でもない「現代思想」というジャンルを生み出したという点で、雑誌『現代思想』の果たした役割はきわめて大きかったと思います。

三浦　そうなんだそうですね。僕はたまたま幸いにも、一九八四年から一九八五年にかけて、意識としては二年近くニューヨークにいたわけですよ、コロンビア大学の客員研究員として。つまり、ニューアカの一番のピークだったときに日本にいなかったらしいんですね。だからほとんど何も知らない。そういう意味では、一九八〇年代を語る資格はまったくない。たまたま帰ってきた直後に浅田さんに会って、浅田さんがそれまで起こったこと、その二年間に起こったことをいろいろ説明してくれて、非常によくわかったんだけれども、「現代思想」というのがその間に普通名詞化したというのにはびっくりしましたね。浅田さんは、親切にも、いまは誰と誰が大スターで、誰がこうでって教えてくれるわけです、その地図を書くのがすごいうまいんですよね。

北田　地図を書いてくれるんですか！

三浦　ええ。ゲーム感覚でバーッと地図を描いていくんですよ。それはほかの人にちょっとできないんじゃないかな。インターナショナルなレベルでも普通に地図が描けますよね。それはすごいですね、天才的に。ただ、そうするとどうしてもね、図式の方が先にいっちゃうんですよね。彼自身が自分のことを「チャート式」と言っていたくらいだから、よく自覚しているわけだけど。ほんとうは一人ひとりの人間が持っている可能性、起爆力というかパワーというか、それって馬鹿にできないんですよね。図式的になりすぎてしまうと、図式のなかに配置された人間が小さく見えてきてしまう。それで、結果的に人を馬鹿にしてしまうんですね。

北田　浅田さんは、糸井重里さんを高く評価していたと思うんですけれど、コピーライターとか広告業界に関して思想的に迫っていくというのは、わりと三浦さんの周りでも一般的なものだったんでしょうか。

三浦　僕は浅田さんとは逆に、糸井さんがパラノで、川崎徹さんがスキゾだと思うけど、それはそうだったと思います。

北田　文学とか思想とかと並列的に広告を考えていたと。それはかなり本気でそうだったんですか。

三浦　もう全面的にそうですよ。吉本さんもそうでしたしね。

北田　そうですよね。コム・デ・ギャルソン論争もありましたし。

三浦　ええ。七〇年代の前半に萩尾望都《もと》とかが出てくるじゃないですか。あのあたりも全部思想の対象ですよ。当然だと思う、それは。

北田　吉本さんは山岸凉子の詳細な分析もしていましたね。そのあたりはほんとうに重要なことだと思うんです。私ぐらいの世代だと、マンガやアニメ、広告、テレビ番組、ケータイ小説とか、そういったサブカルチャーを、思想史や文学、哲学、政治などとまったく同等に分析・研究の対象とする、ということに、ほとんど違和感はないように思います。だからこそ「研究者が片手間にサブカル批評をする」というのは許されませんし、逆に「わかりやすいように、あえてサブカルを語っている」という自意識もありません。サブカルを分析したということで怒られる、ということはなくて、サブカルをいい加減に分析したら怒られる。まったくフラットに並列しているんですね。重要なのは、素材の文化論的優劣ではなくて、素材の料理そのものである、と。

これは英語圏のカルチュラル・スタディーズとも違う。「政治的に重要だからこのサブカルを分析する」という素材選択原理もない。こうした状況の下地を作ってくれたのは、やはり八〇年代ニューアカだったと思っています。『思想の科学』もサブカルを素材とした議論をしていましたが、やはり政治思想的な素材選択原理が働いていたと思うんですね。その意味で、吉見俊哉さんが『思想の科学』とカルチュラル・スタディーズを連接させるのは十分に理解できます。しかしニューアカ的な並列主義とは違う。現代の多くの優れたサブカル批評は、ニューアカ的現代思想が切り開いてくれた土壌のうえに成り立っているように思います。それをニューアカの罪過とみるか、功績とみるかは人によって違うと思いますが、私は大きな功績だと思っています。

もちろん浅田さんは「あえて」サブカルを語っていたのかもしれませんが、東浩紀さんの仕事をみればわかるように、八〇年代以降に思想的思春期を送った人たちは「あえて」という意識はあまりないように思います。
　ただニューアカ的な並列主義が浸透し、現代思想という言葉が普通名詞化していく過程で、政治的な匂いが消されていったというのはあると思います。そのためにフランス現代思想の政治性が見えにくくなってしまった。

三浦　フランス現代思想の政治性に関してはともかく、一九七〇年代的な『現代思想』の政治性についてはその通りですね。ものすごく政治的ですよ。

北田　私が最初に触れたのは、政治的でないという意味での「現代思想」、普通名詞化され政治的に漂白された「現代思想」でした。それをかなり後から遡及的に、「政治との繋がりというのは最初からあったんだ」という端緒の歴史をたどっていかざるをえなかったわけです。

三浦　たぶんちょうどそのころ、柄谷さんや浅田さんがむしろ旧左翼であろうというふうな雰囲気、少なくともそういう身振りを見せたことがあったでしょ？　あれは、その文脈から見れば非常に自然です。原点はそうなんだから、そんなことまでうやむやにしちゃうわけにはいかないよということですね。

北田　そうですね、『批評空間』ではかなり明確に啓蒙的なメッセージ、ほとんど近代主義的といってもいいメッセージを発していたと思います。当時の素朴な思想かぶれの学生としては、「なんでこんなに突然政治化したんだろう」という印象を持った記憶があります。だけど歴史をたどれば、もともと非常に政治的なものと切っても切れないものが「現代思想」だったわけです。

それは浅田さんや柄谷さんにしてみれば説明するまでもなく知っておくべき当たり前のことだったんだと思いますが、ニューアカの余波は思いのほか大きなものだったのではないか。フーコーはむろん一貫して政治的な人ですが、デリダにしてもかなり明確に政治的な議論を打ち出すようになりましたし、ハーバーマスと組んだりする。ある時期から、『現代思想』の読者層が、ポストモダン以前にモダンすら内面化していないのではないかという危機意識が、他者から「ポストモダニスト」と呼ばれるような人たちに共有されるようになったのではないでしょうか。『批評空間』の「左翼的」な振る舞いは、八〇年代以降の普通名詞化した「現代思想」というものの功罪を清算しようという試みだったと思います。

三浦　それはそうですね。北田さんは『嗤う日本の「ナショナリズム」』（二〇〇五年）で「抵抗としての無反省」とおっしゃっているけど、「抵抗としての」というのが脱落してしまったただの「無反省」というのまでは耐えられないよというのが、実感的に浅田さんにはあったと思いますね。そんなことまで説明しなくちゃいけないのかよ、俺が、という感じですね。

ただ、浅田さんのほうの心情はわかるけど、フーコー、ドゥルーズ、デリダの心情というか、その政治行動は僕にはまるっきりわかりませんね。彼らの理論からなぜああいう具体的な政治行動、サルトルなみの政治行動が出てこなければならないのか、その理路がまったくわからない。『言葉と物』とか『根源の彼方に——グラマトロジーについて』の政治性はわかるけど、死刑廃止運動とか実践的なほうはわからない。浅田さんの実践しない実践のほうがまだわかる。だいたい、人間は終わったというきわめて現実的な政治的テーゼの後に続くにはあまりにもチャチだと思う。彼らの思想から推せば、最初にしなければならない政治行動は、全世界の法体系の根源的かつ全面的な書き直しのようなこと以外にないと思いませんか。そうでなければ、俺の頭はいいだろうという見栄の張り合いゲームにすぎないことになるでしょ。

話が戻りますけど、アメリカから帰ってきたときに、浅田さんが「全員がスターになっちゃったんだ」という言い方をしていたんです。で、本屋に行って見て思ったのは、丸山圭三郎さんだとか岸田秀さんだとか柄谷さんとか市川浩さんとか、僕が『現代思想』で親しくしてもらっていた人たちが、スターになったというか、アイドル化してたというか、それにびっくりしちゃった（笑）。それで、「いなくてよかったなあ」と思った。

北田　その学者スター・システムみたいなものは、当時としてはやはり異様なものだったんですか？

三浦　僕にはそうです。それを見越して、浅田さんはそう説明してくれたんだと思いますが。少なくとも七〇年代的な、先ほどから申し上げている感じでやってきたという意識で言えば、ちょっと残念な感じがしましたね。たとえば、「別冊宝島」のようなムックがいろいろな特別号を出していたりするでしょう。えっ、冗談じゃないよっていうか、そんなふうな感じが瞬間的にしましたね。まあ、七〇年代の『現代思想』にしたって、そんな褒められたもんじゃないかもしれないけどね。こんな話を続けていいのかどうかわからないけど。

北田　それはぜひとも伺いたいですね。

三浦　やっぱりファッション化に対する抵抗は非常にあったですね。思想というか、思想を論じる人たちが消費財になったような感じで、しかもそれを喜んでいるというか。

北田　知をめぐる消費・受容の状況が、アメリカに行かれた一九八四〜八六（昭和六一）年の前後でまったく変わってしまった？

三浦　もう全然変わっていた、帰ってきたら。詩人の清水昶《あきら》さんに「君ね、二年間いないあいだに全部状況変わって、君のいる場所なくなったよ」とか言われた。僕は別にそのなかでなんとかしようと思っているわけじゃないから、何言ってんだ、とか思ったけど。同じようなことを何人かの人に言われましたよ。

　幸いにしてというか、僕個人にとっての一九八〇年代は、舞踊の発見、身体の発見みたいなものとしてあって、それがとても重要だった。『ユリイカ』『現代思想』の延長上で『ダンスマガジン』を刊行しなければならないほど重要だった。つまり、詩、思想、舞踊という順に並べて当然なほど、これは重要なことだったんです。なぜなら、それはそのままさっき言ったマルクスとフロイトの話に繋がるからです。舞踊というのは、要するにラカン風に言えば鏡像段階のことですよ。舞踊こそが鏡だったんだ。ばらばらの身体が一挙にまとまる仕掛けとしてあるのが舞踊であって、だから舞踊は言語とまったく同じように古いんです。舞踊というのは、模倣、再現、反復、集団性がその根本だけど、これはそのまま自分の自分に対する関係、自己意識の現象、そしてその根源的社会性、公共性というべきものでしょう。それは身体が言語化されてゆくのと同じことで、人間はそういうふうにしてはじめて言語を獲得したのだ。つまり、人間は舞踊すなわち身体の言語化を通してはじめて音声言語、文字言語を獲得できたのだ。たんなる仮説にすぎないけど、僕にはそうとしか考えられません。文字のない民族はあっても舞踊のない民族はない。八〇年代に考えたことをまとめた『身体の零度』（一九九四年）は、とりあえずは世界の舞踊、舞踊の世界を考えるための座標軸を提示する試みだったので、とてもそういうことまでは書けなかったけれど、とにかく、舞踊がそういうことを考える場としてあることがわかったのが八〇年代だった。それで、八〇年代の状況とか九〇年代の状況なんて一般的なことを考える余裕がなくなってしまった。

もっとも、逆に言えばそれは、学者スター・システムみたいなものを生み出した八〇年代への違和感のひとつの現われだったのかもしれません。それくらい、八〇年代なかばを前後に変わってしまったと思う。

5　現代思想ブームの背景

北田　その当時の雰囲気というものがどうもわかるようでわからないんですが……。八〇年代以前にも思想的スターはいたわけじゃないですか、丸山眞男とか。八〇年代に生み出されたスターはそうした大思想家とは違う？

三浦　全然違う。

北田　吉本とも違う？

三浦　ええ。吉本はまだ丸山的なものと同列です。

北田　そうですね、たしかに芸風はまったく違っているけど、吉本さんと丸山は同じ平面上にいるように思えます。一方で丸山と浅田さんは異なるエピステーメーに立っているようにみえる。ふたりとも博覧強記の教養人であり、また時代を読む鋭い感性を持っている。でも——どちらがよいということではなく——まったく異なる知のあり方を体現しているように思えます。

三浦　浅田さんがどうかは別として、それはね、政治経済のレベルの話もからむと思います。一九八四年に僕は幸いにもニューヨークに行けたわけだけど、そのころでさえ海外へ行って長期滞在するのは、僕のような普通の人には恵まれた体験だったと思います。まあ、優秀な学者たちの世界は別だけど。僕が行ったときは一ドル二六〇円だったんです。ところが、帰るころには二〇〇円を切って、ついに一三〇円になった。すごいショックだった。最初から一三〇円だったらどんなによかっただろうと咄嗟に思った。預金が二倍の価値を持つことになるわけですから。この為替相場の変化は日本人にとって決定的だったと思う。国民の意識を変えたと思う。文化をも変えた。思想がファッションになった時期というのは、それとほぼ重なっていると思いますね。みんな簡単に海外に出かけるようになっちゃった。その前までに出かけた連中というのは、なんというのかな、実存主義的に出かけていたんですよ。それが八〇年代のある段階から、そうじゃなくなったんですよね。やっぱり日本経済の膨張というのは大きかったと思いますね。

北田　ＮＨＫ放送文化研究所の調査をみても、「日本は一流国」「日本人はきわめてすぐれた素質をもっている」と回答する率が一番高くなっているのが、一九八三年ぐらいなんですね。その後また下がってきているのですが、やっぱり八〇年代の前半というのは特殊な空気に覆われていたように思うんです。バブルの最中よりもバブル前夜のほうが、経済的ナショナリズムは強かったともいえます。

三浦　「現代思想」ブームというのはそれに対応していると僕は思います。ヨーロッパであれアメリカであれ、円は強くなっているわけです。それは日本人の潜在意識をものすごく変えましたね。六〇年代はサルトル、ボーヴォワールが来日するというだけでお祭り騒ぎだった。普通の学者が英語で勝負するようになるのも、七〇年代ではない、やっぱり八〇年代になってからですね。

北田　私は全然できていませんが、いまでは当たり前の風景ですね。

三浦　仏文で言えば、渡辺守章から蓮實重彥にかけての世代で意識が決定的に変わったと思う。その前までは、極端に言えば、プロフェッサーでも通訳を必要とする世界だったと思う。もちろん、お雇い外国人が英語やドイツ語やフランス語で教えていた明治初期は違うけれど、それは後進国としてです。その後、自前で大学を運営するようになってからは語学力はかなり落ちたと思う。戦後も長いあいだそうだったと思う。ところが、蓮實さんや、さらに若い小林康夫さんたちの世代になるとまったく事情が違ってくる。日常がフランス語というふうになってくる。それが八〇年代には大学の全体がそうなっていくんだと思う。六〇年代には、山口昌男さんがレヴィ＝

ストロースやオクタビオ・パスと対談してきたというのは事件だった。加藤周一さんなんかがそのはしりです。でも、パリならパリに住むというのは、森有正《ありまさ》なんかの段階でも、やはりちょっと悲壮というか、それこそ実存主義的だったと思う。それが八〇年代以降、誰でも簡単に出かけて、簡単に住んで、簡単に帰ってくるようになっちゃった。猫も杓子も同じになっちゃった。ちょうど新幹線の駅が全部同じで、その新幹線の周辺も同じで、地方都市もだんだん似てくるというふうなのが、もう世界的な現象になっていく。全世界、空港化というのは、やっぱり八〇年代なかば以降でしょ。

北田　国道沿いにロードサイド・ショップが立ち並ぶ郊外の風景も、ちょうど八〇年代に祖形ができています。「思想」もまた実存性を希薄化させ、ロードサイド・ビジネス的な要素を強めていったということでしょうか。

三浦　それこそ日本全国スーパーマーケットという感じ。それが全面展開したのがやっぱり八〇年代ですよね。九〇年代にはそれがアジアにまで広がって、二〇〇〇年代には世界残らずになってしまう。村上春樹が世界的なベストセラーになったのは、もちろん彼の作品の力もあるだろうけど、この状況の変化がその背後にあってとても大きいと思う。いまや東京もモスクワも上海も何もかも、まるっきり変わらなくなってしまった。

　六〇年代には、丸山眞男だろうが福田恆存《つねあり》だろうが、左だろうが右だろうが、吉本隆明だろうが花田清輝だろうが、とにかく書物を著した人っていうのは偉かったんですよ。それだけでも尊敬されたんです。七〇年代でもまだそれは残っていた。八〇年代だと思いますね、なくなっちゃったのは。誰でも本が書けるっていう……

北田　二〇〇〇年代に入ると……

三浦　書物というものが持っていたオーラが完全に雲散霧消してしまった。そうなりはじめたというのが八〇年代だと思います。

北田　そこにやはり「現代思想」ブームも関連している。

三浦　その表われのひとつだと思いますね。ちょうど一九六八、一九六九年の段階で、「青春」という言葉が意味を失い、「若者」という言葉に切り替わっていくというのと同じですね。たとえば村上春樹の短編なんかのなかでも、七〇年代を背景にしたものに関しては、それまで書物が担っていたオーラが、グレン・グールドのＬＰに引き継がれるとか、とにかくそういうかたちであっても残っているんですよ。でも、八〇年代はほんとうになくなっていっちゃうんですよね。だから、八〇年代って一番嫌ですね、ある意味で（笑）。

北田　そうですか、やはり三浦さんから見ても、八〇年代を通じて変わってきた思想の風景は異様なものに見える……

三浦　異様というよりも、ほんとうはそんなことしている余裕ないんだけどなという感じですよね。グランド・セオリーがなくなるとかそんなことはどうでもいいんですよ。グランド・セオリーなんてどうせ神学がらみなんだから。問題は、人間概念そのものが、現実にドラスティックに変容しているということです。いままでの人間概念では滑稽なことしか起こらない。いちばん典型的なのは法ですね。裁判とか刑罰とかが滑稽になっている。日本よりもアメリカのほうが滑稽の度合いが激しい。弁護士の弁論戦術なんか、もう笑ってしまいますよ。とにかくここ数世紀のあいだ保ってきた人間概念がもう当てはまらなくなってきている。最初から当てはまらなかったということが明らかになっただけなのかもしれないけれど、とにかく可笑《おか》しい。宗教もそうです。起こっている事件は凄惨だけど、やっている意識は滑稽としかいえない。九・一一でもなんでも、ものすごく凄惨だけど、ものすごく滑稽ですよ。なぜみんなこの滑稽であるという事実についてもっとまともに論じないのかと思う。ドーキンスが『神は妄想である』という本を書いているけど、ドーキンスも滑稽だけど、論じられている対象のユダヤ教徒、キリスト教徒、イスラム教徒は、もっと滑稽です。

全体の仕組みを考えるためのキーみたいなものがあるはずでしょう。それはもちろん無いかもしれない。でも、無いにしても無いことを確認しなくてはいけない、そのためにはあるはずだという探索以外にはないでしょう。それが一応のルールというかマナーだろうという感じがする。そのマナーさえもが雲散霧消したことに対する違和感がすごくありますね。

まったく別の観点になるけど、一九八〇（昭和五五）年前後、大平内閣のときに「文化の時代研究グループ」というのを立ち上げるんですよね。議長が山本七平で、山崎正和、浅利慶太、小椋佳、公文俊平、香山《こうやま》健一、黒川紀章、小松左京、團伊玖磨《だんいくま》などなどというふうなメンバーです。

それから、山崎正和がブレーンになってサントリー文化財団ができるし、堤清二がセゾン文化財団を立ち上げる。七〇年代までは小劇場運動でもなんでも公共団体からの援助はない。それは八〇年代になってから出てくる。九〇年代になると猫も杓子も文化財団になっていくわけです。

北田　メセナの時代ですね。

三浦　ええ。そのファクターも無視できない。サントリー学芸賞が実効性を持ってくるのが八〇年代の後半。最初は、酒屋が何をやってんだって感じだったと関係者が言っていました。セゾンにしても、デパートが何をやってんだって感じだったんだと思います。それがだんだん違ってくる。このことについても考えなければならないと思う。

それとテレビとゲームとアニメが前面に出てきたということ。六〇年代には『世界』と『朝日ジャーナル』、吉本隆明と高橋和巳だとかが、それを言えばわかりあえる記号として流通していたのが、八〇年代になってからはすっかり様相が違ってくるんですよ。

北田　八〇年代は、世代的な共通感覚をどこに見つけるかというと、もうテレビが一番大きくなってしまうんですね。とりわけフジテレビ的な論理が嫌らしいまでに広がっていた。これは馬鹿にできない存在感を持っています。

三浦　たぶんそれの対抗軸みたいな感じで文化財団ができたんでしょうね。

北田　ただ、ちょっと思想をかじってる高校生とか大学生だと、その両方に足を突っ込んでるんですよ。つまり、セゾン文化に憧れて、ちょっとわかんないけど現代美術をかじったり、現代音楽も聴いてみたりしていながら、でも家に帰るとテレビでとんねるずの番組を見ている。それが一人の人間のなかで同居しているような……。そうした両面性が八〇年代の風景を象徴しているように思えます。

6　思想の現状に対して

三浦　一九九〇（平成二）年に『アステイオン』という雑誌の企画で——まさにサントリー文化財団の雑誌ですが——、北岡伸一と竹中平蔵と僕の三人で東欧圏を旅行したんですよ、三週間くらい。この三人という組み合わせもすごいですよね。そのあいだにいろいろ話したんだけど、すごく印象に残っているのは、竹中さんが東欧の政府関係の人や経済関係の人と話すときに「ショックセラピー」という言葉をずっと使いつづけていたことなんです。つまり、共産主義から資本主義への移行がどのように達成されるかというときに、多少の混乱があっても大きな改革を断行したほうがよいというわけです。その後の小泉政権をまさに彷彿させますよね。

北田　ああ、まさしく。竹中さんはそれを自ら体現していったわけですね。

三浦　そうです。それだけ日本人には実力があると信じている。ところがその後、「でも、そんな実力ないんだよ」とか、「瀕死の重体の人にショックセラピーやったら逆効果だよ」と言う人がいっぱい出てきちゃったわけです。竹中さんとしては、その当時からすでに、二一世紀の日本はそれをクリアしなくてはならない、グローバリゼーションが一番問題なんだという信念があったわけですよ。

北田　ネオリベラリズムというんでしょうか、そういったものの兆候はもう八〇年代後半には……

二浦　もう全面的にあったと思います。グローバリゼーションというか、悪く言えばアメリカナイゼーションなんだけれども、それは不可避だと竹中さんは思っていたでしょうね。九〇年代に関しては「失われた一〇年」とかなんとか言われていて、ほかに選択肢はなかったのかという設問もありうると思いますね。たとえば「ワーキングプア」というのはもう全世界的な問題になってきていますよ。竹中さんはそれは見過ごすしかないという考えだと思う。なぜなら経済のフロンティアというのは、少なくとも現在のままでは、そういうマネー・ゲームのようなかたちでしか展開しないからです。だけど、ほんとうにそうだろうか、違うんじゃないかというのが僕の考えです。経済のフロンティアがいまのかたちのままでいいのかどうか。このことを考えて、たとえば岩井さんは『資本主義から市民主義へ』（二〇〇六年）という提案をしているわけです。もちろんまだ大筋を話しているだけですが、もしこの岩井さんの考え方を推し進めるとすれば、そこで展開されている刺激的で面白い議論を細部まで詰めていかなければならないわけです。その議論もさっきのマルクス、フロイトの話と連動するわけですよ。

浅田さんにしても、北田さんにしても、そのほか多くのそれだけの優れた頭脳を持っている人たちは、こういう問題に真正面から立ち向かわなくちゃいけないのに、と思いますよ。問題のかたちも何もかもよく知っているわけだから。何かが人間にとって不可避になっていく、その仕組み自体に対していますぐにでも覚醒しないといけない時期に来ている、そういう仕事が出てこなきゃいけない時期に来ているのに、という気がしますよ。

北田 そのあたりが現在の思想状況に関して一番問題であるとお感じになられますか。

三浦 僕はそう思います。全体にものすごくだらしなくなっていると思う。学問の世界全体が、ファッション化し、コマーシャル化してしまって、つまり非常に矮小なゲームと化している。大学の学部名の付け方を見てもそう思う。どう現実と接合するかということに関して、考えなさすぎるとしか僕には思えないですけどね。

北田 『大航海』という雑誌は、一九九四年に創刊されているわけですけど、そうしたことを意識されていたのでしょうか。

三浦 もちろんですよ。僕なんかの力には限界がありますから、どこまでできるかわからないけど。いかんせん、若い人の意識が変わってきて書物への敬意が失われてしまったから、いまや出版社はほんとうにたいへんで、どこまで続くかわかりませんけど、いずれにしてもやらなくちゃいけない。

北田 結構難しい時代だと思うんですよ。たとえば若手の人文-現代思想系の学生がいれば、一昔前までは『現代思想』や『思想』に載りたい、という思いでやっていたと思うんですけど、最近はルートが変わってきている。論壇誌、テレビ、新書での提言に直結する。私より下の世代になってくると、当然のことですが、関心はどうしたって若年労働者の問題になってくるんですね。若年労働者について具体的、政策的、政治的に考えること自体が「現代思想」的な課題になりつつある時代だと思うんです。そうすると普通名詞化した「現代思想」もいままた新しいフェーズに入っているとも言えるのかもしれません。

三浦　その通りだと思いますよ。でも、それはあくまでも部分なんです。問題の一部にすぎない。たしかに最もうまくやるにはどうしたらよいかというのは誰かが考えなくてはならなくて、もちろん提案してもいいけれども、それはあくまで部分なんですよ。思想がやらなくてはならない最終的な仕事というのは、そうじゃなくて、どうして人間はそういうふうになるのかということだと僕は思います。問題は人間というものの異常さですよ。

北田　本日はお忙しいなかどうもありがとうございました。「現代思想」の誕生と変遷、そして現在を見てこられた三浦さんにいろいろとお話をうかがうことができて、私自身はたいへん有益でした。本来であればもっと詳細な歴史を聞き取るべきだったのだと思いますが、聞き手の力量不足でした。またの機会によろしくお願いします。「現代思想」の生みの親の一人である三浦さんのいっそうのご活躍を楽しみにしています。

三浦雅士（みうら・まさし　1946〜）文芸評論家。一九七〇年代、『ユリイカ』『現代思想』編集長。九〇年代『ダンスマガジン』『大航海』創刊。著書に『メランコリーの水脈』『身体の零度』『青春の終焉』など。

第5章

東京の政治学／社会学——格差・都市・団地コミューン

橋本健二×原武史×北田暁大

北田暁大　原さんと橋本さんは初対面ということですが、私が『思想地図』編集部と相談して、ぜひ実現させたいと考えて企画いたしました。企画の趣旨を簡単に説明いたしますと、第五号で一期を終える『思想地図』は、もともと、私と東浩紀さんとでつくった『東京から考える』（ＮＨＫブックス）を原点として生まれた思想誌でした。『東京から考える』は、東京という場所を機軸として、郊外、都市、コミュニティといったものを問い直してみたいという意図でスタートした本ですが、二人に共通する問題意識として、東京という都市、郊外というものについての語られ方に対する違和感がありました。例えば、郊外といえばすぐにロードサイドショップが立ち並ぶ均質的な空間と語られ、ニュータウンも団地も画一的な生活スタイルの象徴という形であっさり語られてしまう。そういう語り方の中では、そこに住んでいる人たちの社会性、あるいはそこに生きている人びとの生の感覚が、小馬鹿にされているような気がしていたわけです。

そうではなくて、もうちょっと複雑な社会性みたいなものが、団地や郊外には存在しているのではないかということを、印象論ではありますが、あの本の中では言っています。もちろん素人どうしの対談ですので、あの本は、専門家の方からは実証面での問題をいろいろとご指摘いただいたのですが、意外だったのは、建築や都市計画に興味を持つ若い人たちに案外読まれたらしいということです。かれらは、郊外というものをたんなる「均質空間」というだけではなく、もう少し広い角度から捉え返していきたいと考えている。そのさいのたたき台のような形で読まれた側面もあったようです。私としても、そういった論点をもっと膨らませていきたいとずっと考えておりました。

すでに第三号でも紹介しましたように（東浩紀＋北田暁大＋原武史「「東京から考える」再考」）、原さんは政治学的・歴史的な視点から、都市空間の背後にある政治性を緻密に分析されています。また、橋本さんは、東京という都市空間の中に走っている社会的な線分、社会的・経済的な格差や、資源の不均衡の問題を取り上げ、社会科学的な議論を展開されている。表面的には均質に見える郊外空間、あるいは東京という都市に関しても、さまざまな社会的、歴史的、政治的な線分が走っていて、複雑にまじりあっている。これまでの都市論や郊外論では見過ごされがちだったこうした問題、つまり、政治としての都市／社会としての都市という問題系に、それぞれ別の角度からではありますが取り組まれているのが、今日来ていただいたお二人だと思います。歴史研究と計量的な研究との交差を期待しています。

階級論と都市論の結びつき

北田　早速議論に入りたいと思います。原さんは『滝山コミューン一九七四』（講談社）において、郊外や団地といった生活空間が平板なものとして語られているということ、あるいは、「六八年で政治の季節が終わり、あとは均質な消費空間が広がっていった」という歴史観がなんとなく共有されてしまっていることに対する違和から議論を組み立てられています。

まずは初めて登場いただく橋本さんにうかがいたいと思います。橋本さんは、以前からやってみたかったという都市論を、ご専門の階級社会論と結びつけてお書きになっています。そこにはご自身の都市経験も関係しているんでしょうか。

橋本健二　私は石川県の能登半島のいちばん先端の、非常に貧しい地域の出身です。典型的な過疎地で、住民の多くは貧しい農民と漁民、貧しい自営業者、そして一部に公務員や会社員がいる、そういう地域です。私は一九五九年生まれですけれども、中学校を卒業した七〇年代でも、経済的理由から高校に進学できないという生徒がたくさんいた。そこから見ると、東京というのは非常に豊かな、特権的な人たちの集まる場所みたいに思えました。だから、何とか東京へ脱出したいという願望があり、残していくことになる友人たちに対する負い目も抱えながら、高校進学を経て東京へ来ました。

ところが東京へ来てみると、それまで抱いていたイメージとおよそ違うのですね。最初に住んだのは、親戚がいた関係で江東区でした。深川八幡《ふかがわはちまん》の裏に入ったところの、工場と倉庫と木賃《もくちん》アパートが密集しているところです。そこに一年半ほど住んでから、家賃の安い場所を求めて足立区に移り住みました。いずれも、東京の東部ということになります。

これに対して、私の高校の同級生などはわりと裕福な家庭の人が多かったものですから、だいたい東京の西の中央線や小田急線の沿線に住んでいる。聞くと、家賃が私のアパートの二倍以上です。最初は、地方の過疎地や農村と東京の格差を強く意識していたのですが、実は東京の内部にもいろいろな格差があるらしいということに、初めて気がつきました。『居酒屋ほろ酔い考現学』（毎日新聞社）にも書いたことですが、私の居住歴というのは絵に描いたような反時計回りで、江東区、足立区、板橋区、そして世田谷区と移り住んできましたが、東京のいろいろな地域を見て、その格差の構造をかなり身に沁みて理解できた気がしています。

一九八〇年代の終わりぐらいに都市論ブームがありましたね。あのブームは基本的に、高度成長期に地方から出てきた人たちが、ようやく東京をふるさとと思い始め、あるいは愛着を持ち始め、東京についていろいろ知りたいという欲求を持つようになった、そういう欲求にこたえるという性格のものだったでしょう。しかし、その隠れた大きなテーマは格差だったと思います。

例えば陣内秀信さんの『東京の空間人類学』（ちくま学芸文庫）は、都心地域の坂の上にある台地と、坂を下りたところの低地の違いは、江戸時代には武士と町人という身分の違いと対応していたこと、これが明治維新後には、官公庁・大使館や高級住宅地と庶民の住宅地というように、

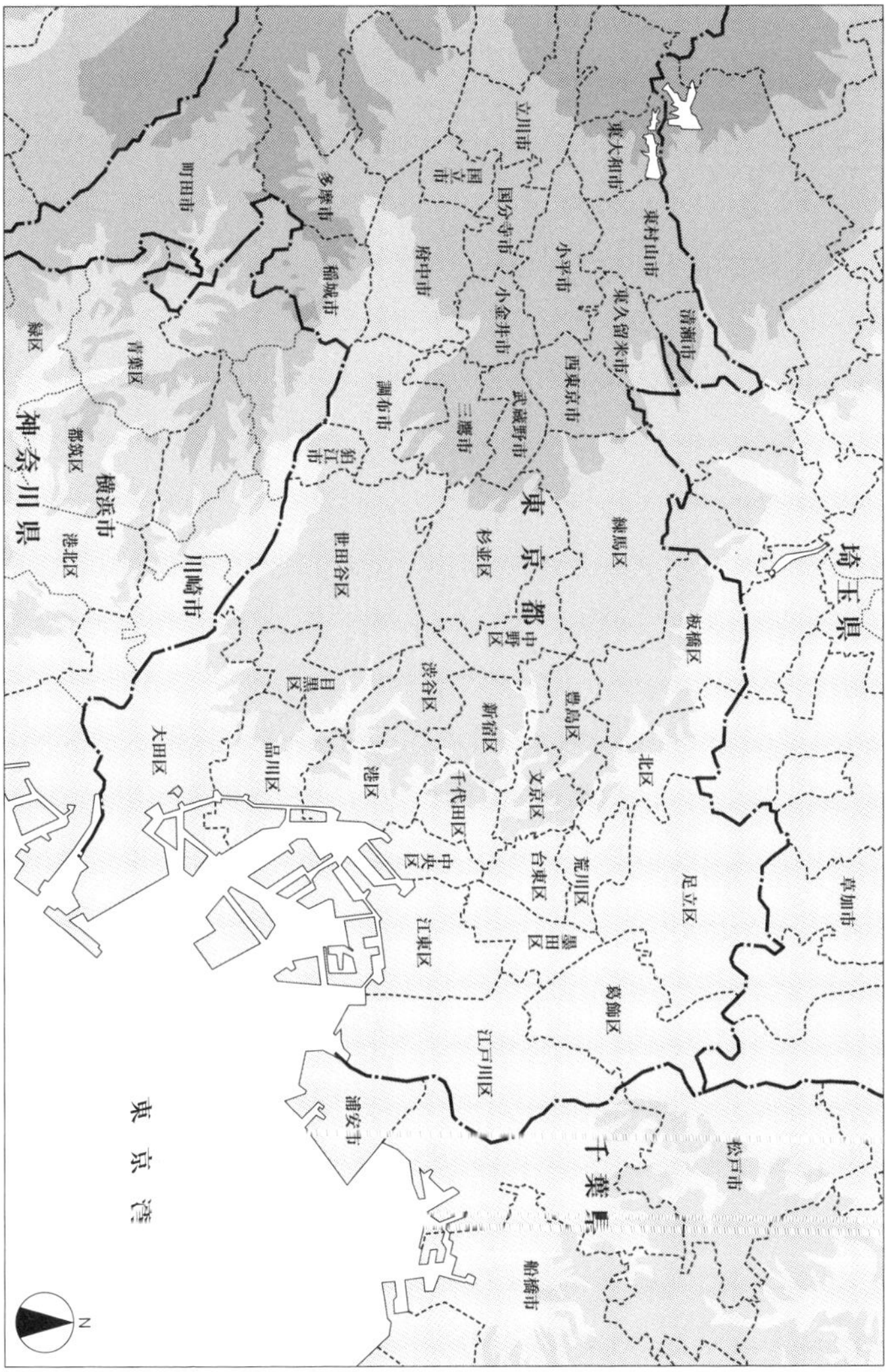
町田市
多摩市
稲城市
緑区
青葉区
都筑区
神奈川県
横浜市
港北区
川崎市
立川市
国立市
国分寺市
府中市
小金井市
調布市
狛江市
三鷹市
武蔵野市
小平市
西東京市
東大和市
東村山市
東久留米市
清瀬市
東京都
練馬区
杉並区
世田谷区
中野区
渋谷区
目黒区
大田区
品川区
港区
新宿区
豊島区
板橋区
埼玉県
北区
文京区
千代田区
中央区
台東区
荒川区
足立区
草加市
墨田区
江東区
葛飾区
江戸川区
浦安市
東京湾
千葉県
松戸市
船橋市
N

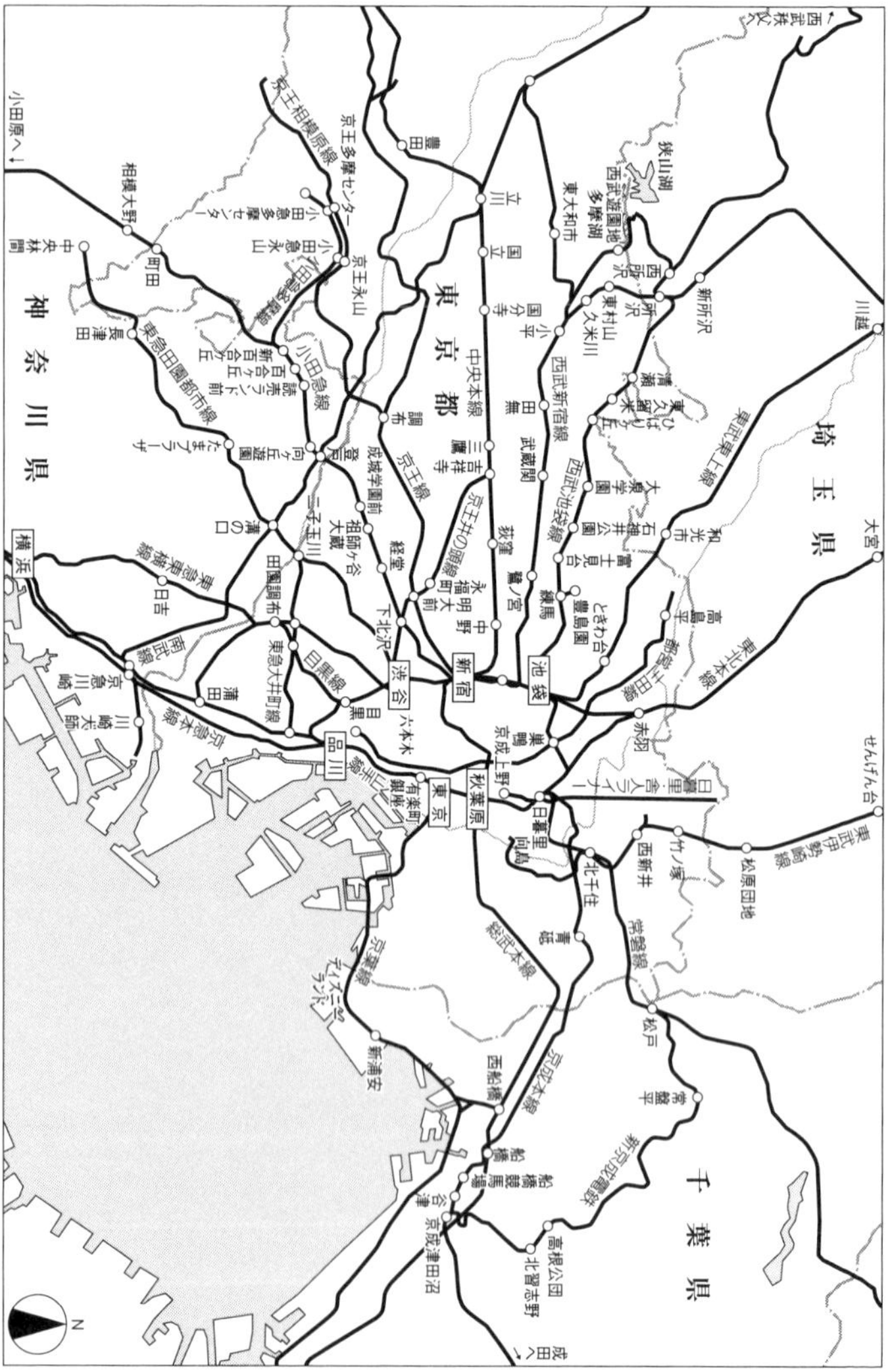
東京都
埼玉県
神奈川県
千葉県
新宿
池袋
渋谷
品川
東京
秋葉原
横浜
中央本線
西武新宿線
西武池袋線
京王線
京王井の頭線
小田急線
東急田園都市線
東急東横線
京急本線
南武線
東武東上線
東北本線
総武本線
京成本線
京葉線
常磐線
東武伊勢崎線
京王相模原線
小田急多摩線
新京成電鉄
狭山湖
西武遊園地
多摩湖
立川
国立
国分寺
三鷹
吉祥寺
荻窪
中野
高田馬場
下北沢
目黒
六本木
有楽町
銀座
上野
日暮里
北千住
松戸
西船橋
船橋
新浦安
町田
登戸
二子玉川
溝の口
川崎
日吉
大宮
川越
所沢
小田原へ↓
成田へ↓
N

やはり格差の構造と対応するようになったことを明らかにしました。また磯田光一さんの『思想としての東京』（講談社文芸文庫）は、近代化と震災復興後の東京が、都心地域をはさんで西の山の手住宅地、東の下町工場地帯という構造を成立させ、これが山の手に住んで「標準語」を話す近代化の指導者層が、下町に住んで「東京方言」を話す土着の住民たちを支配し封じ込めるという、支配構造でもあったことを指摘しました。

いずれにしても、東京内部の格差、特に下町と山の手の格差の問題が大きなテーマになっていたわけです。こうした都市論をいろいろ読みながら、いずれ自分の研究テーマである階級論と都市論は、どこかで結びつくはずだと思っていました。つまり、「階級都市」という視点ですね。最近になってようやくそれを活字にすることができるようになったということです。

東京内部の格差を私がいちばん強く感じたのは、足立区にいたころです。周囲にはびっくりするくらい貧しい人が多いんですね。私は当時、木造のアパートで家賃が二万八〇〇〇円の１ＤＫに住んでいました。ところが、同じ間取りの部屋に四人家族が住んでいる。用事があって、その家に行ったことがありますが、四畳半ぐらいしかない狭いダイニングに、子供用の二段ベッドが置いてあって、そこで親子四人が暮らしている。そういう人たちがたくさんいて、貧しいと思っていたうちの田舎よりひどいんじゃないかと思いました。向こうは田舎のせいもありますけれども、一応みんな一戸建てですからね。

いろいろ歩いて回ってみてわかったのは、こういった貧しい地域には、共産党や公明党の支持者がものすごく多いということです。足立区は、今でもその傾向がありますね。当時は自公共が三大政党のようなところがあって、選挙になると、同じく貧困層を基盤にした共産党と公明党の誹謗中傷合戦がものすごい。毎日双方からビラが郵便受けに入ってくる。そういう人たちを基盤にして政治が展開されている。これも田舎にはないことです。田舎だったら、貧乏人も金持ちもみんな自民党でしたから。こういった格差と政治の関係も、私にはすごく新鮮で衝撃的でした。

二三区内格差をめぐって

原武史　足立区のあたりは、大団地こそ少ないものの、都営や公団の団地がけっこう多いんです。例えば東武伊勢崎線《いせさきせん》に乗ると、西新井《にしあらい》や竹ノ塚《たけのつか》のあたりで見えてきます。細かい集合住宅があの辺はたくさんあって、そこに共産党でいえば「細胞」と呼ばれた基礎組織をつくってゆく。これは東京の西側と同じやり方ですね。第三号でも話しましたが、不破《ふわ》哲三は一九六〇年から六九年まで、北多摩郡久留米町（現・東久留米市）のひばりが丘団地の２ＤＫに住んでいて、その後墨田区に移るわけですよね。墨田区には都営の文花《ぶんか》団地がありますが、そうした団地で不破さんは、ひばりが丘団地でほとんど経験したことがなかったような創価学会の妨害にあっている。この話は、不破さんから直接うかがいました。だから、今の橋本さんの話はよくわかるのです。

橋本さんが能登から江東区、足立区と遍歴されて、要するに二三区内での格差に気づいたという話をされて、すごくおもしろかったんですけれども、私は東京生まれの東京育ちなんですよ。

生まれたのは渋谷区ですが、実際に住んだのは、ずっと多摩地区にある西武沿線の団地でした。つまり現在にいたるまで、二三区内には一度も住んだことがないんです。二三区に住めないのは、やっぱりコンプレックスなんですよ。二三区内だと、足立区だろうが世田谷区だろうが、市外局番が０３で郵便番号も三桁でしたよね。ところが、私が住んでいたころの東久留米市は、市外局番は０４２４で、郵便番号も五桁。だから同じ東京都民なんだけれども、自分たちは格下だという意識があって、二三区はみな同じに見えたものです。

北田　私も長らく二三区には住んでいなかったので、その感覚はわかりますね。ただ、やはり二三区の内部でも、その内部性に充足できるところとそうではないところとがある。『東京から考える』では足立区と埼玉県の連接性についても話をしました。

橋本　原さんがおっしゃったように、確かに足立には、都営住宅のような集合住宅がたくさんありました。現在でこそ日暮里《にっぽり》・舎人《とねり》ライナーが走っていますが、当時、あのあたりは交通僻地で、ほとんど陸の孤島みたいな地域に団地や木賃アパートが建っていました。この間の衆議院総選挙の比例代表選挙で、東京で唯一、自民党よりも公明党の得票率が高いところがあったのですが、それが落選した公明党の太田昭宏元代表の選挙区である東京一二区の足立区部分、つまり日暮里・舎人ライナーの走っている地域です。具体的に言うと、自民党が二一・七%、公明党が二二・四%ですね。東京二三区内で公明党の得票率が二番目に高いのは北区の一四・九%ですから、驚くべき高さです。ちなみに民主党は三六・六%、共産党が一〇・二%でした。

足立区は東武伊勢崎線が通っていますね。だから足立区に住んでいても、埼玉県の東武沿線との一体感みたいなものを感じるんです。都市社会学の倉沢進さんたちの研究によると、足立区から埼玉東部にかけての東武伊勢崎線沿線は、東京圏でいちばんブルーカラー労働者の比率が高いといいます。その意味では、社会的な共通性もある。この足立区から見ると、三鷹市とか武蔵野市というのは、豊かでうらやましい地域なんです。住んでみたいと思ったこともありますが、家賃を見るととても無理だというのが大学院生時代の私のイメージでした。

東武線の盛衰

北田　お二人の視点の対照性はおもしろいところです。原さんは二三区外的な視点から、足立区も含め「二三区的なもの」の単位性（まとまり）を観察していた。一方で、足立区に足場を置く橋本さんは二三区内的な視点から、三鷹や武蔵野をも含む東京／そうでない東京という差異を見ていた。そのあたりはお二人の東京観、分析スタイルの違いにも関係していることかもしれません。それを見ていくためにも、今話に出た東武沿線から議論を起こしてみたいと思います。東武というのは、路線開発に関しては、何か特徴的なことはあったのでしょうか。

原　東急や京王のように、自ら沿線の住宅開発を積極的にやる会社ではなかったですね。第三号で話したように、東武東上線のときわ台も戦前の内務省が設計した住宅地でした。では、東武沿線というのはずっとパッとしなかったのかというと、必ずしもそうとは言えない。今でこそ団地は、貧困や孤独死の現場のように言われているけれども、もともとは全く逆で、たいへん魅力があったわけです。コンクリートの壁でプライバシーが保たれ、ステンレスの流し台や浴室、水洗便所、シリンダー錠が完備するなど、ことごとくプラスの価値を帯びていた。

東武伊勢崎線でいうと、埼玉県草加《そうか》市に松原《まつばら》団地という駅がありますね。草加松原団地は一九六二年に入居が始まった公団の団地ですが、総戸数は五九二六戸で、当時は日本最大の団地でした。そういう巨大な団地が駅前にドカンとできて風景も一変した。近代的な住まいが一気に六〇〇〇戸近くもでき、約二万人が住むようになったということで、あれは要するに東武の目玉になり、その名も松原団地という新駅ができたわけです。続いて六六年には武里《たけさと》団地ができて、最寄りにせんげん台という新しい駅が六七年に開業します。武里団地の総戸数は草加松原団地を上回り、六一一九戸もあったため、東武はせんげん台に急行を停めます。ひばりヶ丘に急行を停めた西武と同じことをしたわけです。

今はどこの私鉄もやっている地下鉄への乗り入れも東武は早く、草加松原団地ができた六二年には、もう地下鉄日比谷線と伊勢崎線の相互乗り入れを始めています。松原団地から都心の銀座や六本木まで一本で行けるというのは、大きな魅力だったでしょう。複々線化工事も、東武は首都圏の私鉄でいち早く進め、七四年に北千住—竹ノ塚間を複々線にする。だから、少なくともあのころは、東武は今と違って進んでいるというイメージがあったのではないかと思うんです。

では、いつそれが反転したのか。これは西武や新京成にも言えることだと思いますが、自前で住宅を開発する代わりに、公団の団地に乗っかって成長してきた私鉄は、結局団地に依存し過ぎた結果、東急のような、長い時間をかけて自前で一戸建てを開発していった私鉄に、おそらく七〇年代後半ないしは八〇年代前半ぐらいに逆転されたのではないかと思っています。

橋本　かつては団地が若い人たちのあこがれの住宅だったとは、よく言われますね。映画にもよく出てきます。私の好きな映画で『下町の太陽』（山田洋次監督、一九六三年）というのがありますす。倍賞千恵子が演じる主人公の寺島町子は、向島《むこうじま》の石鹼《せっけん》工場で働く工員で、下町の妖精のような存在です。下町を出て郊外の団地に住みたい一心で、出世の道をつかんだ恋人にプロポーズされるのですが、自分は下町にいたいというので、別れることになる。ここには、団地に住めるかどうかが若い人たちにとって、階級の分断線としての意味を持っていたことが示されています。私が学生だったころは、おそらく過渡期で、貧乏学生の目から見たら良いところだというイメージはありましたが、それも八〇年代に入るころには反転していましたね。

ただ、団地間でも格差の芽はすでにあったのではないでしょうか。「ダンチ族（団地族）」という言葉を最初に使ったのは一九五八年七月の『週刊朝日』の記事だと言われますが、これは地道な取材に加えて、質問紙調査の結果も加えて書かれた、たいへんよくできた記事です。その中で葛飾区の青戸《あおと》団地と武蔵野市の武蔵野緑《みどりまち》町団地が比較されているのですが、住民の構成がかなり違う。どっちも同じ団地族でホワイトカラーが中心ですが、前住地を見ると、やはり青戸団地は東京東部の葛飾区、北区、足立区など下町から来た人が多く、緑町団地のほうは、杉並区、世田谷区、中野区など山の手から来た人が多い。住民の職業を見ても、青戸団地のほうでは一割程度を労働者と職人が占めている。月収も、青戸団地では二万円から三万円が中心なのに対して、緑町団地では二万五〇〇〇円から三万五〇〇〇円が中心と、五〇〇〇円ほどの差がある。外から見ると、同じように恵まれた住宅だとしても、微妙な差があったわけです。つまり下町と山の手の地域性というものが、団地の中にも映し出されていたのではないかと思うんですね。

東西格差はいつから生まれたか？

北田　なるほど。ここでも興味深いコントラストがうかがえますね。原さんの見方では、東武伊勢崎線沿線が団地沿線としてたどった道筋は、当時としては先進的なものだったが、それが七〇年代後半から八〇年代前半ぐらいに東急などによって「逆転」された、と見る。つまり、東＝遅れている／西＝進んでいるという見方自体が、けっこう新しいものだ、とお考えになるわけですね。橋本さんのお話は、伊勢崎線沿線をめぐる原さんの歴史観に同意しつつも、もう少し空間的スコープを広げてみると東西の不均衡はけっこう古い、根の深い構造を持っているのではないか、というご指摘だったかと思います。

橋本　古い構造があることは確かですね。何しろ隅田川《すみだがわ》の東側は、もともと工場地帯で、戦前は細民《さいみん》も多かったところです。工場地帯ですから、電車代を払って通勤するような経済力のない工員たちが、工場の近くに住むわけですね。そういう社会的なバックグラウンドは戦前から続いていて、それ自体はもちろん変わらない。同じような形式の団地があちこちにできることによって、社会的背景が無化される面はあったのかもしれないけれども、青戸団地のように、地域性を引きずる部分もあるわけです。さらに言えば、地価が違いますから、住むときの家賃の問題もあります。実際、先の『週刊朝日』の記事によると家賃が違っていたらしくて、青戸団地が四五五〇円から四七〇〇円までだったのに対し、緑町団地では最低が五七五〇円で、高いところは七五五〇円だったといいます。ですから、経済力に従って東西に分離していくというメカニズムもあったのでしょう。

北田　現代的な形での東西の不均衡の構図が出てきたのは、いつごろなんでしょう。

橋本　八〇年ごろまでには、かなり現在に近い形になったと思います。しかし、バブル経済で少し攪乱《かくらん》される。八〇年代の終わりから九〇年代にかけてですが、サスキア・サッセンのグローバルシティ論が入ってきて、グローバル化によって都市の内部の格差が拡大するという議論が流行《はや》ったことがありますね。日本の都市社会学者がそれを検証する論文をいくつか書きましたが、必ずしも検証されなかった。これは、ちょうどバブル経済をはさむ時期だったからです。バブル経済期に拡大した地域間格差が、バブル崩壊によって、いったん縮小するんですね。このために東京内部の格差が、縮小しているかのように見えた時期があった。

しかし実際は、グローバルシティ論の流行が終わったあとで、格差の拡大が始まります（表1）。二三区平均を一〇〇としたときの所得水準は、二〇〇二年の時点では、港区が最高で一九七・八、

表1　東京23区の平均所得と高額所得者比率の変化

	平均所得（23区平均＝100）			高額所得者比率（人口1万人あたり）	
	1997年	2002年	2008年	1997年	2002年
都心地域					
千代田	174.9	171.7	218.8	160.4	174.5
中央	121.4	125.2	142.8	58.4	54.0
港	164.8	197.8	270.0	115.5	158.4
渋谷	141.5	163.3	184.0	80.1	91.2
新宿	112.5	112.9	115.7	38.9	34.7
文京	128.6	130.0	131.4	46.0	38.9
豊島	97.2	96.7	95.4	21.0	20.5
台東	97.7	91.6	95.4	23.1	17.3
東部					
墨田	84.6	80.2	76.9	12.9	7.9
江東	86.2	83.2	83.4	8.0	6.4
北	83.6	81.8	75.8	10.0	7.6
荒川	82.2	78.4	73.0	9.6	8.1
板橋	88.0	85.0	77.5	11.5	9.5
足立	77.1	71.7	64.6	9.5	7.4
葛飾	79.9	76.3	69.4	9.0	7.2
江戸川	84.2	80.4	73.4	10.9	9.2
西部					
品川	102.3	103.5	105.1	20.3	19.1
目黒	125.7	132.7	160.4	46.1	44.2
大田	101.5	99.4	95.8	21.4	17.3
世田谷	120.0	124.2	120.5	39.0	34.6
中野	98.8	98.1	94.2	19.6	16.3
杉並	110.7	111.2	104.4	28.1	23.1
練馬	96.1	92.1	84.3	17.5	14.0
港／足立	2.14	2.76	4.18		
港／世田谷	1.37	1.59	2.24		
世田谷／足立	1.56	1.73	1.87		

出典：『地域経済総覧』（東洋経済新報社）より算出。高額所得者（高額納税者）が公表されたのは2004年まで（作成・橋本健二）

足立区が最低で七一・七。これでも相当な格差ですが、二〇〇八年には港区が二七〇・〇、足立区が六四・六になります。港区と足立区の格差は、二〇〇二年には二・七六倍だったのが、二〇〇八年は四・一八倍。明らかに拡大しています。住宅地どうしの比較でいっても、世田谷区と足立区の違いは一・七三倍から一・八七倍と、やはり拡大しています。港区と足立区の四倍以上の開きというのは、ほとんど日本と発展途上国の差に近いですね。メキシコやトルコが日本の四分の一ぐらいですから、ほぼそれと同じぐらいの格差です。

「東東京」内の差異

北田　港区と足立区の格差……そう言われると本当に驚かざるをえません。足立区はそういった現状を踏まえたうえで、コミュニティとしてのイメージ刷新のためにいろいろと取り組んでいるようです。

少し話がずれてしまいますが、読者に向けて、こういう地域格差の話をすることの意味をあらためて確認しておきたいと思います。これは橋本さんが「階級」概念をあえて現代的な理論装置として再構成し、そのうえで、東京という場における格差の問題を取り扱っていることと密接にかかわっていることです。日本社会の格差論が、日本という社会空間の社会連帯を呼びかけるものであるのと同様に、地域格差の問題は、東京という限定的な空間における社会連帯の模索という文脈の中で理解されるべきものです。それこそが橋本さんの『階級社会』（講談社選書メチエ）

という本のテーマであったと思います。その意味で私たちは、足立区の置かれた状況を興味本位にではなく、自分と同じ社会空間の問題として受け止めなくてはならない。足立区は、外国人も増加傾向にあり、社会的な流動性が高く、さまざまな社会的属性を持った人たちが共在している。ある意味で、異質な他者との社会的な連帯の意味が二三区内でもっとも鋭く問われている地域だと言えます。そのことをどれだけ真剣に受け止めることができるか、ということが、橋本さんの問題提起であったと理解しています。

そのことを確認したうえで、「東東京」のあり方に立ち戻りたいと思います。例えば、お隣の荒川区はどうでしょうか。自民、公明の基盤が強い地域ですが、高齢化の度合いが高く、足立区とはまた違う社会風土を持っていますね。板橋区、荒川区、北区、豊島区まで含めていくような広い意味での「東」の社会学的位置というのはどのようなものなのでしょうか。私自身よくわからないので、何かヒントになるようなことがあれば教えていただきたいんですが。

橋本　荒川区と足立区に関しては、歴史の差が大きいでしょうね。戦前の足立区は農村地帯でした。ほとんど市街地のなかったところです。足立区全体でも、空襲での死亡者はわずか百数十人です。戦災を受けなかったために、戦後復興の中心になって工場がたくさん建ち、工業地帯になった。しかも新開地で交通が不便でしたから、土地が安かった。そこをねらって都営住宅が数多く建てられ、ここに低所得者が住むようになる。歴史的背景のうえで、ある意味では低所得者の集住地域が政策的につくられたようなところもあります。

北区、板橋区については、また違う要素があると思います。まず、地形の違いがある。山の手台地のいちばん端っこが半島みたいな形で、北区と板橋区のあたりに突き出ていますけれども、この台地の上には一戸建て住宅やマンションが多くなっています。その先端の赤羽台《あかばねだい》は、名前の通り台地の上なんですね。ところが、その北側の新河岸川《しんがしがわ》付近の風景は、工場と倉庫が中心で、板橋区の北部、高島平《たかしまだいら》あたりまでは、足立区とあまり変わりません。そして高島平から西へ行くと、また台地が始まります。坂を登り切ると、しだいに閑静な一戸建て住宅地が現れてくる。これが練馬につながる一戸建て住宅地です。

私は以前、その境目あたりに民間ディベロッパーが開発した団地に住んでいましたが、ちょうど台地の脇の崖のような急斜面にありましたから、急坂の上と下に建物が建てられていて、分譲価格は上の建物のほうが高かったようです。このため、一つの団地が山の手と下町みたいに分かれている。上のほうはそのまま一戸建て住宅地につながっています。近くには日大豊山《ぶざん》女子高校がありますが、ここは昔の別荘地で、寺田寅彦が別荘を建てて住んでいたところです。元の別荘地が住宅地になったという点では、世田谷とも共通点があります。寺田寅彦の著作にも、丘の上から荒川に帆掛け舟が行き来しているのを見て楽しんでいたという記述があります。

京成線のイメージ

北田　なるほど。政策的な側面とともに、地形という要素も「風景」と社会地図との関連を形成するうえでの重要なファクターであるということですね。先ほど橋本さんも言及された『東京の空間人類学』の中では、地形と歴史の関係性が見事に描き出されていましたが、社会学的な観点から地形を捉え返していく東京論というのもありえそうです。話を少し戻しますが、東京二三区内の東西格差について、原さんはどのようにご覧になりますか。

原　二三区内に限定すれば、橋本さんが指摘されたような東西格差が大きく言ってあると思いますが、では、さらに外側、つまり千葉県や東京の多摩地区、神奈川県まで広げて見たときに、東西格差がもともとあったと簡単に言えるだろうかという気がしています。大田区から横浜市にかけての東京湾岸に広がる工場地帯、鉄道で言えば京急沿線を無視してはならないと思いますし、団地も東西均等に建てられる。具体的に言えば、東では新京成沿線の常盤平《ときわだいら》、高根台《たかねだい》、習志野台《ならしのだい》や、京成沿線の花見川《はなみがわ》、袖ヶ浦《そでがうら》などの団地が、西では西武沿線のひばりが丘、小平、村山、滝山や、中央線沿線の武蔵野緑町、桜堤《さくらづつみ》、多摩平《たまだいら》などの団地が、五〇年代から六〇年代にかけて、次々と建設されてゆく。

例えば、一九六四年当時の賃貸団地の家賃を、東の常盤平、高根台と、西の武蔵野緑町、多摩平を例に比較してみましょう。条件をそろえるため、同じ一三坪台の四階建て箱型２ＤＫで見ると、常盤平が五三五〇円から五九〇〇円、高根台が五八〇〇円であるのに対して、武蔵野緑町は五七五〇円、多摩平は五五〇〇円でした（『公団の住宅』一九六四年二月号による）。つまり、ほとんど同じか、東のほうが高いくらいなのです。

このころ、新宿西口には高層ビルが一つもない代わりに、まだ淀橋《よどばし》浄水場がありました。都庁も有楽町にあるなど、今と比べて東京の中心は東側にあった。東京駅を基準に比較すると、中央線にはまだ特快がなかったので、三鷹より松戸のほうが時間的に近かったのです。

京成の沿線には、船橋ヘルスセンターが五五年にできて、六三年には船橋競馬場前（現・船橋競馬場）という駅を「センター競馬場前」と改称する。この「センター」とは船橋ヘルスセンターのことです。敷地面積約三六万平方メートル、東京ドーム八個分のエリアに、温泉、遊園地、プール、海水浴場などが集結する総合レジャーランドが船橋にできる。

京成が一九二五年に開いた谷津《やつ》遊園も、五八年には日本一の規模となる海上ジェットコースターを完成させるなど、発展してゆく。谷津駅はもともと谷津遊園という駅で、センター競馬場前の次の駅が谷津遊園だった。

船橋ヘルスセンターも谷津遊園も、京成の沿線や、京成津田沼《つだぬま》で京成に接続する新京成の沿線の家族を週末に集めていたと思いますが、そういう家族が、例えば西武沿線の豊島園や西武園に行く家族と比べて、コンプレックスを持っていたかというと、多分持っていなかった。逆に竹内好のような、中央線の吉祥寺の住民が船橋ヘルスセンターに出かけて、「ヘルスセンターというところは、噂にはきいていたが、ききしにまさる規模であり、ボリュームであり、エネルギーだった」と感心しています。東も西も画一的な大団地ができていった時代は、同じように発展していくという明るい見通しがあったのではないかという気がします。

ただ京成の場合は、不運な事情がいろいろと重なっていて、七八年に成田空港が開港するときに頓挫している。開港予定日が遅れたうえ、開港直前に中核派が宗吾《そうご》参道《さんどう》にある車庫に侵入してスカイライナーに放火したため、しばらくは正常な運転ができなかった。しかも駅自体は空港から離れた場所にあって、思ったほど利用してくれないとか、いろいろ誤算もあって、結局株式配当が無配に転落してしまう。

あのころの京成というのは、大手私鉄の中でも一つだけ疎外されていたような私鉄でした。冷房化率が極端に低いので、たまに冷房車が来てもわからずに窓を開けてしまう客がいたり、車内で沿線の店の宣伝をずっとスピーカーで流し続けたり、明らかにほかの大手私鉄と違っていた。ほんとうに金がないのがよくわかる。それが七〇年代末から八〇年代はじめにかけての状況だったんですね。京成を救ったのは、八三年に浦安に開園したディズニーランドです。あれで子会社のオリエンタルランドが大もうけして、ようやく好転した。しかしそれはあくまでディズニーランドがあったからこそであって、それによって京成のイメージが上がったわけではなかった。

北田 私も京成沿線住民の当事者でもありますが、今おっしゃったような、七〇年代後半ぐらいからのイメージが、いまだ強く残っているような気がします。これは西側に展開していった小田急や東急とはやはり異なる。この差異というか、非対称性みたいなものをどのように考えればいいでしょうか。

原 多分こういうことが言えると思います。京成というのは、もともと成田山新勝寺《しんしょうじ》の参詣者のためにつくられたわけです。空港が三里塚にできたのは、京成にとっては「僥倖」でしたが、別に最初から予定されていたわけではありません。つまり、京成のそもそもの出発点は、空港じゃなくて成田山新勝寺という、江戸時代から栄えてきた寺に参詣する客を運ぶというところにあるわけです。京成と似ているのは、京急ですね。京急は、京急川崎と川崎大師を結ぶ大師《だいし》線《せん》から始まっています。

小田急や東急は、そうではなかった。小田急でいえば、新宿と小田原をショートカットするという都市間輸送で、沿線に名だたる寺社仏閣があるわけではない。参宮橋駅近くの明治神宮も、大正後期にできたわけで、古い神社ではありません。そういう古いものが絡んでいるか否かという違いもあるでしょうね。

小田急と東急の違い

北田　逆に小田急とか東急は、寺社仏閣のようなものを抱えていないがゆえに、つまりある種の歴史性を欠いていたがゆえに、開発がしやすかったのかもしれません。新しい居住地域のイメージづくりをしていくうえでは有利だった。少しここでそうした「西郊」の政治意識についてお話をうかがいたいと思います。

第三号の座談会では、横浜で中田宏《なかだひろし》市長が生まれるのはある種の必然であった、無政治性という政治性を前景化する「ネオリベ」と西側郊外との結びつきは必然であった、というような話が出ました。かなり直観的な話ではあるのですが、このあたり橋本さんいかがですか。

橋本　東急線沿線あたりがネオリベ的だというのはよくわかります。これに対して、その北側の練馬、杉並、中野あたりは、昔から革新色が強いと言われています。その延長線上の三鷹とか武蔵野とかもそうですね。その間にはさまれた、京王線や小田急線というのは政治色がはっきりしない。はっきりしないというのは、モザイク状態になっているということです。公明党も集票力がありますし、自民党もけっこう強い。民主党も、小宮山洋子という衆議院議員が小選挙区で何度か当選しています。近くに住んでいる住民どうしも、決して溶け合わないところがありますね。駅から近かったり、遠かったり、丘の上だったり、下の谷底のほうだったり、かつての用水のそばの平地だったりと、住宅環境も異なっています。貧富の格差も大きい。

例えば私の住んでいる世田谷区の経堂《きょうどう》というところには、かなり有名なフレンチやイタリアンのレストランがあるかと思えば、ホッピーを出すモツ焼き屋があって、両者の客どうしにはつき合いがない。異質な住民たちが、モザイク状に入り乱れている。そういう地域じゃないかと私は思っています。では、それが投票行動にストレートにつながるかというと、必ずしもそうではない。日本の政党で今、富裕層中心だとか、貧困層中心だとかいうようなはっきりした支持基盤の色があるのはおそらく公明党だけで、ほかの政党は、所得階層別に見ても、支持率はあまり変わらない。世田谷の異質な住民たちの投票行動も、それほど大きくは違わないでしょう。しかし社会生活のうえでは溶け合ってないし、例えば居酒屋で客どうしの会話など聞いていると、反目し合っているようにも見えないわけではない。

北田　京王、小田急沿線の政治性がモザイク的なもの、というのは興味深いですね。東急と比べるとどうでしょうか。今私はどちらもほとんど利用する機会がないので、皮膚感覚がないのですが、橋本さんのお話だと両者はだいぶ違っているようにも思えますが。

原　東急といっても一括りにはできないでしょう。括ってしまうと、大井町線や目黒線、多摩川線、池上線、世田谷線まで含まれてしまいますから。東急多摩川線などは沿線に工場が多く、むしろ京急に文化が近い。

北田　田園都市線と言ったほうがいいですね。

原　田園都市線の中でも、渋谷―溝《みぞ》の口《くち》間、つまり、旧玉川線と大井町線が走っていたところは、並行する小田急とよく似ているのではないかという気がします。一九六六年に開業した溝の口以遠の区間、つまり東急が丸ごと開発した多摩丘陵一帯にこそネオリベの土壌があるわけで、そこと小田急は確かに違うという言い方はできるでしょう。

今、新百合ヶ丘がたまプラーザを目指しているけれども、小田急小田原線の登戸《のぼりと》―新原町田《しんはらまちだ》（現・町田）間には団地が多く建てられました。百合ヶ丘という駅名も、団地にちなんでいます。読売ランドや向ヶ丘遊園のような、新たに引っ越してきた団地住民のためのレジャーランドもすぐそばにあって、そういう意味では、京成とよく似た面があったと思います。しかし、多摩丘陵の団地の開発というのは、フラットな地形の多い西武、東武、新京成の沿線よりも遅れるんですよ。六〇年代後半から七〇年代前半にかかっていて、七〇年になっても新しい団地ができる。七〇年五月には、町田市民全体に占める団地住民の割合は、四四・五％に達し、総戸数二万六九一二戸は日本一の規模と言われました（『町田市史』下巻、町田市、一九七六年）。

ちょうどそのころから、小田急小田原線と京王線にはさまれた多摩丘陵の北側が、多摩ニュータウンになってゆく。ニュータウンといっても、初期はまだ既成の団地と変わりません。ニュータウンの住民を輸送する主力は京王でしたが、小田急も七四年に多摩線を開業させる。つまり小田急は、東急と違って一時期、団地住民を大量に抱えたわけです。今でも町田の駅前から、山崎団地ゆきや藤の台団地ゆきの神奈中（神奈川中央交通）バスがどんどん出るのは、その時代の名残です。

小田急は結局、そこから転換することがなかなかできなくて、現在は七四年に開業した新百合ヶ丘だけをしゃかりきになって開発しているわけです。そこが、溝の口以遠の東急田園都市線とは違う。第三号で話したように、田園都市線は最初から団地の数を低く抑え、一戸建てをあくまでも優先させるということで一貫してきたからです。

田園都市線沿線であれだけ計画的なまちづくりができたのは、丘陵地をならして、自由に変更できるというか、人工的に開発する余地がすごく大きかったからだと思います。地形的に言えば、小田急も同じことをできたはずですが、結局は公団が肩代わりする形で集合住宅をつくっていった面がある。今ごろになって多摩線の沿線をミニ田園都市線のようにしようとしていますが、時すでに遅しの感は否めません。
地形というのは大きいと思うんですよ。丘陵地であるのが一方ではネックになって、開発が遅れた側面はあるけれども、他方で東急のように、長い時間をかけてゆっくりと開発したほうが実は有利な面があったとも言えます。団地のピークをちょっと過ぎたころから、一戸建て主体の本格的な開発が始まり、今なお続いている。多摩丘陵がまだまだ開発できるのはなぜかというと、丘陵地が残っているからですね。そこを崩せば、また土地が出てくる。ほかの線は、もういっぱいになっているのに、まだ開発できる。丘陵地の強みだと思います。

橋本　私が現在住んでいるのは小田急沿線ですが、近くにいくつか団地があります。地形とも関係することですが、丘の上には高級住宅地があるのに対して、その下には小さな一戸建てや木賃アパート、そして都営住宅とか公営住宅がある。例えば祖師谷《そしがや》団地とか大蔵《おおくら》団地ですね。団地ができた当初の六〇年代の記録などを見ると、住民の多くはホワイトカラーの高所得世帯だと言われている。行政に保育所をつくってくれと要求すると、高所得者の団地だからダメだと断られたとか、そんな話がいろいろ出てきます。ところが今は、高齢化も進んでいて、低所得者が集中する場所になっている。これらの団地は、成城の高級住宅地から二、三キロぐらいしか離れていませんが、間にものすごく急な坂があって、そこを歩いている二、三〇分ほどの間に、東京のいちばんの金持ちから、最低に近い人たちまでのグラデーションを見ることができます。世田谷も一色じゃなくて、内部に大きな格差を抱えているわけです。

図1は、世田谷区を町丁目で区分けし、資本家階級、すなわち会社の経営者が人口の何%を占めているかによって色分けしたものです。濃いグレーで示した資本家階級の多い地域と、薄い色で示した少ない地域が、モザイク状に混在していることがわかります。上が七五年で下が九〇年

図1

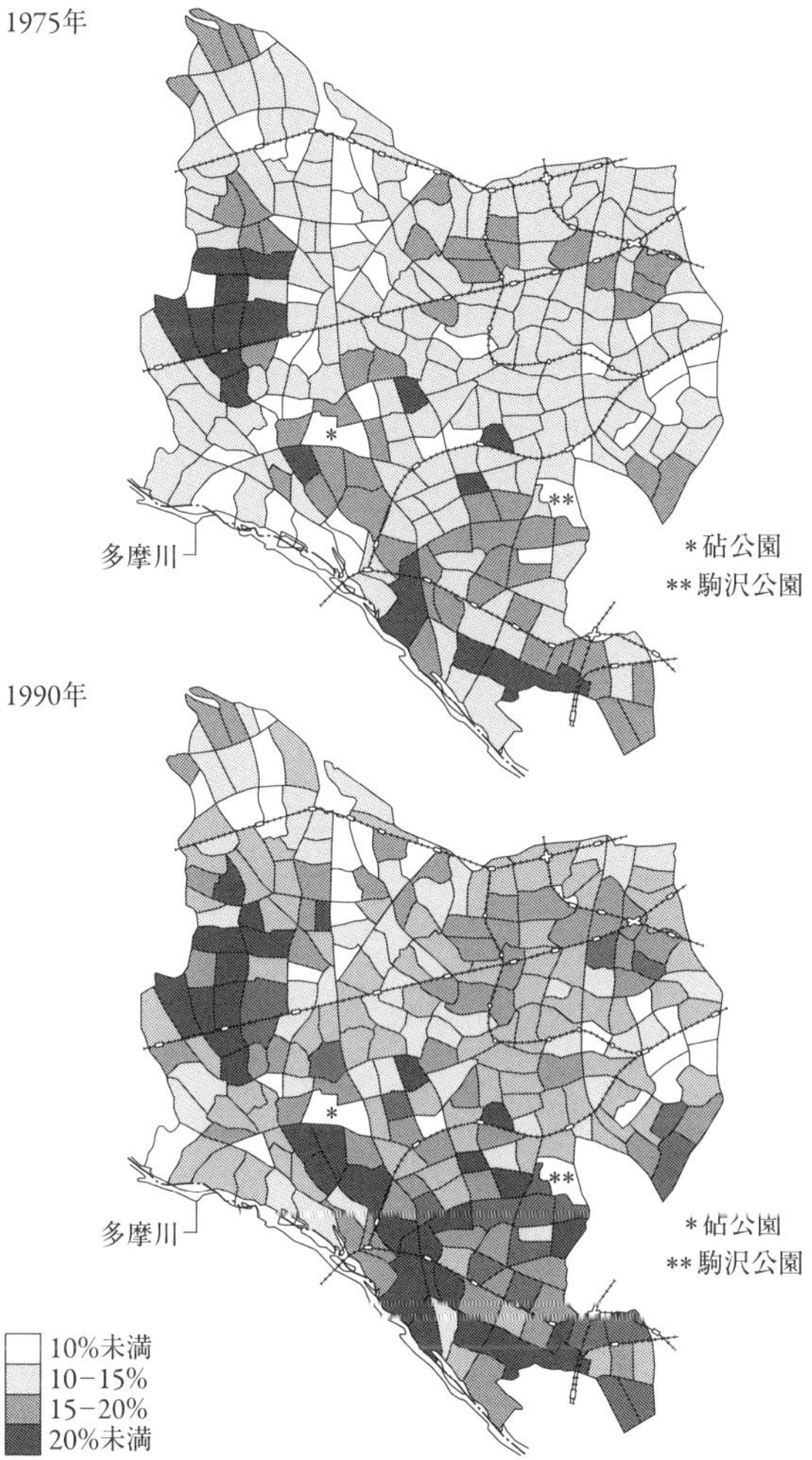

ですが、両者を比較するとこの一五年の間に、南側の東急沿線に黒っぽい部分が増えていること、つまり資本家が集中してきていることもわかります。ただし多摩川べりの低地になっているところだけは、依然として薄い色で、ここにはっきりした格差があることがわかります。成城の周りにも、同じような傾向がありますね。

団地が中流意識を生み出す

北田　橋本さんは『「格差」の戦後史』（河出ブックス）の中で、格差をめぐる戦後社会のあり方を、経済指標に基づいて時代区分しています。戦争直後の五年間、五〇年代、六〇年代、七〇年代……というふうに、五〇年代からは一〇年区切りで分けていますね。六〇年代では高度経済成長に入って格差が縮小に転じ、七〇年ごろには格差縮小がかなり明確なものになっている。八〇年代は、格差は全体的には小さくとも、一部の格差の指標が上昇に転じています。よく指摘されるように、ジニ係数が上昇に転じるのがこの時期です。格差社会の始まりが八〇年代にあったというときによく引用されるデータでもあります。こうした格差社会の変化のあり方と、これまで述べられてきたような郊外都市の変化との対応はどのように考えられるのでしょうか。

橋本　時期区分は、基本的に全国レベルの経済指標で区切っているので、そういう問題はあまり意識していませんでした。しかし、確かに対応関係はあると思います。一九五〇年代の途中まで、つまり高度経済成長期が始まる前は、まだ戦後復興期の延長みたいなもので、ホワイトカラーのサラリーマンも含めて、多くの人たちは間借りしたり長屋に住んだりしていたわけです。そこに団地が出てくると、それはすばらしいものに見えたでしょう。そこから高度経済成長期に入りますが、高度経済成長が五〇年代の末から七〇年代の前半ぐらいまで続いて、その間に団地には転換があったのではないか。3DKの画一的なものから、広いファミリータイプや、高層マンションなどが出てくるという転換がその中間にあったのではないでしょうか。

原　そうした転換が本格的に出てくるのが多摩ニュータウンで、メゾネットタイプや高層タイプなど、既成の団地のイメージを破る建物が、七〇年代後半以降、次々とつくられていきました。しかし、歴史的に見れば、団地ははじめから画一的だったわけではありません。日本住宅公団ができた初期のころは、まだスターハウスやテラスハウスなど、箱型以外の建物がありました。

ところが、六三年に公団によって全国統一型標準設計「63型」が作成され、広くそのままの形で用いられるようになると、七二年ごろまで、団地の画一化が極端なまでに進みました。標準設計という考え方には、同時代のソ連からの影響があるとにらんでいます。私が住んでいた滝山団地も、六八〜六九年という、ある意味で最悪の時期に建てられました。五階建ての画一的な団地が大量に建てられたわけです。

北田　原さんはいろいろな地域でフィールドワークを重ねられていますが、鉄道も含めた都市空間の広がりと今の時代区分の対応は、どのようなところで感じられましたか。

原　団地というのが中流意識というか、横並び意識というものを促進させる要素になったのは間違いないと思うんですね。それから一般に、耐久消費財を持っている比率が高いと言われている。例えばテレビだの洗濯機だの冷蔵庫だの掃除機だの、周辺の農村の家屋にはまだ入っていなかったものを持っている比率がきわめて高かった。それはある種の競争意識もあって、隣がそれを買ったからうちも買おうみたいな同調圧力が団地は高かったわけです。

文芸評論家の秋山駿《しゅん》は、五九年にひばりが丘団地の第一期が完成したときに入居して、現在にいたるまでもう五〇年以上も住んでいる。もちろん建て替えがあったから全く同じところに住んでいるわけではありませんが、彼がおもしろいことを言っていて、団地に入居して何にいちばんびっくりしたかというと、一日のサイクルがどこも同じなこと。「人間の生活がかくも千篇一律の光景を呈するとは、私は思っても見なかった。窓から透かし見られる一つの生活のパターンは、まったくそのままの形で他の二十三の部屋にも適合するものであろう。まず水の音がして、人の影が動き、窓を開け、子供達の声が騒いで、食事が始まる、といったふうな日常の儀式から、その後、掃除、洗濯、買い物、夕べの団欒と続いていくのだが、その食卓の位置、洗濯機の置き場所にしても、ほとんど寸分の相違もないのである。すべてよく似ている二十四の同じような人間が、すべてよく似ている同じような生活の光景を展開している、というのでは、これほど飽き飽きする見物はあるまい」(『舗石の思想』講談社文芸文庫)。

こういうコミューナルなものを可視化する装置として、団地が果たした役割は大きいと思うのです。団地の風景は、格差縮小どころか、コミュニズムの平等幻想を体現していたのではないでしょうか。その幻想がもっとも強まったのが、六〇年代から七〇年代にかけてだったと思います。

橋本　先ほどの本（『「格差」の戦後史』）にも書いたことですが、六〇年前後の団地の誕生まで、新しく生まれた階級である新中間階級は、さまざまな地域でバラバラに生活していたわけです。この人たちが、団地というものが生まれることによって、共通の住まいを持った。そこに一つの層としての新中間階級が可視化された。新中間階級を可視的な存在として、一つの社会的な層として、誰の目にもわかるような形で登場させたのは、団地の果たした一つの役割だと思います。当人たちは、当時の生活水準から見れば上のほうですが、団地の内部は均質だから、自分たちのことを上とは思わない。みんな中だと思う。それがどんどん拡大していく。これがいわゆる中流意識の基盤でしょう。

同じようなメカニズムはおそらく今でも働いています。高級住宅地には、同じように面積の広い一戸建てが並んでいますね。その人たちは、周りと比べるとほぼ同じだから、自分は中だと思う。いろいろな形でセグリゲーションが行われることによって、周りとの比較では、上の人も下の人もみんな中だと思ってしまうメカニズムですね。これが非常に大規模な形で生じたのが、団地ではないでしょうか。

政治化する団地主婦

北田　秋山駿さんが書かれているような、団地住民の一日のサイクルが似ているというのは、印象としてはすごくわかるんですが、そういうことを考えるとき、私たちはだいたい働き手としての夫と専業主婦、子供という核家族的な生活のフォーマットを想定しますね。しかし、六〇年前後に、そうした「均質な」ライフスタイルを維持できるような層がどれぐらいいたのでしょうか。ずいぶんと限られた層であるように思うのですが。

橋本　私はここ一年くらい、一九六五年に行われた「社会階層と移動全国調査（ＳＳＭ調査）」の調査票原票をデータ化して再分析しているんです。これはたいへんな調査で、有効回答数は二〇七七人ですが、調査対象の全員に、同居家族全員の年齢、学歴、職業を聞いています。これを見ると、当時の家族構成と就業構造が詳細にわかります。それは驚くべきもので、当時の新中間階級世帯では働き手が一人しかいないのが圧倒的多数で、女性が働いている世帯は数％しかなく、一世帯あたりの女性有業者数はわずか〇・〇五人です。

今日では新中間階級世帯、つまりホワイトカラー世帯でも共働きは当たり前ですが、この時期には、ホワイトカラー世帯の女性が働きに出るなどということは、きわめて例外的だったわけです。労働者階級世帯でも共働きは少ない時代で、一世帯あたりの女性有業者数は〇・一九人にすぎませんでした。働く場所もあまりなかったのでしょう。そういう意味では、今以上に均質なんですね。今だったら、同じ新中間階級世帯にも、例えば専業主婦世帯と共働き世帯があって、ごみ捨て場の掃除やら何やらで反目したりするでしょう。そのころはおそらくそういうのがなかった。

原　確かにそうなのですが、共働きをしたい世帯は少なくなかったと思います。例えばひばりが丘団地では、家賃が高くて、毎月の家賃を払うのに夫の給料だけでは足りないから妻も働きたいのに、保育所がない。だから「保育の会」というのができて、保育所ができるまで、交代で個人の家に子供を預けました。大阪の香里《こうり》団地でも、保育所が一つもないと働けないというので、枚方《ひらかた》市と交渉して、保育所をつくらせた。もちろん橋本さんが言われたように、共働きの世帯自体はそんなに多くはないですよ。しかし、一九五九年一一月にひばりが丘団地の住民二六〇名を対象に行われたアンケートでは、「保育所は必要か」という問いに対して、「必要」「ぜひ必要」が二五六名と、一〇〇％近くに達しており、「保育所が出来たらあずけるか」という問いに対しても、「あずける」「ときどきあずける」が一四三人と、過半数に達しています（斎藤健一「団地のなかの保育運動」一、『月刊社会教育』一九六一年七月号所収）。

実際には共働きの世帯は少数派かもしれないけれど、潜在的には共働きをしたい世帯がかなりいたのがわかります。その後押しがあったから、ひばりが丘でも香里でも、保育所を設置できた。当時は新聞にも出て、話題になったんですね。このような運動は、女性が政治に目覚めるきっかけにもなりました。

北田　とても興味深い論点です。六〇年ごろの新中間階級は、ある意味で現在よりも均質な近代家族的ライフスタイルをとっていたという橋本さんのご指摘に対して、原さんは実は潜在的にはそうした層での女性の就労希望は少なくなかったのではないか、と言う。それはこういうことではないでしょうか。つまり、今以上に均質なライフスタイルを過ごすことができた、過ごさざるをえなかったがゆえに、女性にジェンダー的に配置された私的空間・生活空間の中で、外部を求める女性たちの政治意識が形成可能になった、と。お二人の話を聞いていて、それが六〇年ごろのことであるというのは、いささか意外な気もします。社会学の文脈で、家族の戦後体制とか五五年体制とかと言われているものは、だいたい七〇年代なかばから八〇年代にある程度の広がりを持つにいたった、と言われます。六五年のＳＳＭ調査で、新中間階級の近代家族的特質がそんなにはっきりと出ているのにはびっくりしました。

橋本　もちろん当時は、全体に占める被雇用者世帯の比率は大きくないわけです。全体として見れば、自営業者世帯や農家世帯で働いている女性がまだまだ多かった。一九八〇年ごろまでの女性の就業率の低下は主に、女性も働くのが当然だった農家世帯が減少したことによるものです。

しかし他方では、六五年当時、明確な性役割分業を特徴とする新中間階級世帯が広がりはじめていました。戦前期の新中間階級世帯では、女性の就業が非常に少なかったのですが、その性格が受け継がれていたわけです。その後、新中間階級世帯など被雇用者世帯の全体に占める比率が大きくなり、そこでは次第に女性の就業が増加していくのですが、それ以上に農家世帯の減少が激しかったため、おしなべて専業主婦が増加したかのように見えてしまったのでしょう。

原　団地の専業主婦は、家電製品をそろえているわけですから、家事からも解放されている。したがって、余暇が増える。そうなると、集会所が主婦の集いの場になってくるわけです。住宅公団の大団地というのは、必ずいくつか集会所をつくっていて、趣味のサークルはもとより、自治会や「保育の会」のような自発的組織の会合が、集会所でしばしば開かれます。そこに共産党や新日本婦人の会などが入ってきて、主婦のほうから政治意識が革新化していくという動きが出てきます。

団地の自治会というのは、最初は男たちがつくる。ボスみたいなのがいるわけです。ところが、男の場合は仕事を抱えているので、いつも出られない。主婦は相対的に時間があるので、自治会の役員は何年かすると、ほとんど女性になっている。そこに、先ほど言ったようなある種の政治的な動きが入ってくるということで、自治会がともすれば共産党に席巻されているという不満が、六〇年代後半になると起こってくる。ひばりが丘もそうだし、滝山団地もそうでした。

橋本　それはいつごろまで続きましたか。

原　少なくとも七〇年代までは続いたと思います。

北田　集会所は都営とか市営にはなかったんでしょうか。

原　いや、一応あるようです。

北田　集会所という場をつくるうえでの、設計者の意思はどんなものだったのでしょうか。

原　もともとは、来客の折などに不便だろうということで、「団地内の各住宅の応接間の集合体または居住者等の共用の応接間」としてつくられたようです。しかし実際には、応接間というより、住民どうしの交流や親睦の場になっていきました。

北田　それが結果的に、主婦というステータスに乗ることが可能になった女性たち、そうならざるをえなかった女性たちにとっての政治の場になっていく。新中間階級は数は少なかったけれども今以上に均質で純粋な近代家族を形成していて、私的空間、生活空間としての団地では男性のプレゼンスが希薄になっていく。そこで女性たちは私的空間に、共同的に生きるということの持つ固有の政治性を括り出していくことになった。私的空間への内閉が、私的なことの政治性への気付きを与えた、と言えるでしょうか。純粋近代家族が、純粋であるがゆえに、近代家族を下支えする制度的基盤を問いなおす契機を生み出した、ということですね。それは団地史において広く見られる傾向なんでしょうか。

原　だいたいどこもそうです。ひばりが丘団地もそうだし、香里団地もそう。自治会の役員が女性化していくというのは顕著な現象でした。

政党の地域性

北田　六〇年代後半から、さまざまな領域で「日常性」の政治性を問いなおす社会的な活動が現出した、という議論がしばしばなされます。そうした運動の広がりをのちに可能にするような下地が、団地という場で生成されていた可能性もあるわけですね。

原　ええ。ただ、すべての団地が同じような方向に行くわけではなかった。ひばりが丘団地と香里団地は厳密に言うと違うところがあって、ひばりが丘の場合は、かなり初期の段階から、団地で運動を起こす住民の中に、共産党、社会党の関係者がけっこういました。先に触れた不破哲三がそうですし、のちに社会党の代議士となる矢田部理《おさむ》もそうです。双方の関係者が一緒になり、六〇年一〇月に「ひばりヶ丘民主主義を守る会」という組織をつくりましたが、安保体制反対の路線を維持し、六二年のキューバ危機に際してはキューバ国民に向けて「共同の敵、アメリカの帝国主義打倒」を叫んでいます。

これに対して香里団地の場合は、多田道太郎や樋口謹一《きんいち》ら、京大人文研の人たちが中心となり、ちょうど同じころに「香里ヶ丘文化会議」という組織をつくりますが、これは当時できた「声なき声の会」などに近い。むしろ無党派を標榜して、党派的なものを警戒するところがありました。しかし、六〇年代の後半になってくると、次第に党派的なものが入ってきて、初期に活躍していた人たちが団地から転出してしまい、最終的にはひばりが丘同様、共産党が強くなりました。

橋本　東京の地域別の政党支持の状況を見ると、かつて共産党は、下町では現在と同じように強かったけれども、西のほうもかなり強かった。東と西に強くて、真ん中が抜けているような時期がありました。今は地域差が非常に少なくて、東も西も同じ。階級別にも同じような傾向があって、ＳＳＭ調査データで当時の政党支持の構造を見ると、共産党の支持者は実は貧困層とともに相対的な富裕層に多い。今では、そういう構造がほとんど見られなくなりました。支持基盤から見ると、現在でも階級的な性格が非常に強いのは公明党で、共産党はそれほど強くありませんね。

原　第三号の座談会でも話しましたが、東京都でももともと共産党が一番強かったのは、病棟の多かった清瀬《きよせ》です。衆議院議員総選挙の得票率で見ると、清瀬は五〇年代から高くて、統一地方選挙を見ても、清瀬町だけは共産党の候補者が四人ぐらい当選する。ほかの地域に比べても極端に高い。それが六〇年代になると、隣の久留米町でも共産党の得票率がどんどん上がってゆく。もともと強固な細胞があったうえ、その周辺に大団地が次々とできていったことが、東京の西側で共産党が増えていく一つの背景になったと思います。例えば六七年の総選挙の直前には、議長の野坂参三がひばりが丘団地など、東京西部の大団地ばかりを重点的に回っています（『赤旗』一九六七年一月二四日）。

橋本　東の場合には、工場労働者がいたからという理由があるでしょうね。

北田　その状況は今、変わりつつあって、貧困層の受け皿は公明党になっている。かつて議席を維持していたような地域での共産党のプレゼンスは低下しているんでしょうか。

橋本　かつて共産党が強かった下町地域でも、現在の得票率は九～一〇％程度でしょう。明らかに共産党が強いというイメージの地域は少なくなったのではないでしょうか。昔はそういう地域があちこちにありましたね。社会党の場合でも、例えば練馬区や大田区は社会党が強いというように、地域性がわりと見えやすかったのですが、それもなくなりましたね。残っているのは、公明党の拠点が貧困層の多い地域にあるということだけじゃないですか。

西武線知識人と中央線知識人

北田　西側ではどうでしょう。先ほど橋本さんから、西側の富裕層と東側の貧困層という共産党支持の構図が、近年見られなくなったというご指摘がありました。

原　同じ西側でも、西武沿線に比べると、中央線沿線は違いますね。中央線沿線は、戦前から近衛文麿や2・26事件で暗殺される渡辺錠太郎が荻窪《おぎくぼ》に、また北一輝が中野に住んでいたように、政治史的に重要な人物が多く住む一方、戦後は共産党とも社会党とも言い切れない、無党派的な政治風土がありましたから。上田耕一郎がかかわった中野懇談会にしても、このような中央線沿線の政治風土に規定されて、あらゆる平和勢力を幅広く結集したものにならざるをえませんでした。上田はのちに、これを「幅広主義」と呼んで自己批判しています。

戦後知識人を見ても、例えば丸山眞男や竹内好は吉祥寺に住んでいました。吉祥寺にはのちに首相となる三木武夫も住んでいて、丸山と付き合いがあった。そういう中央線的なるものというか、武蔵野的なるものというのは、日本共産党の上田・不破兄弟を生んだ西武線とはちょっと違うような気がしています。

北田　西武線沿線の知識人というと、ほかにどんな人がいますか。

原　無数にいますが、ひばりが丘に近い久留米町の学園町には、戦前から羽仁五郎《はにごろう》、説子夫妻が住んでいました。羽仁説子は、共産党系の女性団体、新日本婦人の会の設立者の一人で、ひばりが丘団地にも講演に来ています。同じく設立者の一人となる壺井栄《つぼいさかえ》は、夫で共産党シンパの繁治《しげじ》とともに鷺ノ宮《さぎのみや》に住んでいました。元共産党員では、清瀬に石堂清倫《いしどうきよとも》、武蔵関《むさしせき》に網野善彦。辻井喬《たかし》（堤清二）も久米川《くめがわ》に住んでいたことがあります。

共産党系以外では、富士見台に篠原一《はじめ》、石神井公園に久野収《くのおさむ》や坂本義和や我妻栄《わがつまさかえ》や武谷三男《たけたに》、大泉学園に家永三郎や暉峻淑子《てるおかいつこ》などがいました。これらの知識人は、六〇年安保のとき、久野を中心に「むさしの線市民の会」をつくりました。「むさし野線」とは旧西武武蔵野線、つまり西武池袋線のことです。深読みをすれば、当時、堤康次郎《やすじろう》は一貫して岸信介《のぶすけ》を支持していましたので、堤を連想させる西武という名称を使いたくなかったのかもしれません。あるいは、堤を強く連想させるからこそ、西武沿線だけにこうした組織ができたとも言えましょうか。久野は同じ西武池袋線沿線に当たるひばりが丘団地の小学校にも講演に来ていて、不破も聞いているのですが、結局合流はせず、別個に「ひばりヶ丘民主主義を守る会」をつくったのです。

東大系の社会主義研究者が多く住んでいるのも、西武沿線の特徴です。和田春樹はずっと大泉学園ですよね。和田さん以外にも、近藤邦康、塩川伸明、野村浩一。みんななぜか西武池袋線沿線です。篠原一や坂本義和は六〇年安保のときに、和田春樹はベトナム反戦運動のときに、街頭演説や反戦放送をやっています。同じ東大教授でも、丸山眞男は「市民主義」という言葉にすらはげしい違和感を表明し、街頭のデモ行進だけでなく、一人でできる投書や抗議電報も重要だとしていますから(苅部直『丸山眞男』岩波新書)、全く違います。

おもしろいのは高畠通敏《たかばたけみちとし》です。高畠通敏は、六〇年の「声なき声の会」結成に加わるわけです。あのときは確か、京王井《い》の頭《かしら》線の永福町《えいふくちょう》に住んでいました。ところが、彼はまもなく、西武沿線の田無《たなし》に引っ越す。最後は、西武秩父の二つ手前に芦ケ久保《あしがくぼ》という駅がありますが、そこに引っ込んでしまうんです。高畠は東大法学部を出て助手になりますが、丸山ゼミの出身ではなく、やがて丸山を批判的に見るようになります。それはちょうど住まいが西武沿線に変わる時期で、しかも田無に住んでいたのが、やがて芦ケ久保に引っ込む。要するに西武沿線の一番奥のほうに住まいを移して、そこから中央線的なるものを批判するような地点に最後は立つ。こういった意味でも、戦後の政治学者の立ち位置は、具体的な場所と関係するような気がします。

北田　西武線的なるものと中央線的なるもの。政治思想史的に見ても、興味深いコントラストですね。丸山さんは中央線で、坂本さんは西武。わかるような気がするとしか言いようがない（笑）。

しかしですね、これは冗談抜きによくわかることのように思うんです。どこに住むのがいいとか悪いとかではなくて、住むということは一つの思想の実践であり、政治的決断です。親から受け継いだ家に住み続けるというのも一つの思想実践だし、定住しないというのも一つの決断です。自分が特定の場所に住むということは、その場所を媒介して生成する社会空間との付き合い方を決めるということなのだから、政治とか社会の思想を考える人であれば、意識的にであれ非意識的にであれ「住」の選択が、思想的な判断を反映しているのかもしれません。たんなる私生活への興味というのではなく、思想家たちの日常的な政治決断の系譜として、住居地の歴史的変遷を描く、という歴史研究はおもしろそうだし、重要なものであるように感じます。

中央線の勉強会文化

原　前に「年越し派遣村」の村長をやった湯浅誠に会ったとき、あなたは西武沿線から出るべくして出た人だと言ったら、きょとんとした顔をしていました。湯浅さんは小平《こだいら》に生まれ、東大和《ひがしやまと》に育ち、練馬、所沢と、一貫して西武沿線に住んできた。もともとは私と同じ日本政治思想史の研究者で、丸山の孫弟子に当たるのですが、結局研究をあきらめ、運動に専念するようになる。ああいう人は、丸山に代表される中央線的なるものからは出てこないと思います。

では、どうしてそういう違いが出てくるのか。中央線沿線では、豊田駅前に五八年、多摩平団地ができる。ひばりが丘団地ができたのとほぼ同じ時期で、総戸数は二七九二戸と、これもほぼひばりが丘と同じです。しかし、中央線沿線は西武沿線に比べると宅地開発が早く進んだために、多摩平を上回る団地ができなかった。多摩平団地は、中央線では例外的存在なのです。しかも、六〇年安保のときに多摩平団地にできたのは、「たまだいら声なき声の会」でした。最初から共産党が本格的に入ってくるのでもなければ、「むさしの線市民の会」のような、同じ沿線住民どうしの連帯を目指すような組織でもなかった。それがすごく中央線的という気がします。

それから、中央線を考えるうえでもう一つ重要なのは、立川《たちかわ》の存在です。立川というのは基地の町です。あそこはもともと陸軍の飛行場がありましたが、戦後は巨大な米軍基地になったわけです。朝鮮戦争の勃発とともに立川にアメリカ人が増えてくると、立川の乱れた風紀が流れ込むのをくい止めたいというので、隣の国立《くにたち》はいち早く文教都市を宣言する。だから立川と国立は、セットで見る必要がある。

先ほど橋本さんから、丘の上の成城と下の祖師谷団地の格差について話がありましたが、地形の高低差が必ずしも格差をそのまま反映するわけではないことは、国分寺と国立を見るとわかります。ここでは崖上の国分寺よりも、崖下の国立のほうが学園都市として開発され、いち早く高級住宅地になっている。

国立では六五年、公民館に託児所ができたのを機に「若いミセスの教室」というのができて、若い主婦を対象とする学習会が始まります。こういう学習会は、いかにも中央線的という感じで、精神的余裕があるというか、純粋に勉強するのが好きな主婦が多かったのではないか。団地の家賃値上げ反対、私鉄運賃値上げ反対など、常に生活の不満を訴えている西武沿線とは違うという感じがします。

橋本　もともと歴史的な成り立ちからいったら、中央線は戦前から新中間階級の住宅地が、数珠つなぎになっていたところです。そういう古くからの知識人、文化人がいたはずですね。そしてあちこちの地域で、核になるような知識人グループがあったのではないかと思います。

しかし戦後のある時期まで、特に一九六〇年代は、社会党と共産党を含めて革新政党の支持率が非常に高かった。被雇用者の場合には、両方合わせて半数近くの支持率があった。では、その人たちは組織されていたのかというと、決してそうではなかった。社会党は当時、国会議員の大半が労働組合の役員でしたが、労働組合だけでそれだけの票を集められるはずはありません。戦後民主主義の雰囲気に浸っていた人たちが、どこかに投票しなければならないとなると、自民党以外の選択肢はまず社会党です。その人たちがたまたま団地とか、そういうところを基盤にして組織されたら共産党に入れるかもしれませんが、ほったらかしになっている場合には社会党に入れる。これが五五年体制の本質だと思います。それが中央線では、共産党に組織されることなく、かといって社会党に組織されているわけでもないけれど、投票するときには社会党に入れる。日本全体にあった構図ではあるけれども、それがいちばん純粋に現れたのではないかと思います。

実験場としてのひばりが丘団地

北田　中央線沿線の国立の「若いミセスの教室」のような勉強会文化と西武線沿線の政治文化とは違っていたのではないかというのが原さんのご指摘だったわけですが、橋本さんのお話だと、そうした対照性は偶然的なもの、「たまたま」のものだったということになりますね。

原　少し説明不足だったかもしれませんが、ひばりが丘団地の動き方を見ていると、国鉄ではなく、私鉄の沿線だというのがよくわかるんです。つまり、西武鉄道が運賃の値上げをするとか、あるいは西武バスがなかなか来ないとか、西武ストアー（現・西友）の品質やサービスが悪いとか、そういうことに対する関心がすごく高い。あの団地は生活すべてが西武グループに握られているといっても過言ではない地域で、交通手段もそうだし、買物もそうです。ひばりが丘団地の買物といったら、ほとんど西武ストアーかそれに隣接する名店街。もうちょっと大きい買物だと池袋の西武百貨店に行くというのが、住民の多くの人たちの生活パターンでした。

そうすると、生活の重要なものは西武に握られてしまっているから、それに対する不満が出てくる。溝の口以遠の東急田園都市線沿線も各駅に東急系のスーパーができるし、駅と住宅地の間を東急バスが結びますから、一見似ているのですが、東急が分譲した一戸建てにあこがれて住んでいる人が多いので、敵対関係にはなかなかならない。

それに比べると、ひばりが丘団地に人びとが住んだのは、別に西武沿線に住みたかったわけではないでしょう。おまけに六〇年代は西武も輸送力増強が追いつかなくて、二五〇%を上回る殺人的な混雑率になるわけです。にもかかわらず値上げをするので、住民の不満が爆発する。西武百貨店や西武ストアーの不買運動まで起こりました。ひばりが丘団地の自治会では、不破さんらが先頭に立ち、沿線住民を集めて池袋まで歩いてデモ行進するなど、かなり過激なことをやっています。共産党は、党勢拡大のためにそうした状況をうまく利用した面もあるわけです。

北田　ひばりが丘の場合、西武という会社によってあらゆる生活が握られているという、人工的な隔離状態にあった。それに住民は不満を抱いて、いろいろなことを考えるようになる。となると、上田、不破兄弟が中央線沿線に関しても、「戦後民主主義者なんかじゃなくて。自分たちが行ってやる」みたいな感じになっても不思議はない。そういう動きはなかったんでしょうか。

原　もう少し正確に言うと、六五年ごろに上田耕一郎が松戸市の常盤平団地から国立市に引っ越してきますし、南武線沿いに国立富士見台団地もできますから、国立では共産党も強くなります。つまり国立では、六五年から「若いミセスの教室」が開かれる一方、共産党の細胞もできていった。六〇年から六九年まで一貫して共産党の得票率が上がるという点では、国立市も不破哲三が住んでいた久留米町も変わりません。しかし久留米町の場合は、ひばりが丘団地の次に東久留米団地ができて、六八〜六九年に滝山団地ができるという、相次ぐ大団地の生成と共産党の伸び方がまさに一致しているのです。

北田　可視化・物質化された細胞としての団地がきちっと存在していた。まさしく細胞ですね。

原　そうです。ひばりが丘はある意味、ちょうど良い実験場になったという感じです。そこで培ったノウハウがほかの団地に生かされていって、滝山団地ができるころには意識的に党員を住まわせるということをやっていたようです。

団地の政治性の喪失

橋本　共産党が典型的にそうですけれども、戦後革新運動の基本的な主張は、一つは窮乏化理論で、もう一つは平和と民主主義でしょう。窮乏化理論を軸にして人を団結させるためには、生活スタイルや生活水準が同じでないと難しい。中央線沿線は、いろいろな人がいる。一戸建てもあれば、団地もある。知識人もいれば、労働者もいるわけで、それを窮乏化という一点で団結させることはできないですね。均質の生活スタイルが成立しているところでしか、結局は基盤を持つことができなかった。そういう弱さがあったのではないかと思います。

私の専門の階級研究について言うと、日本では当然、共産党系の人たちが階級研究をリードしてきたわけですが、基本的にはずっと窮乏化論でした。労働者階級と勤労人民は、大資本に搾取されてどんどん貧しくなるというわけですね。しかし高度経済成長期になって、かなり豊かな生活ができるようになると、理論を変更しなければならなくなります。そこで、公害、物価高、交通問題、福祉施設の不足などを「現代的貧困」と呼ぶようになりました。形は変わっても、結局みんな同じように貧乏になっているのだと主張して、何とか団結させようとするわけです。この訴え方は、均質な住民の間にしか浸透しない性質のもので、おそらくそれは中央線では無理だったのではないでしょうか。

北田　窮乏化理論を延命させるために新しくつくり出した現代的貧困の概念を、うまく適用できるのが、ひばりが丘だった。

橋本　西武資本がどんどん値上げをして、ますます西武資本に搾取される。それはまさに西武資本によって住民全員が搾取されているという図式ですね。

原　わかりやすいですよ。

北田　単純化して言うと、団地のような物理的空間と、共産党を典型とする革新的なものに引きつけられていくような政治意識との相性の良さは、七〇年代の前半ぐらいまでは維持されていたわけですね。一方、中央線沿線は、物理的にも社会的にも、団地よりもはるかにモザイク的で、団地的な空間政治の純粋な発現にはなかなか結びつかなかった。こういった対照の構図は、七〇年代の終わりぐらいから壊れていく。つまり、団地的なものと革新的なものの結びつきは壊れていくと考えて良いのでしょうか。

橋本　それは、労働組合が弱体化するのとほぼ同じ時期なんですね。空間的な基盤としての団地と組織的な基盤としての労組が、そのころ同時に弱くなり始めたのではないでしょうか。

北田　きわめて象徴的なパラレリズムですね。それはちょうど団塊ジュニアの先行世代が幼少期を過ごす時期に当たります。団地が政治意識の空間的基盤としての機能を失いつつあるころからかれらは記憶を紡ぎ始める。

『団地ともお』（小学館）という不可思議なマンガがあって、団地に住んでいるお馬鹿な子供の日常を描いたものなのですが、時代設定がよくわからないんです。作者の小田扉《とびら》は七五年生まれのようですが、ともおの日常を見ているとまさしく八〇年ごろの話のような気もするし、メディアの普及を見ると現在のような気もする。かといって妙なフィクション性もあるわけでもない。つまり、このマンガでは、団地という空間における子供の生活空間が、三〇年間の幅をもって地続きになっていて、ところどころで任意に出来事が「引用」されている。こういう非歴史的な引用を可能にする参照元としての団地、歴史なき仮想空間としての団地というものの原点が、八〇年ごろにあるのかもしれません。そしてそれは団地の政治性の喪失ときわめて深い関連を持っているのではないか――仮説の域を出ない話ですが、お二人の話を聞いていて調査心をそそられました。

もしそうであるとしたなら、では八〇年代以降、団地の政治性はどこに向かっていったのでしょうか。確かに私が子供のころ住んでいた、八〇年ごろにつくられた団地やマンション群みたいなところだと、先ほどの類型で言うと中央線沿線的なものに近くて、ひばりが丘的な政治意識の発露の場ではなくなっていたように思うんですね。もちろん、子供だからわからなかったという可能性もありますが、親とかに話を聞いてもやはり政治的な振舞いは忌避されていたようです。

そのあたりはどうでしょうか。団地と政治意識のかかわりというのは八〇年代以降、たんに希薄化していったのか、それとも違う方向へと向かっていったのか。

原 八〇年代というのは、東急田園都市線のイメージが大きく変わっていった時期だと思います。西武の団地的郊外というのは、開発が七〇年代で終わってしまった。そこで頭打ちになって、それ以上開発のしようがない。逆にそこから団地の人口が減ってゆく。一方、丘陵地帯がたくさん残っていて、スカスカだった川崎市北部から横浜市北部にかけての一角が急速に開発されていく。
田園都市線そのものはもっと前からあったけれども、七〇年代までの田園都市線は、まだ開発途上で、駅前にも空き地がたくさん残っていたし、そんなに洗練された郊外という感じではなかった。ところが八〇年代以降、開発が進む。田園都市線沿線の人口が急増し、横浜市の人口が膨らんで、港北区から緑区が分かれるだけではまだ十分でなく、さらに青葉区と都筑《つづき》区ができる。首都圏の中でも、もっと言えば同じ東京の西側でも、かなり人口の重心が移動しているわけです。

それは西武沿線の団地で共産党が弱くなり、一戸建て主体の田園都市線沿線が新たなネオリベ的な拠点になってゆくのと当然関係しています。

左派的政治性のゆくえ

北田　表面的には、一億総中流という自意識が七〇年代にガチッと固まり、世界でも稀に見る豊かな平等社会であるというイメージ、民間社会学が八〇年代以降世間に浸透していく。

しかしそうした人びとの一次理論から距離を置いて、別角度から見ていくと、格差がじわじわ広がっていくという、そういう複雑さを内包していたのが八〇年代の日本社会だったと言えます。二〇〇〇年の佐藤俊樹さんの『不平等社会日本』（中公新書）が一般の人びと――むろん私もその一人ですが――に驚きをもって受け止められたということは、バブル崩壊からかなり時間が経過しても、日本が格差社会、不平等社会であるという可能性をほとんど考えずに人びとが日本社会を了解していたということを示しています。そういう根強い了解の図式の源泉が八〇年代にあるのかもしれません。

いずれにせよ、そういう図式のもとで、社会的な格差が微妙に隠されたまま、非政治的であることを装う消費社会的な差異化のゲームのルールが、中間層の夢を形成していく。『金曜日の妻たちへ』（ＴＢＳ系列、一九八三年）の舞台となった田園都市線沿線はまさしくその典型だったと思いますし、そういうところに非政治という政治、新しい形の保守の磁場が徐々に形成されていったのではないか。この点は橋本さんにおうかがいしたいのですが、生活保守とある種の自由主義が結びつくのは、やはり八〇年代以降の現象なのでしょうか。

橋本　政党支持の構造から言うと、六〇年代には被雇用者は、新中間階級も労働者階級も――組合員であろうとなかろうと――基本的には社会党と共産党を支持する人が多数を占めていました。全体に占める比率で言えば半分程度ですが、無党派層を除いて支持政党のある人だけで見れば大部分です。ところが、次第に政党支持が分化していきます。最後まで革新支持のまま残るのが、官公労および大企業の労働組合員です。これに対してまず管理職層が外れ、さらに中小零細企業労働者が外れる。中小零細企業労働者は支持なし層になって、一部は自民党と公明党に組み入れられますが、残りは政治意識が低いまま投票にも行かなくなる。そして、ホワイトカラー上層の労働組合員ではないような人たちが、八〇年代からの新保守の基盤になっていく。ですから、一九八六年に衆参同時選挙で自民党が圧勝したとき、中曾根康弘が「わが党は今や左側、都市中間層にウィングを伸ばした」と高らかに宣言したわけです。

これは非常に象徴的なことで、そのころはすでに社会党、共産党のまとまった支持層は、官公労および大企業労働組合ぐらいしかなくなっていた。労働組合員というのはあちこちにばらばらに住んでいるわけですから、空間的なテリトリーがありません。労働組合員どうしのつながりは、要するに生産点でのつながりで、実はこれはごく限られたものにすぎません。かつての階級闘争論というのは、労働組合の生産点でのつながりを第一に考えていましたが、実際には職場でのつながりが生活に占める比重は、どんどん小さくなってきている。生活の空間が組織の基盤にならないと、その衰退は止められないし、実際、止められなかった。そういう意味で、先ほども指摘しましたが、一方で労働組合、一方で団地などの空間的な基盤が同時に侵食されていくのが八〇年代ということになります。

北田　今、空間的なテリトリーを失っていくというお話がありましたが、原さんはいかがでしょう。かつて政治と生活のメディアとして機能していた郊外空間において、八〇年代以降、左派的な政治性は雲散霧消していった、とお考えになりますか。

原　そこまでは言えないような気がしています。九〇年代になって、東久留米の場合は、稲葉三《み》千男《ちお》が市長に当選しますね。稲葉市政のもとで、例えば私の出た第七小学校などは、日の丸・君が代を断固として拒否し続ける。そればかりか、児童自らがやめてくれと市の教育委員会に直訴するということが起こってくる。所沢高校の入学式事件も有名ですね。要するに西武沿線の革新的な風土は、たとえ団地の人口が減っても、まだ残存している。先に触れた湯浅誠や、東村山、所沢と深くかかわる宮崎駿も、この風土と無縁ではないと思います。

北田　ありがとうございます。今日はいろいろな話題が出てきたのですが、司会の不手際でうまくまとめられなくて申し訳ありません。東京や郊外を媒介として、計量社会学と歴史政治学との節合可能性を図る、というのがこの企画の趣旨であり、その両方向において素人の私にとっては、同一事象に対するお二人の見解の異同を拝聴させていただけたのはとてもありがたいことでした。

最後に原さんがおっしゃってくれた「風土」という言葉と、橋本さんや私が使う「基盤」という言葉の含意の違いは、もしかすると都市空間を分析していくうえでのパースペクティブの違いを表現しているかもしれません。それが時に折り重なりつつ時に微妙にずれる。もちろん具体と抽象、個別と全体ということではなく両項のかかわらせ方の手つきの違い、と言うべきでしょうか――橋本さんが具体と個別に繊細なまなざしを向けていることは『居酒屋ほろ酔い考現学』を読めば、そして、原さんが抽象と理論的文脈への鋭敏な感覚を働かせていることは、これまでの歴史叙述を読めば、誰しも感じ取ることができるものです。その折り重なりとずれとから、都市像の立体性を描き出すことができたのではないか。

郊外という、しばしば空虚な社会空間などと言われたりする場所にも、さまざまな歴史性・社会性を背負った差異がある。空虚な空間に走る社会的線分を、複層的に、つまり歴史的かつ社会学的に捉え返すという今回の試みが、読者に、新たな都市への想像力を喚起し、次なる都市論を生み出していくことを願っています。

橋本健二（はしもと・けんじ　1959〜）早稲田大学教授。社会階層論、階級論を専攻。著書に『居酒屋ほろ酔い考現学』『「格差」の戦後史』『階級都市』『新・日本の階級社会』など。

原武史（はら・たけし　1962〜）放送大学教授、明治学院大学名誉教授。専攻は日本政治思想史。著書に『滝山コミューン一九七四』『大正天皇』『「昭和天皇実録」を読む』『完本　皇居前広場』など。

第6章　デフレ社会に抗うために
——ブレイディみかこ氏との往復書簡

【第一書簡　ブレイディ→北田】“No Is Not Enough”の時代に

私は英国に住んでいるので日本の選挙はいつもネットを通して見ているのですが、二〇一七年は二一年前に英国に渡って以来、初めて総選挙の時期と日本滞在が重なりました。解散と、それに続く民進党の前原誠司・前代表の希望の党への合流宣言などは、英国で知ったのですが、日本に着いて驚いたのは、あまり人びとが怒っていないことでした。

ヒースロー空港を発つまでは、ネットでは「野党第一党が一瞬にして消えた」と人びとの怒りが爆発していた気がしたのですが、日本に着いて知人たちと会うと、今度はみんな立憲民主党について熱く語っていて、数日でこんなにコロッと変わるのかっていうか、私が飛行機に乗っていた間に何が起きたの？　と当惑しました。

ふつう、政治家や政党に失望させられると、用心深くなるというか、次に何か出てきても本当に大丈夫なんだろうかと躊躇すると思うんですが、何か砂のようにあちらからこちらへとサーッと流れている印象を受けたので、「ちょっと落ち着け」と言ってしまいました。

そんなに人びとを夢中にさせるマニフェストなのかと思って立憲民主党のサイトに行くと、チラシ程度の分量のテキストが書かれたパンフレットがあったので、「日本の政党のマニフェストはどこで見られるの？」と友人に訊いたほどです。急ごしらえの政党だから仕方ないとはいえ、あれを読んで熱く支持できるのが不思議だった。

英国労働党のジェレミー・コービンも「左派ポピュリズム」と言われるほど若者を中心に支持を広げていますが、彼が本当に全国レベルで人気を得たのは一七年の総選挙からで、その前の二年間は、メディアにも袋叩きにされてきました。

なのに彼が急に躍進したのは、労働党の積極財政を謳う「反緊縮マニフェスト」に人びとが惹きつけられたからでした。「コービンは左翼すぎるけど、あのマニフェストはいい」と言っていた人がたくさんいたし、「まず政策ありき」の労働党の躍進と、立憲民主党の人気とはまったく違うものに見えます。

今回の選挙について、英国では最初は小池百合子さんがクローズアップされていました――日本はジェンダーの問題でとても遅れているというイメージが強いので、女性リーダーは記事にされやすい――が、自民党が再び政権を握るのは間違いないだろうという見方でした。それがいわゆる「スーパー・マジョリティー」まで得る勝利になったので、「今年、解散・総選挙をやって与党の議席が過半数割れしたメイ首相とは対照的に、日本の安倍晋三首相は大勝した」みたいなことを書かれていました。

確かに、解散総選挙を発表したときには労働党との支持率の差が一時は二四ポイントもあったのにもかかわらず、保守党の議席が過半数割れした英国の選挙と、内閣支持率が大幅に落ちていたのに自民党が大勝した日本の選挙とは、対照的ですよね。

日本の場合、解散総選挙の発表が九月二十五日で、十月十日公示、二十二日が投票でした。すごく短い。一カ月以内にすべてが起こる。英国の場合は、メイ首相が解散総選挙を発表したのが四月で選挙が六月。選挙活動期間も五週間。日本は選挙が慌ただしすぎて成熟した政策論争にならないのかなという気もしました。

ところで、政策といえば、北田先生を代表とし、およそ四〇名もの学者たちによる「リベラル懇話会」は民主党（当時）に対して健全な経済成長を促す政策提言をされていましたよね。民進党が一夜にして消えたとき、実は一番初めに考えていたのは、リベラル懇話会のことでした。ナオミ・クラインが*No Is Not Enough*という本を出してベストセラーになっているんですが、彼女はトランプ現象に衝撃を受けて「ＮＯと言っているだけではリベラルや左派は勝てない」と悟ったそうで、これはいま世界中に広がっている認識だと思います。ナオミ・クラインといえば、「反資本主義」、「反消費社会」と、「反〇〇」を訴えてきた知識人の典型なのに、彼女みたいな人でさえ「これは通用しない」と気付いているわけですから。日本では、反アベノミクスではなく、アベノミクス再考を提言していたリベラル懇話会が、まさに"No Is Not Enough"を先取りしていたのではないでしょうか。

【第二書簡　北田→ブレイディ】反緊縮左派という選択肢

民進党代表選のまっただなか、松尾匡さん(経済学者)とブレイディさんと鼎談していたときに、唐突に枝野幸男さんが「(自分は)緊縮派ではない」と言っているというニュースが入り、三人で「おおっ」と喜んだのがはるか昔のことのようです。

小池・前原の賭けは失敗に終わり、湧いて出た立憲民主党(立民)が少数野党のパイの再配分に汲々としている。確かに自民は解散時の皮算用は間違えたものの、負けでも勝ちでもないでしょう。明確なのは、野党の見事なまでの大敗です。しかし、おっしゃる通り、左派には奇妙なぐらい敗北感がない。左派に悲愴感が薄いのは、前原民進のタカぶりを懸念していたハト派のなかに、ハト風味の枝野が離脱・勝利したという相対的な勝利感があるからでしょう。

ただ、受け皿ができたと小躍りしている人たちもいて、それがまた見事に成熟社会派(脱成長派)だったりするので、やはり争点は政策ではなかった。このままいけば枝野さんは緊縮に戻り、二〇一五年の反安保運動後に見た風景が繰り返されるのかなあと、ぼんやりやわらかく絶望しています。

やっぱり経済なんてどうでもいい、という空気は強いなあ。経済に限らず、社会保障や教育、ダイバーシティにしても政策としてではなく、聞こえのいいキャッチフレーズとして受け取られてしまっている。

旧民主党で参議院議員だった松浦大悟さんがツイッターで「社会学の北田暁大氏、クィア研究の清水晶子氏、経済学の稲葉振一郎氏たちが民主党に提言した政策は、すぐ後に民主党が民進党になったことによって反故にされた」とリベラル懇話会について書いてくださっているのですが、反故もなにもまるで相手にされなかったというのが実情です。民進が反緊縮とは言い切れない井手英策さんを担ぎ出したのがその証左なわけです。

いやー、井手さん＋前原で、懇話会が目指していた反緊縮左派の芽は潰《つい》えたとぶんすかしていたんです。私たちは、しっかりとした「社会的」理念に担保された政策で闘いうる野党になるためには、まずは（再）雇用、包摂・排除に直結する左派の経済政策を清算しないといけない、と考えていたわけですが（詳細はリベラル懇話会の提言を参照）、そういう立場に枝野さんが舵を切っているとは思えません。それは、ブレイディさんがご覧になったマニフェストでもあきらかです。

ことほどさように「日本の経済は大丈夫」というお話が強く根を張っている。そういうところでは、野党第一党の大敗北というのは、右派を切れたぐらいの意味しかない。いくら左派のお家芸とはいえ、野党右派と闘っている暇があったら、与党と政策で闘えよ、と思うのですが……。

選挙期間や制度の問題もあると思いますが、立民がどこまでいけるかは、野党内の議席の小さなパイを奪い合う論理を抜け出して、どこまで本気で経世済民を語りうるか、ロストジェネレーションの心を摑むことができるか、にかかっています。若者はもはや自民や維新を「革新」、旧民主系・共産を「保守」と見る世界観のなかに生きている。社会を変えてくれる、という期待を野党が出せていないのは、コービンとの大きな違いです。

ところで先日、東京大学で行われた日本社会学会で、保育（託児）施設が学内に用意できず、だいぶ時間のかかる、しかも高価な外部施設を利用せざるをえない、しかも告知がきわめて遅かった、という騒動がありました。まさに保育士であるブレイディさんのご専門ですが、社会的なものを経験的研究を通じて探究していくという社会学からしてが、このありさまです。

そういう、当然の人びとのニーズを精査するという作業を抜きにして天下国家、社会を語るという態度そのものがどれだけ問題含みなのか。威勢のいい社会批判の発表を聞きながら、ニーズとか潜在能力を拾い上げて、それを政策に接続可能な言葉へと翻訳するという左派の課題達成は、「社会」学会ですらこのありさまで、枝野さんがちゃんとあの福耳を傾ける方向を間違わないでほしい、とあらためて痛感した次第です。

ささやかだけれど切実なニーズを拾いとり耳を傾けるという態度こそが、コービンにしてもサンダース（二〇一六年米国大統領選挙の民主党候補者争いでブームをつくった政治家）にしても反緊縮左派を躍進させた原動力でした。

立民がインテリの成熟社会論に向かわず、そうしたニーズのどぶ板収集・政策化に向かうことを願ってやみません。

【第三書簡　ブレイディ→北田】　待望される「泥臭い左派」

社会学会の託児所のお話で思い出しましたが、日本の保育問題も今回は選挙に利用され、預けられないのに無償化ってブラックコメディのようだと思いました。

二〇一六年、日本の保育園を見学したとき、保育士さんたちが勤務時間外に作っていらっしゃるという牛乳パックでつくった靴箱や玩具を至るところで見ました。驚きました。緊縮財政の縮図のように思えました。保育士配置基準も酷い（たとえば三歳児クラスだと英国では保育士と子どもの割合が一：八に対し、日本は一：二〇）。「建物が老朽化して、寒かった」って正直に書いてくださいね、と何人もの公立保育園の園長さんに真顔で言われました。

日本の左派は、脱成長や緊縮志向が強いですが、幼児はこれから成長しなければいけない人たちですから、美しく縮みましょうとか言ってる場合じゃないと思います。

英国のブレア政権が行った保育の一大改革（幼児教育化によって就学時における発育格差の是正をめざす施策）は世界的にも有名ですが、あれはブラウン財相と大蔵省のイニシアティヴで始まったもので、貧困対策プログラムの一環でした。日本では「子どもを預けられないので働けない」とか「保育士の賃金が」とか短期的な視点のみで保育と経済がリンクさせられており、「幼児教育に本気で投資しないと将来的に国の経済にマイナスになる」という長期的な視点が見えない。子どもの貧困に現場で取り組んでおられる方々は、日々の実感から本気でその辺を危惧しておられますけど。

選挙前に会った左派系の方々が、「一般の人たちは改憲や原発はどうでもよくて、増税が、増税がって言ってるから絶望的」とおっしゃっていて、「税金の問題は大事です」って言うとすごく意外な顔をされました。

どうやったら経済を〝汚物〟と考えなくなってくださるのか、どういう言葉や伝え方が有効なのか、ずっと考えています。そこで分断を続けるのも不毛なので。二〇一六年からの英国にいると切実ですが、ほんとに分断はもういい。

今回の選挙では、「リベラル」という言葉の定義に関する議論も浮上していました。ちょうど最近、十一歳の息子が私の配偶者に「レフトとリベラルってどう違うの?」って訊いてたんです。そしたら、配偶者が「リベラルは自由や平等や人権を訴える金持ち。レフトは自由と平等と人権を求める貧乏人」と言ってて、なんて極端な言葉なんだと思って笑っていたら、「だからリベラルは規制緩和や民営化をするんだ」と彼は説明しました。

英国の場合、保守党vs.自由党（リベラル）だったのが、労働者の声を代弁する政党が求められて保守党vs.労働党にスライドしたという歴史もあり、こういう考え方も出てくるんだと思いますが、英国ではリベラルというと、政治が介入しない自由な経済活動や市場を信じる人びと、というイメージが強い。だから、レフトの人びとはリベラルという言葉に必ずしもよい印象は抱いてなくて、フランスのマクロン大統領や英国のブレア元首相、キャメロン前首相、緊縮を押し付けるようになったEUもリベラルと呼ばれます。

日本では、「リベラル左派」と二つの言葉が結合されて使われてきたことを考えると、日本のリベラルはむしろ米国英語に近い意味で使われてきたのかなと思います。米国では、欧州でいうレフト（ソーシャル）的な政策を求める人びとがリベラルと呼ばれたりしているので。けど、そうは言いながら日本でリベラルを名乗る人びとと話してみると、ほぼ経済的には英国英語のリベラルなんです。

以前お会いしたときに北田先生が、左派が下部構造を忘れてしまっている、とおっしゃっていたので思い出したのですが、日本では「左派はお花畑」っていう表現がよく使われますけど、下部構造のない花は、根から水を吸えないので枯れますよね。経済こそ自由の下部構造なんだと意識する、もっと泥臭い——根を持つ花は当然ながら泥で汚れます——左派が出てこないとこの状況は変わらないと思います。

リベラルがそういうレフトな部分を取り入れて真に米国英語のリベラルという言葉の意味に近づく、のほうが日本の場合は妥当かもしれませんが。

【第四書簡　北田→ブレイディ】　成熟社会論を超えて

「リベサヨ」という意味不明の言葉、おそらくは左派嫌いの人たちが原義を誤解して、ネット上とかで使い始めた謎用語だと思うのですが、「バッカじゃない?」と思ってスルーしてきました。しかし案外日本の「リベラル」「ソーシャル」「レフト」それぞれの語の置かれた位置を正確に表しているのではないか、と思うようになりました。

そもそも欧州の場合、「リベラル」と「ソーシャル」は対義語ですが、欧州とアメリカのニュアンスは異なります。それを説明する紙幅はないので省きますが、私自身は、レフトではない、七〇年代以降のアメリカ(政治哲学)におけるリベラルを自認してきましたし、その意味で「レフト」や「ソーシャル」から批判されるのは織り込み済みなわけです。だって、ジョン・ロールズのように「正義の基底性」「善に対する正の優位性」を言うならば、そりゃレフトの敵です。それでもアマルティア・センのような論者がソーシャル・リベラル的な方向性を模索していることに強い共感を覚え、正義を実効化するために不可欠のニーズの公正な充足もまたソーシャル・リベラルの課題であると考え、博士論文を書いたりしていました。

なので、レフト/ソーシャル/リベラルの語の歴史的にも理論的にも恣意的な用法には「?・?・」となってしまいます。あと大学生の頃から新左翼史が趣味だったので(笑)、まさか共産党と日教組とフェミニズムと新左翼を同じ箱に入れる発想がありうるとは考えておらず、最近「共産党などのリベラル勢力」という記述をみかけるたび「少しは怒れよ共産党」と思ったりするのでした。

まあ学問的・歴史的な概念構成が、ある概念の用法・実践を規定するわけではありませんから、学者が「誤用」を言い立てても詮なきことです。左派的といわれるようなメディアまでこうした「誤用」を垂れ流しているのをみると相応の理由があるのかもしれません。

身も蓋もない肌感覚での診断ですが、やはり政策ベースで考えたとき、日本の「レフト」は、ソーシャルな要素を希薄化させたリベラルに呑み込まれつつあり、正を担保する善の保障を政策として昇華することを回避し、意図せざる形で構造改革の道筋を踏襲し続けた結果、ブレア流の新自由主義――あんなものは第三の道でもなんでもありません――に帰着し、善さ《よ》(good)――下部構造と言い換えてもよいです――を軽視する自己像を生み出してしまった。政治的数合わせの論理で共産党さえもが「リベラル」と呼ばれても涼しい顔をしているぐらい、下部構造と上部構造の相互補完性への感受性が忘却されてしまった。まさに「リベサヨ」です。

最悪なことに外交・安保政策・家族政策で明確に「右」の安倍自民が善の増大を打ち出してしまったがゆえに、良心的な人であればあるほど「経済は汚物」とする発想に染め上げられてしまい、ついには経済成長そのものが左派の課題であることを見失っていく。

おっしゃる通り「下部構造のない花は、根から水を吸えないので枯れ」るわけで、「増税・緊縮はするけど再配分志向」程度では、小手先のレトリック操作にすぎません。泥臭く人びとのニーズや個々の潜在能力をすくい上げ、中長期的観点に立った人的資本への投資を行い、市場の信用メカニズムを上首尾に用いた経済政策をあたふたせずに着実に遂行し、正の達成のためにこそ善の配分・再配分・運用を真剣に考え、長期的に人びとが正に向かいうる「大きな社会」を創り出していくこと。

現在の左派に求められているのは、そうしたアベノミクスを超えた包括的な経済思想と実行可能な政策群を打ち出し、他の価値との整合性を図ったパッケージを提示することでしょう。その際、たとえば、ノーベル経済学賞を受賞したアマルティア・センのケイパビリティ論や貧困論などを参照することが考えられます。そこまでやってはじめて「成熟」云々してもらいたいところです。ネットブランディング先行の立憲民主党にはその点けっこう不安があります。

ところで最後に触れておきたいことがあります。反緊縮を訴えたブレイディさんの『子どもたちの階級闘争』を見事なまでに自己責任論的に誤読した内田樹先生ですが、またしても「「成長」から「定常」へ」と副題の付く社会批評集を発表されるようです。定常はたえざる成長をもってのみ可能であり、精神論ではどうにもならないし、精神はまた経済的なものと不可分の関係にある。この当たり前のことを内田先生がご認識されていることを祈るばかりです。

ブレイディみかこ　イギリスブライトン在住の保育士・ライター・コラムニスト。著書に『ヨーロッパ・コーリング』『子どもたちの階級闘争』『労働者階級の叛乱』、共著に『そろそろ左派は〈経済〉を語ろう』など。

第7章　日本型リベラルとは何であり、何でないのか
――「革新」との連続と断絶

1　はじめに

「保守とリベラル」がテーマということですが、私は選挙や政治の専門家ではありませんし、残念ながら二〇一七年の選挙に関するローデータを手にしてもいませんので、いえることには相当な限界があります。そのうえで執筆をお引き受けしたのは、「リベラル」という、三〇年前であればせいぜい一部の学者が使っていたにすぎない言葉が、おそらくは民主党政権の誕生を機に一般の言論空間にも浸透していること、その浸透とともに、逆説的に政治的立場を指示する概念としては奇妙なものとなってしまっているのではないか、そもそもそれは保守と対峙されるような概念なのか、ということを私なりに考えていたこともあり、基本的にググれば分かる程度のことに焦点を当て、かなり予断を含むことを前提としつつ、仮説的に「リベラル」概念について検討

してみたいと思ったからでした（概念分析といった大げさなものではありません）。

内容はきわめて単純です。現代日本語の「リベラル」という言葉は、「保守／革新」の図式における「革新」の代用語として、おそらくはアメリカの――「社会」主義色の薄い――「リベラル」を意識して登場したが、それは「革新」とも「リベラル（米）」とも異なる形で政治的に編成され、どういうわけか欧州における「リベラル」、つまり「ソーシャル」の対義語として使用される概念と近い経済・国家観（小さな政府）を生み出してしまった。アメリカ型のリベラルから、ソーシャルな部分を差し引いて生まれ出たのが現代日本のリベラルであり、それは「保守／革新」「保守／リベラル（米）」「リベラル（欧）／ソーシャル」のどの枠にも落ち着かない、つまりは理念的にはごった煮かつ曖昧で――どの国のどの政党でもそういうものですが、とりわけ――現在においては、「反自民」ぐらいの内容しか持たないものとなっている。それはブレアの第三の道を思わせるもので、いわば優し気な仮面を被った「保護主義的《ドメスティック》新自由主義」と区別できないものとなってしまっている――と。

こうした概念の「誤用」を糺《ただ》すという理性啓蒙は、それはそれで大切なのでしょうが、まずはどのように日本型のリベラル概念が運用されているか、それがどのような認識の齟齬を生み出しているのか、を考えることにしたいと思います。現下の「リベラル」とは異なる概念の使用可能性があるのであれば、私たちは柔軟かつ慎重にその可能性を検討すべきでしょう。理性啓蒙・暴露啓蒙とは異なる社会学的啓蒙（ルーマン）がここでの狙いです。

2　若者の保守化？

先の選挙時、若者の支持政党、投票行動をめぐって、いくつかの記事が目にとまりました。たしか最初に見たのはＳＮＳで流れてきた「東大生の自民党支持率が高い」という記事であったと思います。「東京大学新聞社が毎年新入生を対象に行なっている調査によると、自民党の支持率は近年劇的に上昇している。今年4月の調査では36％に達し、過去30年で最高を記録した」というもので、たしかにグラフ（図1）をみると「30年間で最高」の値であることは間違いないのですが（https://www.businessinsider.jp/post-34482）、ＳＮＳで良心的左派たちが「東大生はやっぱり権威主義なのか……」とつぶやいているのをみると、逆に悲しくなってきました。なぜ左派はこうも「世論」に悪意を読み取ろうとするのだろう、と。

図を見てみれば一目瞭然ですが、「30年間で過去最高」とはいうものの、民主党政権が崩壊する一二年ぐらいまでを見てみると、細川ブームで一度一割を切り、その後持ち直したものの、あのポピュリズムの権化だとか劇場型政治と呼ばれていた小泉政権は低調、よくて微増です。というか、九〇年代に地に落ちた自民が小泉政権で少しずつ挽回し、一〇パーセント台半ばまで持ち直した、というべきでしょう。一三年からの安倍政権支持率は、細川内閣支持と同様の「異常値」であり、三〇年間、線形的な傾向性があって自民支持が増加しているわけではありません。細川内閣のときに東大生が急に反自民になった、ということができるなら、ここ数年急激に親自民（保守？）化したともいえますが、じりじりと「保守化」が進んでいると考えるのは難しそうです。

図1　東大生の自民党支持率の推移

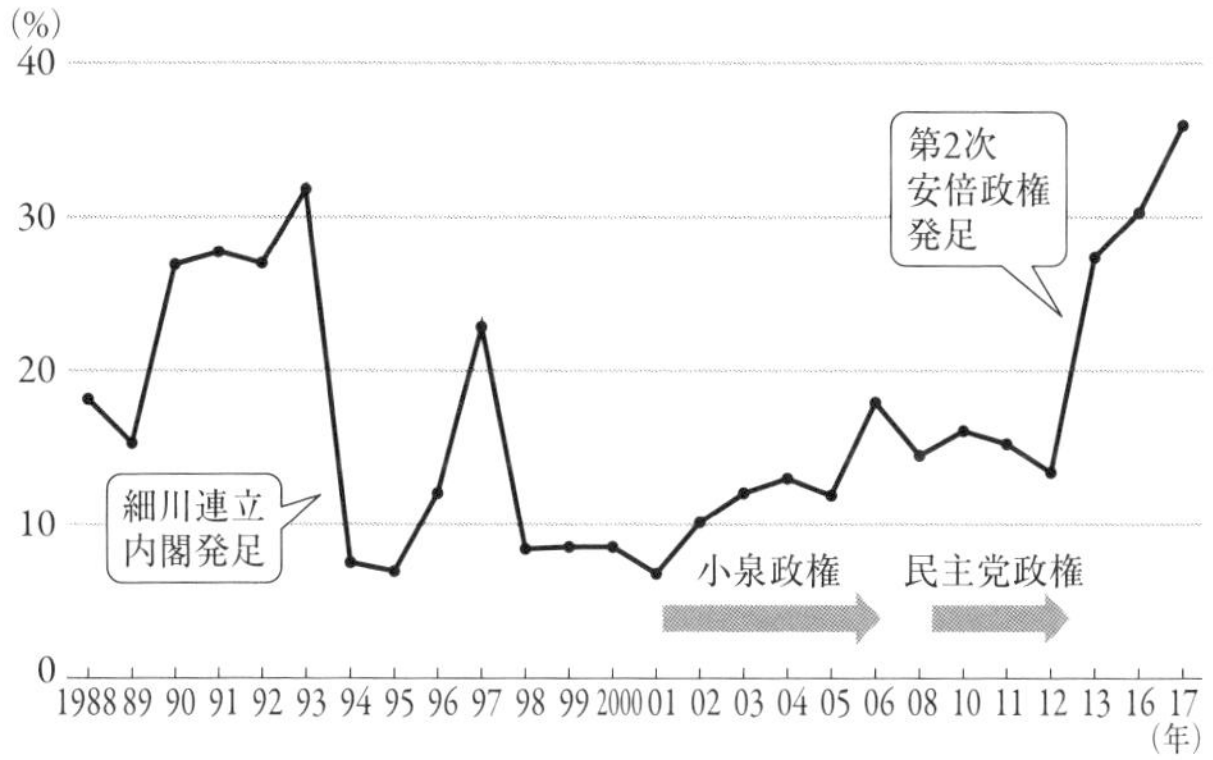

出典：東京大学新聞社のデータを基にしたBUSINESS INSIDER JAPANの記事より作成

　そうしたことよりなにより、これが東大生に特有の傾向であるか、が問われなくてはなりません。指標として近いところでは、二〇代一般の政党支持率の推移に関する分析があります（薬師寺克行「若者の自民党支持率が高くなってきた理由　2012年が転機、保守化ではなく現実主義化だ」http://toyokeizai.net/articles/-/195199?page=2）。件の二〇一三年には四〇パーセント、一五年にはいったん三〇パーセント強まで下げますが、一六年には四〇パーセント台を回復。投票のあった一七年でも三六パーセントほどの支持率です。こうしてみると、安倍自民の高支持率は、東大生に固有のものとはいえなさそうです。

　むしろやや低いぐらいで、二〇一七年にはだいたい二〇代一般と拮抗している、といえるでしょう。東大新聞のデータは新入生を対象として行われたものです。

昨年の選挙では一八、一九歳の自民党支持率の高さが目立つとされましたが、そのことを考えても、東大の数字は（新入生調査なので）やや高めに出ていると考えるべきです。二〇一七年には三〇代以下一般の安倍支持率は六割を超えていました。どう意地悪に見ようとも、東大生がことさらに安倍内閣支持に走っているとはいえないし、数年の数字だけをみて「東大生は権威的」などという予断を吐露するのは控えるべきでしょう。反権威主義は往々にして権威主義を呼び込んでしまうものです。

ただし、です。超短期的な自民政権支持率からもう少し時間の幅をとって、「保守化」の指標として、愛国心の強さの自認、具体的には総務省の行っている「社会意識に関する調査」での「愛国心が他人に比べて強いと思うか、低いと思うか」の中長期的傾向をみてみると、「国を愛する心」を持つということに関して、若者が大きな抵抗感を抱かなくなってきている（肯定的になってきている）のも事実です。

愛国心が「他のひとと比べて」強いか否かを尋ねているもので、ナショナリズムに関する尺度から析出されたものではなく、そうであるがゆえに自らの信念や傾向を再定式化しているという点で強い含意を持つ（極端に低く／高く出てもおかしくない）設問です。この数値が愛国心や保守性を表しているものと考えるならば、たしかに若者は「保守化」しているようです。図2は図1で転換点となっているようにみえる二〇〇一年から一七年に至るまでの、この愛国心設問に対する二〇～二九歳（ただし二〇一七年は一八、一九歳を含む）と、全世代の回答傾向を二年ごとに示

図2　若年層と全体における愛国心の推移

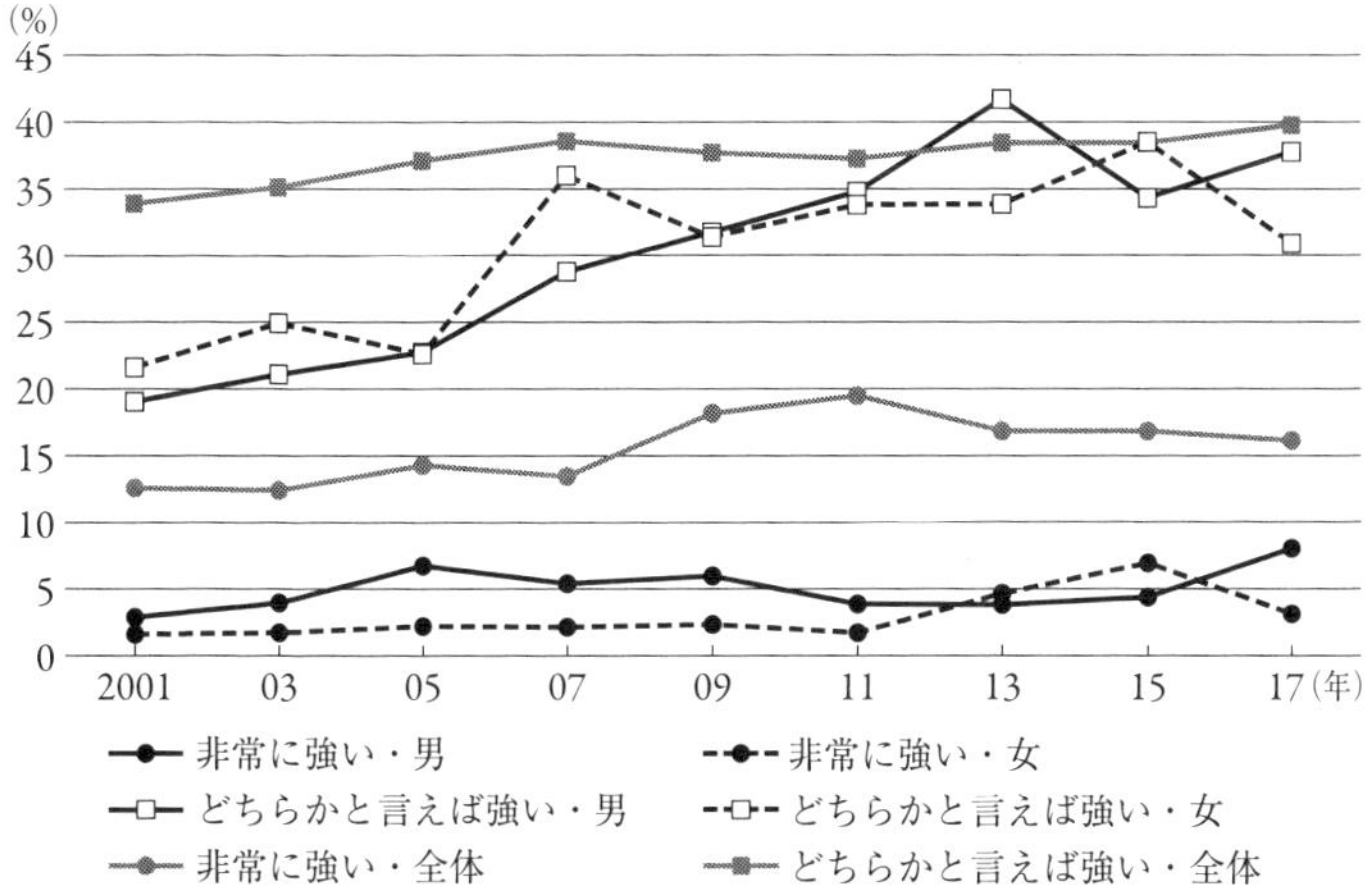

出典：総務省「社会意識に関する調査」をもとに著者作成

したものです。

これをみると、極右的な発想にも近づいてしまう「非常に強い」という回答は、全世代でみても、二〇代・若者においても、安倍政権のような極右的なスタンスが増加しているようにみえないのですが、もう少しライトな愛国者（「どちらかといえば強い」）は二〇〇〇年代以降漸増傾向にあることがわかります。この傾向は若年層で顕著です。

全年齢層でみると、一七年かけて五～六パーセントの漸増であるのに対して、二〇代・若者層は男性で一九・一パーセント→三七・八パーセント、女性で二一・七パーセント→三一・三パーセント（二〇一五年には三八・五パーセント）と増加のピッチが速く、二〇一一年以降は、全体との差が見いだしにくくなっています。この質問項目への回答は、一九七〇年代以降、一貫して二〇代が全体よりも低く、二〇〇四年ぐらいまでは、「非常に強い」とあわせて三〇パーセント弱（全体は五〇パーセント前後）で安定したのですが――増えても減っても全体の動静と対応しており、特に若者固有の現象ではなかった――〇〇年代にかけて「愛国心の七〇年代体制」は綻びを見せ始め、〇〇年代後半となると、「若者は往々にして愛国心が薄い」という年齢による効果が薄らいでいます。これを安倍首相のせいにするのはやや無理があって、期間は小泉・第一安倍・民主政権（鳩山、菅、野田）・第二次安倍政権に及びます。漸次的な傾向ですから、政権政党のイデオロギーに因を帰するわけにもいかなさそうです。

これを若者の「保守化」と呼ぶか否かは愛国心の捉え方次第です（とすれば民主党政権下でも保守化が進んだということになります。朝鮮学校の無償化排除などを想起するとそう言えるように思えますね）。

しかし、三〇年間ほど安定していた数値が〇〇年代以降漸増し続けていることは、気になるところです。少なくともそれが政権政党の立ち位置による変化を示したものではないこと、第一次安倍政権の「愛国趣味」によって直接もたらされたものではないこと、〇〇年代以降次第に社会問題とされてきた何らかの変数群とかかわりをもっていること、このことは事実であるように思えます。ここでこの要因を特定化する材料はありませんが、若者が、国家（というか国）に対する肯定的な感情を持つようになってきたとすれば、たしかに自民党的なイデオロギーに合致するものではあり、図1にみえる〇〇年代以降の自民支持率の変化を保守化と呼ぶことも不可能ではない気がしてきますが、とはいえ、この傾向は民主党時代も続いているものであり、またリーマンショックにも大きな影響を受けていません。狭義の意味での政治でも経済でも説明が難しい傾向性です。

こうした社会意識の変化については、専門的な政治学者や計量社会学者に任せたいと思います。ただ、私としては、この「若者の保守化」に、冷戦構造のなかで作られた「保革」という対立構図でみることの限界が現れているように感じます。これは保守／革新といった対立軸での「保守化」ではなく、それとは異なる視角において分析すべき現象なのではないでしょうか。問われるべきは、「保守化」と名指すその分析視座そのものである、と。

3 日本型リベラルの位置

先の選挙絡みで話題となった研究があります。

読売新聞社と早稲田大学現代政治経済研究所が二〇一七年七月三日～八月七日に共同で行った調査をもとにした論文が『中央公論』二〇一七年一〇月号に掲載されました。高知大学の遠藤晶久先生、武蔵野大学の三村憲弘先生、武蔵野大学講師の山﨑新先生の共著論文「世論調査にみる世代間断絶」です。

ここでは、若者による政党のイデオロギー的把握が、論壇誌などが前提とする保守／革新、保守／リベラルとは異なる水準でなされていることが示されています。七〇代以上をみると、自民や維新が保守、民進・共産がリベラル側と「保革」の構図をそのままなぞっているのですが、「十八歳から二十九歳の若者」では「最も保守的な政党は公明で、無党派層、共産、民進と続き、中間地点に自民、リベラル側に維新が位置づけられている」。これは二〇代までの若者のみにいえる傾向ではなく、「維新を共産よりも保守側に位置づけるのは五十代以上の有権者のみ」であり、「保守―リベラル次元における政党間対立認知の世代的断絶は四十代と五十代の間にある」とも示唆されています。

この知見は信頼できる調査方法から析出されており、解釈こそ分かれるものの、まずはこうした「リベラル」「保守」概念の世代による異なる意味付与については前提として議論を進めても問題はないと思われます。

共産党が「保守的」で、維新が「リベラル」というのは、もはや政治学的な意味での保守主義やリベラリズムが現実の概念運用において適合性を失っていることを意味するのではないでしょうか。これに対して、若者の政治的概念の混乱を嘆き、教導するという理性啓蒙もありうる態度だと思いますが、説教は説教にすぎません。まずはこうした概念の使用がいかにして可能になっているのか、を考えるべきでしょう。

ひとつには、民主党誕生時ごろから「革新」に代わる政治的スタンスを指すようになった「リベラル」自体が、「既得権益や規制を排する」という語の原義である「自由主義 liberalism」へと立ち戻ったということがありえます。「リベラル liberal」という語は、それまでの労組の意向と相まって存立する「社会social」的な政党――社会党・社民党――から、「保守・自民ではない」大衆政党を名指すために用いられたものと考えられますが、それは「官僚と一体化」する「金まみれの腐敗政党」としての自民党の像があってはじめて有意味たりうるものでした。そうした自民像とソーシャルの泥臭さを削ぎ落したところに、経済界や公務員のような「既得権益層」を仮想敵とする日本版「リベラル」が誕生した。おそらくはアメリカの共和党（保守）と民主党（リベラル）の対立構図を想定しての対立軸の設定であったと思います。しかしアメリカのそれを十分な検討を欠いたまま直接移入したところに、第一のボタンの掛け違えがあったのではないか。

社会学者の市野《いちの》川容孝《かわやすたか》さんは、日本での「リベラリズムの大はしゃぎ」（市野川容孝『社会』岩波書店）のなかで、ソーシャルという軸、つまりは欧州型の「社会的なもの」が霧消していくことに危機感を表明していましたが、たしかに、欧州のリベラル／ソーシャルよりなにより、日本語圏が加工輸入したアメリカン「リベラル」――その対象項は政治哲学ではコミュニタリアン、政党的には自由主義的な保守となるでしょうか――に、現在の旧民主党系の迷走に繋がる概念的な罠が潜んでいたと私も考えます（とはいえソーシャルの直輸入が解決になるとは考えませんが）。

詳説は避けますが、よく知られているように、アメリカにおける「リベラル／保守」という対抗図式は、歴史的過程のなかである種の転倒を起こしています。リンカーンが連邦の維持を企図して勝利を得た（奴隷解放もエクスキューズの一つとなった）南北戦争時には、連邦維持（大きな政府）による統治を、相対的に産業が発達していた北部の自由主義者たちが望み、共和党の支持層を形成していました。一方の民主党は、南部の奴隷制支持者たちに支持され、「奴隷所有の自由」「連邦政府からの介入」を拒絶する方向性をとっていた。つまり、**共和党と民主党の対立は、粗く言えば、建国の精神である「自由」の二つの道、大きな政府・積極的自由／小さな政府・消極的自由の対立に重なり合うものであり、現在の語の感覚からいえば、共和党のほうが「（市民的）リベラル」であったようにみえます。**

南北戦争後も、民主党は南部を基盤としつつ、都市ではボスが君臨するマシーンと呼ばれるやや柄がいいとはいえない集票組織を構築し、北部エスタブリッシュメントに対抗していきます。大きな転換点となったのが、一九二九年の世界大恐慌を受けたルーズベルト大統領（民主党）によるニューディール政策です。ニューディールはケインズの経済学の発想に近いもので（両者に面識はなかったそうですが）、連邦政府による財政出動を主として大規模な経済改革、それと相まってそれまでアメリカにおいてなかったといっていい社会保障政策を敢行していきます。この過程で民主党はマシーンよりは労組との結びつきを強めていくことになります（西川賢『ニューディール期民主党の変容』慶應義塾大学出版会）。

南部の保守層の砦であった民主党は、欧州型の「ソーシャル」へと転回することによって（有権者が変わらない以上、実際の集票では南部は相変わらず民主党の票田であり、南部では一九五〇年においても上院議員は不在で、下院議員は二名のみでした（会田弘継『追跡・アメリカの思想家たち』）、時間は相当かかりますが、名義的には「保守」と対立する「リベラル」な政党として自他に認識されるようになり、共和党は逆に消極的な自由を引き受けていく政党――それが時代を経るにつれて「保守（古典的自由主義）」となる――となります。議員レベルでは濃淡はありますが、ソーシャルな（あるいは価値的に多元的な）要素はリベラルが引き取り、非干渉のリベラリズムはリパブリカンが志向する、という現在の大まかな構図は、ニューディール以降少しずつ固められていき、とりわけ、他者への寛容性、価値の多元性を重視する（と自己演出していた）ケネディ、ジョンソンの偉大な社会などで前提視されていくようになります。ニクソン、レーガンという根っからの「社会」嫌いの共和党大統領が戦旗を明らかにしたともいえます。

日本が「革新」という言葉にかわり「リベラル」を移入したとき想定されていたのは、地方土着型・宗教寄りの共和党と対峙する、エスタブリッシュメントによる清廉で寛容な都市政党であり、この構図が雛形となり、「弱者や多文化主義に親和的」で、金と権利にがんじがらめになっている自民党に対抗する政党というイメージが念頭にあったのでしょう。「失業のない、つよい経済を再生します」「税金のムダづかいをやめ、公正で透明性のある政治を実現します」「自立力」をもった、活力に輝く地域を創造します」「子どもや高齢者、女性、誰もが安心して働き、暮らせる社会をつくります」「国民の命と健康を守るつよい社会を実現します」といった民主党マニフェストは、クリーンで公正・透明な「リベラル」の像を打ち出しています。

しかし、この鏡像のなぞり方にねじれがあったことは否定できません。民主党が政権をとってから最初に手を付けたのが、「税金のムダ使い」であり、あの事業仕分けでした。将来世代の負担軽減を理由に財政均衡を旨とし、公共事業を「仮想敵」として、大鉈をふるった。デフレの長期化が懸念されるなか、そうしたスタンスは最後の野田内閣まで（にこそ）受け継がれていきます。

さらには公務員の悪魔化。日本でもっとも優秀なシンクタンクである霞が関を既得権益者とし、公務員の人件費のカット、公的セクターの解体を進めていく。これは、アメリカの現在の「リベラル」ではありません。むしろ経済政策的には共和党右派、いや大げさにいえば「新自由主義」と雑に呼ばれるものに近いものであったといえます（そもそも日本は公務員の人口比がきわめて低いのです。一定程度の規模をもった国の中では突出して低く、アメリカや韓国にも遠く及びません）。**日本のリベラルは、アメリカのリベラルから、そのソーシャルな方向性、公共的な人的資源への投資を削ぎ落して、寛容な多元社会という理念のみを引き取った、といってもいいでしょう。**この理念の部分は、これまたソーシャルな部分を削ぎ落した「革新」から受け継いだものです。ジェンダーの平等、多文化主義、歴史意識、バリアフリー、非自己責任論、沖縄基地移転問題、相対的に改憲に慎重な姿勢——これらはどれも「革新」から受け継いだ、尊重すべき市民的価値ですが、逆にいうと、「革新」以来の「伝統的」な左派的理念なわけです。自由主義的な経済政策と左派的理念という奇妙な連合体が日本の民主党政権でした。

しかしこの「リベラル」には「革新」とは異なる要素が入り込んでいました。私たちはついついブッシュ親子とオバマのことを考えて共和党と民主党を対比させてしまうのですが、ベトナム戦争を本格化させ、キューバ危機を招いたのはかのケネディです。ベトナム戦争を終わらせたのはニクソンであり、ジョンソンではありません。カーターの保守主義、クリントンのソマリア介入も忘れてはなりません。つまり安全保障についてはケネディ以降、総体的には「介入主義」の立場を両党とも共有しており、沖縄からの撤退や日本左派の平和主義は争点とはならなかったのです（オバマでさえ！）。

よく知られるように、ケネディがキング牧師と連携したのは、バーミングハムの悲劇的事件に代表されるような問題が続発し、もはや国家安全保障上、連邦政府が対応せざるをえなくなったからともいえて、彼が公民権運動そのものに融和的であったとは言い難いところがあります（リンカーンやリトルロック高校事件のアンゼンハワーと同型ですね）。さらに経済政策についても、積極財政か消極財政か、保護主義かグローバル化かは実は共和党・民主党で統一されているわけでもなく、「状況による」というのがフェアな見方でしょう。しかし相対的に社会保障にかんして民主党が積極的であったことは間違いありませんが……（とはいえ、ビル・クリントン政権がこの構図をさらに複雑化し、ある意味で「更新」してしまいます）。「革新」の新ラベルとしてアメリカから借用してきた「リベラル」には安全保障上、日本国憲法九条が定める平和主義と齟齬をきたす部分があり、また他の「革新」の理念と「リベラル」の理念との間に齟齬もあります。ソーシャルな側面のみならず、そうした理念水準でも「革新」と「リベラル（米）」とでは食い違いをみせています。介入主義的なアメリカのリベラルはＴＰＰを支持しますし、世界での覇権については、方向性こそ違え、孤立主義を抜け出したブッシュ以降の共和党と大きな差はありません。

実質的な政策部分でもそうですが、メディアによるイメージでは、〈「革新」の後継者としてのリベラル／保守・自民〉という図式が前提視されていて、奇妙な混乱状態にあります。若い人たちの「リベラル」の誤用を嘆く前に、日本に移入された「リベラル」の奇妙なアイデンティティを、保革の枠組でみてしまう自らの図式をいったん相対化してみる必要があるでしょう。

若い人たちにとってリベラル的であるという述語は「なにかを変えようとする人たち」、保守とは「伝統的な価値観を持つ人たち」と映っている可能性があります。とすれば、既得権益（保守）をぶっ潰すという小泉話法を、民主党のように——しかし忠実に——小声ではなく、大声で怒鳴りたて、「わかりやすい」象徴的な敵をなぎ倒していく維新や、デフレ不況と闘う姿勢を鮮明にし、「現実に即した安保体制」を目指す安倍自民が、「何かを変えよう」という意味で非保守的に映り、「革新」から受け継いだ伝統的な社会問題のテーマをとりあげつつ、経済政策についてて無策も甚だしく、安全保障も五五年体制のそれを踏襲している民主・民進・共産が「保守」と映ったとしても、不思議なこと、理解できないことではありません。

こうした思考様式は、独仏的な「リベラル／ソーシャル」、アメリカ的な「リベラル／保守」、日本的な「革新／保守」の政治（学）的用語法になじんだ人たちからすれば、奇矯に映ることでしょう。たしかに学問的には「間違い」です（しかし同様に共産党を「リベラル」と呼ぶのは日本共産党的にも「間違い」のはずです）。

しかし生まれたときから冷戦が終わっていて、日本経済がアメリカを脅かすといった記憶もなく、自民党の露骨な派閥政治も歴史認識問題も知らない世代にとって、デフォルトとなっていた構造的なデフレ不況を改善し、既得権益と立ち向かい（ということになっている）、「未来志向型の」過去の清算を図る安倍政権は、「変革／未来志向」という点で「リベラル（革新的）」なのであり、デフレの放置どころか緊縮財政をよしとして、「革新」の伝統的アジェンダを踏襲する野党は「保守」的に映るのです。

ソーシャルなき――連合がソーシャルと言えるでしょうか？――「革新」と理念的なリベラルの折衷として生まれた「日本リベラル」は、アジェンダの設定方法において「保守的」なのであり、有権者は、時代効果として、理念的「革新」に一定の共鳴をしていても、総体的には自民・公明の「攻め」の姿勢を評価してしまう。ここには何の不思議もないように思われます。

読売・早稲田調査では、支持政党の違いに効果を持つ因子として、安全保障、社会的価値観（女性の社会進出、差別など）、税金負担の軽減、自国利益の強調といった経済的な側面（ポピュリズムの軸と著者たちは表現しています）を抽出しています。これを見る限り、またその他の世論調査が示すように、若者の政治地図はとても複雑です。「安全保障におけるハト派にあたる部分では変化重視と結びついて民進・共産を支持しているが、タカ派的な有権者間では伝統重視と結びついたり（維新）、変化重視と結びついたりしている（公明）」「若年層の親民進グループはタカ派であり変化を重視しているが、高齢層ではハト派で社会的価値観については中立である」「若年層の親民進グループはポピュリズム［引用者注：税負担軽減・自国利益の尊重などから構成される］

寄りであるが、高齢層では正反対の位置にいる」。三つの因子をもとに眺めていくとき、世代間の政治地図の齟齬は明確です。

なかなか解釈に苦しむところですが、少なくとも、「革新＝慎重な安保政策、多文化主義的価値観、積極的な経済・再配分政策／保守＝タカ派、「作られた伝統」へのコミットメント、経済的自由主義」といった構図は効力を失っているといえるでしょう。

ＴＰＰに反対し保護主義経済を訴えたのは、自民ではなく野党でした。積極財政・金融緩和というケインズ的方向性をとったのは、野党ではなく自民でした。そもそも自民にはこの両面を包摂する幅の広さがあり、それが、社会党との不均衡ではありつつしたたかな緊張関係のうえに成り立っていたのであり、ことさらに安倍政権で自民党が変容したわけではありません。変わってしまったのは、「革新」から「リベラル」へと看板をすげ替えた野党のほうでした。**「革新」からソーシャルを奪い、「アメリカン・リベラル」からグローバル経済への積極的な対応・適切な成長戦略を取り除き、「革新」の伝統的な理念をのみ受けとったのが、民主党政権です。**「革新」の後継として「リベラル（日）」をみる中高年以上の世代と、「アジェンダ保守主義としての革新」を継承しつつ、貧困には共感的であるものの、マクロ経済政策には強い関心を持たず、新自由主義的な「小さな政府」を希求する――「無駄をなくす」という名のもとに投資マインドと新規労働市場を冷やし続ける――民主や共産は、当然のことながら、現状の苦境への忍従を要請する「守り」に入った保守的な政党として捉えられます。読売・早稲田調査の結果は、それを端的に示したものといえるでしょう。

4　保守化とはいうけれど……

繰り返しになりますが、重要なのは、だからといって、若者が社会学的な意味で保守化したわけではないということです。家族政策やダイバーシティ、安保法制についても、若い有権者が年長世代に比して「自民寄り」というわけではない。ではなにが与党の「攻め」の姿勢への評価に繋がっているかというと、経済です。

ＮＨＫが一八、一九歳を対象とした世論調査では、七三パーセントが「日本の所得格差は大きすぎる」と答えており、「『政治に関するテーマで最も興味があるテーマは？』という質問には、約五三パーセントで『雇用・労働環境』が最も高く、『社会保障政策』、『景気対策』が続く」。さらには「社会保障と税負担の関係についても『年金や介護などの社会保障が充実するなら、税負担が今より増えてもよい』と答えたのが六三・一パーセントであり『高負担高福祉を求める傾向』がうかがわれます（http://www.huffingtonpost.jp/senkyocom/public-opinion-poll-for-teenager_b_9283628.html）。

実際に投票をした人という限定がつきますが、朝日新聞の出口調査「もっとも重視した政策は」への回答では、一八、一九歳で「景気」「社会保障」を挙げた率は二八パーセント、一五パーセントと憲法や安全保障を上回っています。ちなみに、この出口調査では、二〇代～五〇代の生産年齢人口の全ての層において「景気・雇用」がトップで、三〜四割を占めています。対して、六〇代・七〇代では「社会保障」が最重要視されていて、七〇歳以上となると就労人口率が低い一〇代と同様、三割を切ります。憲法や安全保障に世代差があまりみられないことを考えても、高齢者の「経済への無関心」は目を引くものとなっています（子育て支援は二〇代、三〇代で一八パーセント、二九パーセントと高く、六〇代以上になると一割を切ります。一〇代ですら一三パーセントですので、団塊以上の世代の子育ての社会化への冷淡さが見てとれます）。

反安保の運動が盛り上がった二〇一五年でも政党支持率と一番強い相関関係にあったのは、経済政策でした（全世代）。朝日出口調査と合わせて考えると、二〇代、三〇代を含めた若者にとって最優先課題は「景気・雇用」であり、この点が、新卒就職率や賃金の上昇などをしたたかに達成している安倍内閣への支持に繋がっているとみるべきでしょう。これを保守化といえるでしょうか？　そうではなく、かれらは現在まで続くデフレ不況への姿勢をもって「リベラル（攻め・現状打破）／保守的（守り・現状維持）」を判断しているとは考えられないでしょうか。

もちろん、気になる数値もあります。共同通信の「あなたは、安倍晋三首相の下での憲法改正に賛成ですか、反対ですか」という質問に対して、賛成と答えた率は女性の場合、年代別に大きな差がみられない（三三〜三八パーセント）のに対して、男性の場合、一〇〜三〇代で五〇パーセントを超えています。つまり投票に行くほどの政治的コミットメントを持っている若い男性の半数以上が「安倍内閣の下での改憲」支持に回っているわけで、これはたしかに「革新」の理念とは相いれないものでしょう。しかし注意を促しておきたいのは、これが投票行動を選択したという人に限定されたデータであり、より一般的な傾向としては「革新」的な態度、つまり、「憲法を改正する必要はない」は男性全世代のなかで一八～二九歳がもっとも高い値（四八パーセント）を示しているということです。これは七〇代の女性の値三八パーセントをも超えるもので、投票に行く／行かない若い男性のあいだにだいぶ大きなズレが存在していることが推察されます。若い人の場合投票率が低いので、このズレが明確化しやすいのです。

いわゆる支持率や社会調査と出口調査の数字の性格の違いについては政治学者の菅原琢さんが注意を促すように、慎重に検討する必要がありますが、この投票者男性の「改憲」志向と有権者男性の「反改憲」志向などは、まさにその注意を要するものです。このズレのうち、どちらを世論ととるかはある意味で分析者の自由ですが、支持率等と突き合わせるのに適していたのは、NHKの世論調査のほうです。若者のあいだに「タカ派」的な価値観、つまり「反革新」的な価値観が蔓延している、ということはいえない、と考えた方がよいでしょう。総務省の社会意識に関する調査でも、愛国心があるほうだという回答は、たしかに若者において上がっていますが、全世代的に同じようなことがいえるので、ことさらに若者の「保守化」を示すものとはいえません。「国を愛する気持ち」とはいっても、日の丸を背負ってアジアの盟主たらねばならない、といった戦後タカ派の「気分は戦争」とはだいぶ異なった内実を持つものと考えられます。

重要なのは、「革新」の理念をもって、現在の「リベラル（日）」を理解しようとすると無用の混乱が起こり、状況を見誤る、ということです。

先述のように、読売・早稲田調査では、安全保障／社会的価値観／経済政策といった因子がとりあげられていましたが、この三つの要素を（因子ですから独立というわけではありませんが）もとに考えてみるなら、「社会的価値観は「革新（民共）」だが、経済は「保守（自民）」、安全保障については「革新的」だが、経済のほうが優先」と考えて「リベラル」と自認する人とか、「社会的価値観は「革新」だが、安全保障は「保守」で、重要な経済は「保守」」だから「保守」と自認するひとが現れてもおかしくはないのです。「リベラル／保守」の意味の取り違えを問題化するのであれば、先行世代が用いる「リベラル」と「革新」との差、「リベラル（米）／リベラル（欧）／リベラル（日）」の差などを考慮しつつ、「リベラル（日）」を革新の後継者として捉えるまなざしそのものを転換させなくてはなりません。

日本のリベラルを自称して登場した民主党は、その経済政策を見る限り、公共事業を減らし財政出動を控え、公務員の給与を下げ、構造的デフレに掉さしながらも、「コンクリートから人へ」の名の下で私的セクターに「社会的なもの」を投げだしたという点では、ヨーロッパ型のリベラリズムであり、社会的価値観に関してはアメリカン・リベラルに近く、安全保障についてはは「革新」的要素を野党連携の蝶番《ちょうつがい》としながら、実は党内合意もとれていないというごった煮「リベラル」でした。むしろ「自民党でないもの」を放り込んだサラダのようなものだったといえるでしょう。

その後継である民進党も緊縮志向は改善されず、政治的駆け引きの妙から瓢簞から駒的に登場した立憲民主党も、当初の党首の「緊縮派ではない」という声はか細くなりつつあり、「革新」というか「自民党でないもの」を望む支持者（や知識人）たちに目を向けるようになり、残念ながら、順調に支持率を下げています。「リベラル（米）」を望む人びとよりも、「革新」に耳を傾け、結果的に独仏型の「リベラル」へと転じてしまう。世論は正直です。安倍政権は今現在スキャンダルで支持率が落ちこんでいますが、むしろ、ここに至っても三割ほどの堅い支持があることから目をそらしてはなりません。「でもしか立民」は長続きするものではありません。

5　ソーシャル・リベラルのために

冒頭で申し上げた通り、私は政治学者でも選挙研究者でもないので、選挙動向についての分析にぬるいところもあるでしょう。なので社会学者としての私が一番強調したかったことは、「リベラルと呼ばれる政党の迷走」というよりは、「リベラル」概念そのものの迷走でした。

もとより、アメリカのリベラルもつねにソーシャルであったというわけではありません。町山智浩さんが指摘するように（https://matome.naver.jp/odai/2135306839318111301参照）、クリントンは明確に「自由主義」的な市場観を持っていましたし、強面のアイゼンハワーも緊縮派・自由市場派であったというわけではありません。

問題は、ジェンダーやセクシュアリティ、育児、教育、医療、障害者、移民や難民、貧困等の社会

的価値観を現代的にバージョンアップして、しっかりとそこに基盤を置きつつ、経済環境に応じた短期・中期・長期的な展望を精査し、社会を委縮させる政治ではなく、社会を（現在を手段化することなく）未来に開かれたものとする社会・経済政策でしょう。「革新」知識人の耳障りのよい言葉にお墨付きをもらうのではなく、人びとのニーズを丁寧にすくいとり、人的投資を惜しむことなく、人びとの潜在的能力（capability）を熟成させるための土台（下部構造！）づくり、有効需要の創出、つまりは「日本型ニューディール」を設計していくことです。安倍政権の社会的価値観、安全保障政策に抗うためには、そうした「ソーシャル・リベラリズム」を築き上げていくことが大切です。

「安倍政権を倒すためなら経済が滅んでもいい」と考えているかぎり、安倍的なものはどこまでも延命してしまうでしょう。彼のやっていることは、ソーシャルな部分も一部含みこんだ自民党という場で、超タカ派的価値観を前景化するというある意味で「伝統的」な政治です。彼の宿願である憲法改正――そのために彼は経済を手段化しているわけです――はまず間違いなく実現されえません。安倍政権への支持は、そのタカ派的性格によってのみ調達されているわけではないからです。そしてそもそも自民党首班の首相としては支持率が低迷していることは疑いようがありません。「経済」が簒奪されてしまえば、安倍政権の基盤は盤石なものとはとうていいえません。

欧州で移民が社会問題化され、極右政党が微妙に伸長している（想定外に伸び悩んでいるともいえますが）一方で、サンダース、コービン、ポデモスのような「反緊縮レフト」が伸長していることも忘れてはなりません。日本のレフトも自称リベラルはとにかくアベノミクスの失敗探しに必死になって、緊縮そのものが目的化しているように思えてなりません。そうである限り、世論は安倍政権（というより積極財政派）に国民投票をもって歯止めをかけることはあっても、支持を与え続けるでしょう。アベノミクスを超える経済政策を打ち出し、リベラルでソーシャルな価値観を盤石なものとしていくこと。そこにしか希望はないように思います。

リベラル派知識人といわれるひとたちが、「若者は親の世代のような経済成長を見込めない現在において、将来への漠然とした不安を抱えている」とか「低成長でも成熟した社会を」とか「日本は移民を入れてまで経済成長を目指すべきではない」、そして「みんな、ものを考えなさすぎる。上の方からの発想ではなく、もっと下から物事を見て、視野や議論の場を広げなければいけない。海抜ゼロから考える姿勢が必要な時代に来ている」「若い人たちを見ていると、知識はあるけど、知恵がない。ものを考えなさすぎる。（倉本聰、https://www.nikkansports.com/general/nikkan/news/201801040000169.html?utm_source=twitter&utm_medium=social&utm-campaign=nikkansports_cgp）」、あるいは「私は今の30代後半から45歳前後の世代が、申し訳ないですが、〝日本最弱の世代〟と考えています」（内田樹、http://trendy.nikkeibp.co.jp/article/column/20130108/1046779/?rt=nocnt）などと、責任を構造的デフレの直撃を食らったロスジェネ世代に転嫁して涼しい顔をしている清貧の思想を説いているうちに、安保法制も日韓合意も衆院選も自民は勝ち続けています。

自らが清貧の思想を貫くことは美しいことかもしれませんが、それをもって他者から未来を奪ってはなりません。しかも「将来の世代が苦労するから」という殺し文句を使って、将来の老人たちの苦境を放置する。なぜか生活満足度も就労状況も良好な若者たちにばかり目を向けて、団塊ジュニアやロストジェネレーションについては多くを語らない。そうした態度をとり続けていくかぎり、日本型リベラルはごった煮のまま離散集合を繰り返し、アメリカンというかソーシャルというべきか、そうした成熟したリベラルに到達することはできないでしょう。一方で若者の「リベラル概念の誤用」を嘆き、一方で「救済されるべき象徴」として持ち上げる。そんな若者の手段化はもういい加減に控えるべきです。

社会問題が蠢《うごめ》く路上は、横文字っぽい「シーンとしてのストリート」とは違うのです。ドブもあれば犬の糞も煙草の吸殻も枯葉もある。そういう路上の大衆を愚民呼ばわりしたところでなにも変わらない。そのひとつひとつを拾い上げていく覚悟と精緻な設計図を得てはじめて、日本型リベラルは、（ソーシャル）リベラルの名に値するものへとなることができる。その逆の方向に野党が揃いも揃って向かっているように思えてなりません。

第Ⅲ部　情況へ——11　DIALOGUES

ディアローグ＃1　「社会党」の20年――ゲスト・村山富市氏

「談話」が変えた、日本を見るアジアの目

北田　細川護熙《もりひろ》、羽田孜両・非自民連立政権の後、社会党と自民党、新党さきがけの連立で村山政権（一九九四年六月〜九六年一月）が成立したのは、まさに衝撃でした。自民党との連立に、どんな展望と方針をお持ちでしたか？

村山　戦後五〇年の節目にある内閣の歴史的役割として、内外の諸問題にけじめをつけて新しい展望を開き、それができたら総辞職する。「長居は無用」と決めました。外交は、太平洋戦争の「後始末」をしっかりして、アジア諸国から信頼されるようにする。内政は、被爆者援護法や水俣病患者救済を実現させる。特にアジア諸国との信頼関係は、若い頃に岡倉天心★1などを読み、アジアから孤立した日本はありえないと強く信じてきましたから。

北田　そこで、侵略と植民地支配を謝罪する戦後五〇年の国会決議に取り組まれた。

村山　ところが、決議案は修正に次ぐ修正を経ても衆院は大量欠席でなんとか賛成多数で可決し、参院では審議もされない。これでは逆効果になると考えて、首相談話★2を出すことにした。談話は、周囲に「通らなかったら辞職する」と言っていたからね。閣議で一言の異論もなかった。あの談

話後、アジア諸国の日本を見る目ががらっと変わった。
北田 確かに、村山談話以降は、しばらくの間、歴史認識が大きな外交問題になりませんでした。
村山 僕以降の内閣は、ずっと、村山談話を継承すると言ってきた。ある意味では、いわば日本の国是になったわけだ。
北田 安倍晋三首相でさえ、村山談話を否定できません。また、村山政権は、日本国憲法の順守も掲げました。
村山 自民党は、社会党の立場を承知で連立するのだから、譲れる範囲では妥協した。しかもあの頃は、河野洋平総裁を筆頭に比較的リベラルな人が多く、後藤田正晴さんや野中広務《ひろむ》さんら憲法や平和について筋を通す人もいた。僕が社会党の委員長になったとき、後藤田さんに昼食に誘われて、「自衛隊が合憲かどうか、互いの見解は違う。だが二人とも、『この程度は』と大目に見ていると暴走して、戦争になると知っている。一緒に、守るべき一線はきちんと守らせよう」と言われましたね。
北田 他方で、首相就任後の所信表明演説では、自衛隊と日米安保を認めて、従来の社会党の基本方針を転換させました。
村山 自衛隊は、既に大方の国民が肯定して、毎年の予算も組まれて存在してきた。党内も「専

1——**岡倉天心**（1863～1913） 思想家。著書に『東洋の理想』『茶の本』など。「アジアは一つ」との言葉でも知られる。
2——**首相談話** 一九九五年八月、村山内閣が閣議決定した談話。植民地支配と侵略を認め、謝罪した。

守防衛の自衛隊なら認めてよいのではないか」との声が以前から半分くらいを占め、「違憲合法論」もあった。だから、この機会に言い切ろうと腹を決めました。

安保については、日米首脳会談で「政権が代わっても国同士の約束事をすぐ反故《ほご》にしたりはしない。ただし、不都合な点があれば話し合いで解決するのは当然だ」と話した。安保のおかげで、日本は防衛費を抑えて経済発展を遂げ、諸外国も平和国家としての日本に安心している。安保のプラス面もあった。

北田　アジア女性基金★3も村山政権の大きな仕事でした。

村山　当時、既に慰安婦の問題は国連人権委員会でも議論されて国際的な問題になっていた。無視はできんが、日本政府の立場では「日韓基本条約で賠償は解決済み」としか言えない。そこで国民への募金で償い金を出そうとしたら、一部マスコミに「見舞金」と書かれた。韓国で「国が間違ったと認めるなら国が賠償すべきだ。国民のお見舞いとは何事か。こんな金は受け取れない」と批判が高まってしまった。もう少し、韓国側と意思疎通がうまくいけばよかったのじゃが。後年、韓国の国会で「国民が償いをさせてもらいたいと考えた善意は、信じてほしかった」と演説しました。

北田　去年（二〇一五年）一二月の慰安婦問題での日韓合意については？

村山　せっかく合意できたのだから、なんとか解決してほしい。元慰安婦の方々は高齢で、次々に亡くなっているのだから。

北田　岸田文雄外相が会談後の記者会見で表明した「この問題が最終的かつ不可逆的に解決される」との言葉は、「歴史は水に流します」と聞こえましたが。

村山　安倍さんも戦後七〇年談話で、「（子孫に）謝罪を続ける宿命を背負わせてはなりません」としたが、歴史を忘れてはならない。外交問題化しないのはいいが、歴史を学び、過ちを繰り返さないことこそが大切でしょう。

生活に即した経済政策が語れる野党を！

北田　昨年夏は、反安保法制のデモが盛り上がりました。にもかかわらず、安倍政権の支持率はあまり下がりません。

村山　他に政権を任せられる政党がないと思われているからでしょう。民主党政権に期待を裏切られた。民主党政権は、鳩山（由紀夫）さんが米軍普天間飛行場移設で、根拠なく「最低でも県外」と大見えを切るなど、地に足が着いていなかった。東日本大震災への対応でも、政権の統一がとれていなかった。選挙で政権が代わったのは戦後初めてだから、僕も「これで日本の政治が変わる」と大変期待した。しかし、なんのことはない、自滅したんじゃな。

北田　今、江田三郎さん[★4]のような、多くの人の生活に即した経済政策を語り、経済成長を大切に

3――**アジア女性基金**　「女性のためのアジア平和国民基金」の略称。元慰安婦二八五人に、首相のおわびの手紙と共に償い金を渡した。

4――**江田三郎**（1907〜77）　政治家。西欧社民主義的な「江田ビジョン」が社会党内で批判され、後に離党。

する左派政治家がいたら、と思います。あの路線が社会党の主流になったら、歴史は違った。
村山　当時は党内の左右対立が激しく、江田さんの構造改革論は（資本主義の枠内での）「改良主義だ」とレッテル貼りされて、党から排除された。今思えば、ああした考え方がもっと広まるべきだったが、時代が違ったんですね。
北田　今は特に、与党がアベノミクスの成果を掲げて人びとに夢を語り、逆に野党が消費増税を言う始末です。今、野党は、どんな経済政策を訴えるべきでしょうか？
村山　大企業が潤えば上から社会全体が潤うとまだ信じられているが、労働者、農民、中小企業者の生活が安定して消費が活発になることで経済は順調に発展するのだと、思い切って発想を転換すべきです。社会保障、高齢者福祉や子育て支援を充実させて、人びとが安心して働けるようにする。最低賃金を増やし、派遣労働をできる限り規制して、働けば生活が保障される社会を呼びかけるべきじゃろう。個人消費こそが日本の経済を支えているのだから、下から日本全体が豊かになる政策が大切だと思いますね。

村山富市（むらやま・とみいち　1924〜）大分市生まれ。明治大専門部（旧制）卒。大分市議、同県議を経て一九七二年に衆院議員当選（当選八回）。予算委員会理事、社会党委員長など経て首相。二〇〇〇年政界引退。

ディアローグ＃2　社会的資本への投資を――ゲスト・姜尚中氏

経済成長が支えた路線、小渕政権を最後に終了

北田　今の安倍晋三政権に至る、特に過去約二〇年の保守政治の流れをどうご覧になりますか？

姜　戦後政治全体の中で捉えるべきでしょう。戦後民主主義を支えてきたのは、実は人きくいえば吉田（茂）[★1]路線。この二〇年は、与党内で吉田路線に代わるものの試行錯誤が続いてきた。

北田　吉田路線とは？

姜　戦前の体制から軍部や統制官僚などを排除した、保守派の政治路線です。軍部や国家社会主義では国体を護持できないと結集した保守政治家や昭和天皇周辺の人びとが、アメリカの求めた改革を受け入れて天皇制を残した。日米合作で「戦後国体」を護持し、民主主義と平和主義を本土内で達成した。戦後レジームとは憲法、日米安保と沖縄の犠牲の三本柱で、経済成長に支えられていた。吉田路線は一九七〇年代半ば以降の低成長期を経て冷戦終結とバブル崩壊、九五年の阪神大震災で壁にぶち当たった。九〇年代半ばから少子高齢化も進み、小渕恵三政権（九八年七

1――吉田茂（1878～1967）　一九四六～四七年と四八～五四年、計五次にわたり首相を務める。戦前は親英米の外交官で、戦中は和平工作を企てた。

月〜二〇〇〇年四月）を最後に、吉田路線は完全に終わったと言えます。

北田　それまでの自民党と支持層に、ある程度の民主主義的な感覚やバランス感覚を与えた基盤は、経済の順調さへの信頼でした。政治が、どうしたら幸福な人生を過ごせるかを示し、それを実現する土壌として経済成長があった。人びとの「幸せ」の形は、お父さんが外で働き、お母さんが専業主婦で子供二人に持ち家、という「家族の戦後体制[★2]」でした。これ自体、欺瞞に満ちたものでしたが、とにかくその幸せ像で政治は人びとを引っ張れました。

今の安倍政権がしようとしているのは、かつての幸せ像提示の反復でしょう。アベノミクスで成長の夢を見せて、反ヘイトスピーチ法や性的少数者の権利擁護法案などでリベラルさも出す。最終目標は改憲ですが、人びとの社会意識、平等や多様性をうまくつまみ食いしています。他方で野党は財政均衡ばかり。対抗策は、経済成長と安定に支えられた民主主義を取り戻すことしかないのに。

姜　それと、日本の宿痾《しゅくあ》は中央集権的な動員体制です。行政の集中が極端で、先日私が熊本で経験した大地震のような災害で、見事に問題が噴出する。道州制も必ずしもよくはないですが、（分権的な）ドイツは日本よりはるかにうまくいっている。行政の集中を変えるには「政治の集中」が必要ですが、民主党の政治主導は見事にこけた。ともあれ、日本はこの二〇年間、成長が難しくなったが故に集権化が進んだのではないかと。

北田　行政による直接の規制は、二〇年で確実に緩和されました。私の立場も公務員から国立大学法人の非公務員になった。他方で小さい予算をえさに、みんなが競争にかり出されている。露骨な支配ではなく形式的に自立させて、えさを細分化して誘導する。農漁業も工業も教育も、規制緩和と統治の強化がセットです。

姜 僕は七九年を戦後の転換点と見ますが、当時の大平正芳首相は、財政再建のため、初めて消費税導入を目指した。二〇年後に首相を務めた小渕は大平を尊敬していた。吉田路線は大平政権で曲がり角を迎え、小渕政権で終わる。小渕政権で別の道を選べたら、今ほどはひどくならなかった。

北田 戦後、自らの能力で官僚を御し切れた首相は、岸信介[★3]までででしょう。続く池田勇人以後の首相は、官僚との調整型になる。ちなみに、六〇年安保ではあれだけ「反岸」機運が高まったのに、直後の総選挙で自民党は「負けなかった」。この経験を野党や反安倍の立場の人たちは思い出した方がいい。ともあれ、池田政権以降は経済官僚主導の高度成長が成功した。この調整型が大平あるいは小渕で終わった。特に小渕後は、官僚をコントロールしているつもりで、実はまったく官僚に勝てない首相が続いています。

調整型首相の時代は、ほぼ、「家族の戦後体制」幻想の時代と重なる。この幻想を前提に国も企業も労組も制度を作ってきた。七九年は確かに分水嶺で、八〇年代には主婦がパートつまり非

2――**「家族の戦後体制」** 落合恵美子京都大教授の言葉。

3――**岸信介**（1896~1987） 一九五七~六〇年に首相。戦前は革新官僚、戦中は東条英機内閣に入閣。戦後はA級戦犯容疑者（不起訴）。安倍晋三首相の祖父。

正規労働をしないと住宅ローンが払えなくなる。九〇年代には、本格的に幻想が壊れた。今こそ、以前と違う形での調整と幸せ像の提示が必要なのに、調整のできない人たちが政治をしている。少子化も家族も労働も貧困も対策がばらばら。お金をばらまいたり、行政が婚活パーティーをしたり、道徳教育で家族の大切さを教えても解決しません。

長期ビジョンで人的資源への投資を！

姜　中曾根康弘政権が八六年に衆参同日選で大勝したとき、中曾根さんは「自民党は左にウイングを伸ばした」と言いました。古い自民党は完全な農村型政党でしたが、第二次以降の安倍政権は、中曾根以来の都市政党化の流れにある。

北田　安倍政権は都市中間層を取り込むため、政策のばらまきに本当に努力している。「保育園落ちた日本死ね」騒動への迅速な対応を見ても、都市の三〇〜五〇代を確実に意識している。とはいえ、問題は山積ですから与党への対抗軸が必要です。そこで、経済成長をどう考えるか。今、日本の一人あたりのＧＤＰ（国内総生産）は世界で二六位です（名目、二〇一五年）。政治が幸せ像を提示する、北欧型といわずとも、西欧型の福祉政策をやるにもこの回復が喫緊の課題です。それには健全な成長が必要です。

姜　二〇二〇年に基礎的財政収支（プライマリーバランス）を黒字化するのは無理ですね。プライマリーバランスはいったん脇に置き、医療や教育、年金など市場経済化できるような社会関係資本を財政出動によって五年なりの期限付きで育て内需を喚起する。いわば五カ年計画が必要です。

北田　医療や教育など人的資源に投資したとき、回収にはせめて五年、あるいは一〇年かかります。スウェーデンは、これを何十年単位でやりました。

姜　野党は単年度で政権を取ろうとしても……。

北田　政権は取れませんね。なにせ現状は、目前の参院選で改憲阻止が目標ですから。

姜　改憲を阻止できる議席の確保では、五五年体制と変わらない。「立憲主義擁護」は一般の人に分かりにくく、民進党も対米従属に違いはない。だからこそ、社会的資本への投資とそれによる将来像をパッケージで示して、与党との違いを見せてほしい。今のままでは、下手をすれば与党が三分の二の議席をとりかねませんよ。

姜尚中（カン・サンジュン　1950〜）熊本市生まれ。東京大名誉教授、熊本県立劇場館長。早稲田大大学院博士課程修了。聖学院大学長など経て現職。著書に『悩む力』『在日』『漱石のことば』など多数。

ディアローグ#3 Save the 中年!──ゲスト・雨宮処凛氏

未来奪われ、実験台にされた「元若者」世代

雨宮 この一〇年参加している「自由と生存のメーデー」は、去年、ゾンビがテーマでした。

北田 え?

雨宮 自分たちは貧困のまま社会に無視されて、生きながら死んだことになっている、と。

北田 なるほど。ロスジェネ世代[★1]は、非正規雇用、低所得者がとても多い状態が続いています。なのに、まったく政治的な課題にならない。

雨宮 デモの後、この一〇年間一緒に運動をしてきたアラフォーの人たちが、「自分たちは絶滅危惧種」と言っていた。つまり、貧乏で「種を残せない」。私は四一歳ですが、この二〇年間、就職して仕事を覚え、結婚して子育てをする機会を人間から奪うとこうなる、という実験台にされた世代という気がします。

北田 出産・育児が難しくなる時期ですね。

雨宮 この数年、女性の友人は最後の出産ラッシュだったけれど、相手は正規雇用で、実家の北海道での話です。都会だと結婚もしていない。周りの都会の男性は、一〇年前と同じ日雇い派遣

で力仕事です。前は昼夜二回転働いたけれど、体力的にもう無理。体を壊しても健康保険証がない人も多い。

北田 将来は医療費がすごい額に膨らむ。給与所得がなくなり年金も減ると……。

雨宮 高齢者として大量に生活保護になだれ込むまで無視されます。最近、周りの人はかなり諦め始めました。今後もずっと月収一二万円だろう、と。去年、川崎市の簡易宿泊所火災で出た死者が自分の将来だという声もありました。一〇年前の私たちは、「若者の運動」と注目されました。三一歳で「若者」もどうかと思いましたが。ともあれ、問題を訴えて注目はされたけれどどうにもならず、ブームは去り、私たちは静かに若者ではなくなった。

北田 世代税みたいなのが必要だと思う。新卒採用される二〇～三〇歳頃の雇用状況を世代ごとに比較して、得した世代と損した世代の間で再配分をすべきです。

雨宮 一〇年間の反貧困運動の目に見える成果は、子どもの貧困対策法成立や児童扶養手当の第二子以降の増額くらいでは。

北田 子育て世帯の痛みに共感した成果ですね。なのに、運動をしてきた単身貧困者は世間に共感されない。

雨宮 子供の貧困は、社会的合意がとれた唯一の貧困問題です。それと、以前は若者として「私

1――**ロスジェネ世代**　ロストジェネレーション（失われた世代）の略。就職氷河期の一九九三～二〇〇五年頃に社会人となった世代。厚生労働省一二年度調査で、三〇～四四歳の派遣労働者は六七〇万人に上る。

たちの未来を何とかしろ」と主張できたけど、中年になったら「自分たちを助けろ」が言いにくくなった。四〇歳で非正規・未婚で単純労働イコール身勝手なぼんくら、みたいな視線を感じます。同世代でも格差がある。反安保法制で、SEALDs（シールズ）はともかく、高校生のT-nsSOWL（ティーンズソウル）は、親が自分たちと同世代でもおかしくない。同世代が子供に憲法の意義を教えて、あんな立派に育てていると思うとロスジェネ内格差にも愕然とします。

北田　子供のあるなしが分断線になっているのはおかしい。ロスジェネ貧困層が放置されている背景に、女性は「産む機械」との発想があると思う。産めない女は放置、男は肉体労働で消耗しろ。ひどすぎる。

雨宮　私の世代は自己責任論が内面化されていて、報われないのは自分のせいと信じがちです。

北田　就職する頃、劇的に雇用情勢が悪くなっても「頑張れば何とかなる」意識が残った。

雨宮　九〇年代後半に、同世代でメンヘラ（鬱になったり自傷行為をする人）がどんどん増えた。就職活動の厳しさや非正規のつらさで鬱になった子供が、団塊の世代の親に「早くまた働け！」「頑張れば必ず報われる」と言われてもっと傷つき、自殺する。九〇年代後半から自傷ブームで、続いてネット心中がはやりました。この層はフリーターやニート層が多く、遺書を見ると、働けない自分を責めている人も多い。病むことでしか過酷な労働市場から撤退できなかったんです。私もフリーターで、クビになってはリストカットを繰り返していました。

北田　メンヘラの自殺は、まさに、社会に対する無意識の抗議、デモですよね。その後、ロスジエネ世代の社会運動★2が、心ではなく労働、社会の問題だと提起した意義は本当に大さい。

雨宮　でも、遅すぎた。九〇年代後半に学者や労働組合が「これは社会の問題」と言っていれば、もっと人が死ななかったはず。『終わりなき日常を生きろ』（宮台真司著）に「軽やかに生きろ」と言われても、できないから苦しいのに。

公務員として重点雇用を！　打ち出せ「中年リブ」

雨宮　この一〇年、貧困問題が一つ消費されるたびに人の命が軽くなってきた気がします。ネットカフェ難民は今もいるのに、もはや死語のようになっている。ブラック企業も下流老人もある意味で昔からの話。なぜ、新語ができないと認識されず、同じ構造で起きる問題と理解されないのか。より過激なネタじゃないと注目すらされない。

北田　ドキュメンタリー番組を見て同情しても、チャンネルを変えれば生活保護の不正受給たたきに喝采する。

雨宮　他方でロスジェネ世代の人数って……。

北田　二〇〇〇万人弱とも。

雨宮　この数は強い。派遣労働者の半分はロスジェネだし。

2――ロスジェネ世代の社会運動　フリーター全般労組や反貧困ネットワークによる運動。二〇〇八年末～〇九年頭「年越し派遣村」などで注目された。

北田　ロスジェネは過酷な受験戦争に耐えた潜在的な力があり、非正規労働で専門的な技術を身に着けた人もいる。たとえば、今から公務員で重点的に雇用すべきです。景気回復のため公務員を増やすのは経済政策の常道です。西欧は四〇代の職業訓練が普通ですし。日本の方が大幅な職業訓練なしで即戦力になる人が多いはずです。

雨宮　そうだ！　西欧なら四〇代でもまだこれからですよね。日本にいると諦めがちだけど。

北田　このままだと、三〇年後の社会保障や福祉が大変なのは確実。ぜひやるべき政策です。

雨宮　私たちが普通に生活して将来も生保（生活保護）を受給しなければ、どれだけ財政的にお得か。

北田　中年の復権が必要かも。高齢者、若者、子供は響きがフラットなのに、中年だけは語尾に「（笑）」が付きそう。中年をポジティブに出したいな。「中年リブ」みたいに。

雨宮　それいいですね。明るく「中年に注目しろっ！」。

北田　SEALDsが「Save the 中年」とか言えば、マスコミも取り上げるかな。

雨宮　「絶滅危惧種」だし。とにかく、諦めてる場合じゃない。Save the 中年！

雨宮処凛（あまみや・かりん　1975〜）作家、活動家。北海道生まれ。高卒後、上京してフリーター。右翼活動家を経て文筆家デビュー。その後、反貧困運動へ。『生きさせろ！』『ロスジェネはこう生きてきた』『非正規・単身・アラフォー女性』など著書多数。

ディアローグ#4　権力の新しい「分散」へ

——ゲスト・河野洋平氏

抑制なき首相の改憲論、小選挙区制の失敗

北田　参院選で改憲勢力が三分の二議席を得て、安倍晋三首相の求心力も大変強くなっています。

河野　以前の自民党では、改憲論者の中曾根康弘★1さんすら、首相になると「私の政権では改憲を議論しない」と明言しました。リーダーは抑制的で、党内護憲派もリーダーを抑制させられた。今は、リーダーが無遠慮に改憲を唱えている気がします。

この調子だと当面、何回選挙をしても自民党が勝ちますね。一度民主党に与党の座を明け渡したが故、議席への執念、「どぶ板」ぶりが野党とは違う。たとえば、野党議員も地域の盆踊りには来ますが、与党はやぐら作りから手伝う。それに今は、強力な党執行部が人事も資金も独占している。だから選挙期間中、候補にメディアが憲法について聞いても、皆、公認候補としての心得しか言えない。野党は拘束が緩くて本音が出るから、「民進党は護憲派も改憲派もいる」となる。この点も弱い。

北田　野党は本当に勝ちたいのか、と。学者が政策を説いても、すぐ「財源は?」。それは政権

1——**中曾根康弘**（1918〜）　一九八二〜八七年に首相。タカ派で「戦後政治の総決算」を掲げた。

を取ってからの話でしょう。あと、一緒にやぐらを作る人を信用するのが有権者であって、それは有権者がバカだからではない。

河野 その通りです。

北田 ともあれ、九六年からの小選挙区制は、弊害が多いですね。

河野 私は、九四年に自民党総裁として、当時の細川護熙首相と小選挙区制導入に合意しました。大失敗で非常に責任を感じています。現役の方に選挙制度を改めてほしいが、もはや多くの議員は中選挙区制の選挙を経験しておらず、小選挙区制以外の選挙制度にイメージが持てないようです。しかし、変えようはあるはず。せめて運用は変えられる。たとえば、小選挙区で落選した人の比例代表での復活当選はなくす。これなら「我が党はやりません」と宣言するだけでもできます。比例代表の地域割りも調整の余地がある。

小選挙区制が検討され出した頃は政治家の腐敗による政治不信が最高潮に達して、政治改革を望む声が渦巻いていました。当時の宮澤喜一首相は、選挙制度改革より政治腐敗防止法が必要だと考えた。不正に関係した政治家が、極端に言えば二度と立候補できなくする。私も同じ考えでしたが、それではとても世間が許さない。気づけば、政治改革イコール小選挙区制導入に流れがなっていた。この流れはただごとではない、小選挙区制導入で何か別のことがもくろまれている、とさえ感じました。

北田 政策重視の選挙になって派閥が弱まるとか、小選挙区制は確かに良さそうに見えました。

河野　小選挙区制が受けたのは、世論は「動くもの」に関心を示すからです。その前に「動いた」のは、土井たか子さん[★2]。「山が動いた」。他方、去年（二〇一五年）の反安保法制で動いたのは国会外のデモで、国会内はほとんど動いていない。

北田　今は安倍さんが「動いて」、経済も憲法も攻めています。与党が攻め野党が守る構図は、国連平和維持活動（ＰＫＯ）協力法[★3]からという印象です。

河野　湾岸戦争に日本が金しか出さなかったから大恥をかいたなんて話は、誇張されています。多国籍軍は日本の財政支援がどれだけありがたかったか。

北田　ところが、国際貢献ができなかったと強迫観念にとりつかれて、小沢一郎さんの「普通の国」論が幅を利かすようになった。

河野　あの頃、国連のガリ事務総長が宮澤首相に、武装した自衛隊を国連平和維持軍（ＰＫＦ）に出してほしいと言いました。宮澤さんは憲法を引いて、「日本は二度と軍事大国にならない立場から貢献している」と断った。集団的自衛権を行使できる今は、もう断れない。

北田　カンボジアＰＫＯでは、情勢が悪化しても日本は引くに引けない状況に追い込まれました。

河野　日本だけが引き揚げられるわけもなく、正直頭を抱えました。まず、国連ボランティアの中田《なかた》厚仁《あつひと》さんが亡くなった。一大事です。さらに殺害された高田《たかた》晴行《はるゆき》警部補は、宮澤さんに「自

2――**土井たか子**（1928～2014）　社会党委員長として八九年の参院選に臨み、自民は過半数割れに。この時、土井は「山が動いた」と発言した。

3――**国連平和維持活動**（ＰＫＯ）　一九九二年成立。同年のカンボジアが初の自衛隊海外派遣となった。

分が行けと指示した」との思いがありました。私も通夜や葬儀にうかがいましたが、お家《うち》は大変なご様子でした。本当にしのびなかった。戦時中の政府は、何百万もの家庭をあの状態に追いやった。戦場は狂気だといいますが、東京で戦場に指示をするのも、尋常ではいられません。

ＰＫＯ法施行を挟み、軽くなった人の命

北田　七七年の福田赳夫首相の「一人の生命は地球より重い[★4]」から、〇四年にイラクで拘束された民間人への自己責任論まで、ＰＫＯ法施行を挟んで人の命は軽くなり、反比例して軍事的な安全保障への信仰が強まりました。今の右派的な人たちは、何かが外国人や外国に奪われているという被害者意識が強い。そこに、安倍さんの無遠慮な攻めが浸透する。自民党の懐の深さは小渕恵三さんが亡くなった頃から……。

河野　小泉純一郎さんが国会議員の定年制を導入して、国会から、中曾根さんや宮澤さんら戦争経験者がいなくなったのが大きいですね。たとえば「参議院に移って六年間選挙を心配せず、大所高所からしっかり政治に注文を付けてください」とすべきでした。

北田　いわば元老院のような。

河野　現役首相が党内の首相経験者に相談する文化も今はありません。リーダーの質も、世界中で変わりました。半世紀前、ケネディとニクソンの米国大統領選の討論は、今では考えられないレベルの高さでした。当時の大統領は国民の尊敬の的だった。今は本当に大統領になりたい人、

したいと思われる人ではなく、野心的な候補ばかり。日本も同じです。民主主義国家でのリーダーの選び方を再考すべき時期かもしれません。

北田　トップは、どれだけ多方面と調整できるかが大事ですね。

河野　昔のように割ときちんと選ばれたリーダーなら、権力の集中も政策決定のスピードアップも悪くないですが、今は心配です。少し前は、衆参両院がねじれていたからまだマシだった。権力は一定程度、分散した方が安全です。

北田　集中するとは情報が圧縮されるということですしね。それにしても、今の政治の流れを変えるには、素朴に選挙区を大切にする、選挙制度は運用から再検討する。リーダーの選び方も見直す。河野さんのご経験から、いくつも大切なことをうかがえました。

4——**「一人の生命は地球より重い」**　日本赤軍のハイジャックに対して要求をのんだ際の言葉。

河野洋平（こうの・ようへい　1937〜）早稲田大卒。六七年衆院初当選。七六年新自由クラブ結成（八六年解散、自民に復党）。官房長官、副総理、外相、衆院議長など歴任。二〇〇九年政界引退。著書『日本外交への直言』など。

ディアローグ#5　天皇——したたかな「空虚」な中心——ゲスト・原武史氏

表明された国民との一体性、自ら語った「象徴」の中核とは？

北田　すごいタイミングでの対談[★1]になってしまいました。天皇の「お言葉」で皇室典範改正につながるかもしれません。実質的に天皇が法を動かすということは日本国憲法の規定に反する明確な政治的行為でしょう。しかし右も左もマスコミも、心情をくみ取らないわけにはいかないという論調。立憲主義の根幹にかかわることなので、もっと慎重に議論が進むと思っていたのですが……。

原　今回のお言葉の放送は、いろんな意味で一九四五年八月一五日の「玉音放送[★2]」と似ています。玉音放送は臣民という言葉が七回出てくる。今回も国民という言葉が一一回出てきた。今回、生前退位がはっきりとは語られなかったように、玉音放送でも敗戦や降伏とははっきり言わなかった。昭和天皇が強調したのは、ポツダム宣言を受諾しても、天皇と臣民が常に共にある「君民一体」の国体は護持されるということ。今回も「常に国民と共にある自覚」という言葉が出てきます。

玉音放送の終わり方は「爾《なんじ》臣民其《そ》レ克《よ》ク朕《ちん》カ意ヲ体《たい》セヨ」、つまり臣民に向かって自分の気持ちを理解してもらいたい、と。今回も「(私の気持ちが) 国民の理解を得られることを、切に願っています」で終わっています。

北田　政治・立法過程を吹っ飛ばして国民との一体性を表明する。今、天皇が憲法の規定する国事行為[★3]を超えた行動ができることについて、世の中が何も言わないというのは、象徴天皇制の完成を見た思いがします。

原　今回衝撃的だったのは、憲法で規定された国事行為よりも、憲法で規定されていない宮中祭《さい》祀《し》と行幸こそが「象徴」の中核なのだ、ということを天皇自身が雄弁に語ったことです。「何よりもまず国民の安寧と幸せを祈ること」というのは宮中祭祀を、「同時に事にあたっては、時として人びとの傍らに立ち、その声に耳を傾け、思いに寄り添うこと」というのは行幸を指していると思います。

宮中祭祀と行幸はいずれも明治になってから新たに作られたり、大々的に復活したりしたもので、戦後も昭和天皇によって受け継がれました。平成になると、宮中祭祀に天皇と皇后がそろって出席するようになったばかりか、行幸も皇后が同伴する行幸啓が当たり前となり、ますます比

1――**すごいタイミングでの対談**　二〇一六年八月八日、生前退位の意向が強くにじむ天皇陛下のビデオメッセージが公表された。

2――**玉音放送**　昭和天皇が朗読した「終戦の詔書」が録音され、ラジオで放送された。

3――**憲法の規定する国事行為**　現行憲法は天皇は「国政に関する権能を有しない」とし(第四条一項)、行うべき国事行為を内閣総理大臣の任命など一三項目に限定している(六、七条)。

重が大きくなりました。

北田　憲法に書かれていないことが私の使命なんだ、と。相当に踏み込んだな、よく宮内庁は止めなかったなと驚きました。止められなかったのか。天皇の記号としての機能は今、より純化され、強固になっています。多くの国民が政治的な存在と思っていないことが最も政治的なわけで……。

原　報道によれば、現天皇は五、六年前から退位の意向を漏らしていたが政治が動かなかった。その結果、昭和天皇の玉音放送同様、非常手段に打って出たのだと思います。テレビを使って直接に語りかける。一〇分以上も。

北田　天皇の政治的な力を見せつけられました。「空虚な中心[★4]」どころではない。

原　より能動的な主体として立ち上がってきた。

北田　左派リベラル系の人の中にも、天皇制への視点が抜け落ち「この人なら大丈夫」と属人化されている。それほど見事に自らを記号化してきた成果が今回の肯定的な世論に表れているのでは。

原　そうですね。この問題を考えるには、平成だけを見ていてはダメで、少なくとも明治以降の天皇制の歩みを振り返る必要があると思います。明治から大正、大正から昭和と代替わりすると、前の代には想像もできなかった天皇像がつくられる。昭和天皇が玉音放送で強調した「君民一体」の国体も、戦前までに全国を回ることで確立されました。それが戦後巡幸でも受け継がれる。

戦前同様、各地で奉迎場《ほうげいじょう》が設けられ、天皇が台座に上がればみんなが万歳する。天皇は決して一人一人を見てはいません。そこにいるのは抽象的な国民でした。それでも天皇は、戦前と同じ光景が各地で展開されることで、国体が護持されたことを実感したと思います。

北田　「玉音放送」で言ったことが護持された。

原　それが一九九一年、雲仙普賢岳の噴火をきっかけに変わった。天皇、皇后が被災地に向かい、ひざまずいて被災者をねぎらいました。当時は保守派から大きな批判を浴びましたが、今思えばあれが平成流の皇室の始まりだった。抽象的な国民ではなく、顔の見える一人一人に天皇と皇后が向き合うようになったのです。

完成への自負と危機感、天皇制を再考する時期

原　その中に、実は国体が継承されているんじゃないか。昭和との連続性を感じます。イデオロギッシュだった国体の姿が、より一人一人の身体感覚として染み渡っていくというか、強化されているのではないか。こうした行幸啓を続けることで、いつの間にかそれが皇室の本来の姿のように映るようになった。

北田　すごい発明ですよね。平成天皇制。

原　また、お言葉の中で注目すべきは、殯《もがり》や喪儀《そうぎ》に言及したこと。確かに生前退位すれば、それ

4――**空虚な中心**　フランスの思想家・批評家ロラン・バルトが皇居をこう表現した。

らをすぐにやる必要はなくなります。しかし他方で、宮中祭祀と行幸啓はちゃんと継承しないといけない、と言っている。

北田　象徴としてはかなり細かい後継への指示ですね。日本国憲法における象徴天皇は自分が作った、という自負すら感じます。

原　完成型をつくったという強い自負がある。一方、次代で変わってしまうのでは、という危機感もあるはずです。

北田　天皇制の問題について、特にリベラル系の研究者による議論はあまりなかった。ぱっと思いつく研究は、『大正天皇』など原さんのものくらいです。

原　天皇制の研究はもう終わっている、という認識があったのでしょう。しかし、天皇個人についての本格的な研究が始まったのはごく最近になってからです。

北田　天皇制が必要なのかという、本格的な議論もしてきませんでした。アカデミシャンも左派も「平成の後がある」ことを忘れていたか、忘れたふりをしてきた。

原　問題として認識されていない。完全に抜け落ちている。

北田　自戒を込めていえば、私も天皇について断片的に本を読むくらいで、強い関心を持っていませんでした。しかし今回のお言葉で目が覚めました。「これはむき出しの権力だ」と。天皇家、天皇制とは何なのかを徹底的に再考する時期だと思います。

原武史（はら・たけし）一二三ページ参照。

ディアローグ#6　経済学のリアリズムへ——ゲスト・金子勝氏

今は「創造的破壊」の時期、雇用創出を真面目に考えよ

北田　二〇年前の大学院生時代に初めてお会いした時、金子先生は「政治経済学が必要だ」とおっしゃいました。今、国家や経済に困難な問題が噴出しています。急激な変化に直面し、まさに、ある種の政治経済学のような学問の再構築が必要ではないでしょうか。

金子　マクロ経済学の財政・金融政策は出尽くしました。ミクロの政策は市場に任せた構造改革ですが、日本企業はデータ捏造《ねつぞう》や不正会計だらけで産業競争力の衰退が著しい。こうした混乱期には、目先の問題だけでなく、長いスパンで考えるべきでしょう。シュンペーターは五〇年周期で産業が交代する「コンドラチェフ循環」を重視し、大恐慌を分析しました。戦後の高度成長はオイルショックとニクソンショック（変動為替相場制への移行）で終わり、金融自由化と情報通信技術による究極の金融資本主義の時代が到来しました。経済の血液であるお金が実体経済から切り離されて「バブル循環」が繰り返されています。

北田　消費増税でブレーキをかけておきながら、金融の異次元緩和でアクセルを踏み続ける日本の現状も、いろいろと間違いがあるような気がしています。

金子　財政出動と、（日銀の大規模な国債買い入れによる）通貨増発でデフレ脱却を目指すのがアベノミクスですが、マイナス金利では国債がもたないし、銀行がもうからないから融資も増えない。余ったお金は結局、株と大都市部の不動産に向かいます。ハイパーインフレはすぐには起きないから「行けるところまで行ってしまえ」という空気になっていますが、激しい調整局面がくるのは、それほど先ではない。東京五輪の前かもしれません。

北田　豊かさを感じないでバブルが崩壊するわけですね。

金子　そうでなくても、金融資本主義では企業自体が売買されるので、内部留保を増やして会社の価値を高めないとM＆A（合併・買収）でのみ込まれてしまう。資本主義が変質したから、企業や富裕層が潤えば社員や貧困層にも恩恵が及ぶトリクルダウンは起きません。社会システム全体の転換を見据えないと未来は描けない。経済学者だけでは扱えない問題です。

北田　日本は経済的なデフレだけではなく、決まった数の椅子取りゲームのような社会的デフレに陥っていませんか。市場全体を大きくしたり、連帯を広げたりする発想がしぼんでしまい、自己責任論ばかり肥大化して「貧すれば鈍する」みたいな状況にあります。

金子　閉塞《へいそく》状況を嘆くのではなく、今をシュンペーター流に「創造的破壊」の時期として捉えるべきでしょう。そういえば、東日本大震災と原発事故の後、原発依存からの脱却と被災地の復興を目指す『「脱原発」成長論』という本を書きましたが、原発に反対する人たちは経済成長にも否定的なようで予想外の批判を受けました。

北田　反原発と脱成長がイコールになってしまい、話が分からなくなっているんですね。

金子　成長という言葉が好きでないなら雇用でもいいんです。若者の四〜五割が非正規雇用という時代に「脱成長・成熟社会」ではあまりに無責任でしょう。雇用創出を真面目に考えましょうよ。

北田　実は、社会学にも成長の発想がありません。基本的に秩序の思考なので、誠実な学者ほど「低成長・成熟社会」みたいなことを言ってしまう。良いことのようですけど、今が二〇年後に向けて健全な再配分や連帯を実現できる社会を設計すべき時だとしたら、デフレマインドの自己正当化になってしまいます。若手の学者は、少子化問題や人口問題を大きな社会問題として受け止めていますが……。そこで最近、スウェーデンの経済学者、グンナー・ミュルダール[★1]を見直しています。

金子　ミュルダールは一九三〇年代前半の大恐慌期、特に女性の貧困について分析しましたね。

北田　そうなんです。女性をきちんとした労働者として捉え、その持続的な雇用関係を前提にサステナブルな社会を設計しました。これが現在の北欧型の福祉国家につながっています。一方、英国型福祉国家への道を開いたのがウィリアム・ベバリッジ[★2]でした。こちらは日本の児童手当の

1——ミュルダール Karl Gunnar Myrdal（1898〜1987）　景気循環を緩和する財政政策や福祉国家の提唱など多彩な業績を持つ。一九七四年にノーベル経済学賞を受賞。

2——ベバリッジ William Henry Beveridge（1879〜1963）　英国の経済学者。「ゆりかごから墓場まで」で知られる戦後社会保障制度の土台となった報告書をまとめた。

ようなバラマキ型で社会設計を伴わず、借金が膨らんで「英国病」をもたらします。家族や世帯への認識は新自由主義的なサッチャー政権でも変わらなかった。中長期的に持続可能な社会を志向したミュルダールの功績は大きいと思います。

未来を見据えた社会システムの構想を

金子　日本の場合もいまだに標準世帯モデル★3が残っている。今や単身者は当たり前だし、事実婚や母子家庭、独居老人など属性がバラバラなのに……。ダイバーシティー（多様性）で包み込まないと社会を統合できない。平等とは比較不可能な多様性と捉えるべきです。

北田　標準世帯とか核家族のモデルというのはもはや存在しない幻想ですね。二〇三〇年には、東京在住の五〇〜六〇代男性の三〇〜四〇％が一人暮らしになるというシンクタンクの試算もある。結婚や就労、子育てなどすべてが変化したのに、政府はモデルにすがり続けるだけ。構造性がまったくない。

金子　給付で格差を是正しようとしても他の格差が埋まらない。貧困のままでとどめておく結果にしかならないケースも目につきますね。だから、社会的同意を得たうえで、普遍主義に立った給付が望ましい。児童手当にしても、子どもの側に視点を移し、育つ権利という観点から見直すと文脈が変わってきます。もらうのが当たり前になり、ジェンダー的観点でも産むリスクが軽減される。フランスでは一九八〇年代、親の収入と関係なく一律給付を実施しました。当時、我々にはその趣旨が理解できなかった。日本でも社会学者が中心になって新しい社会システムを構想、推進すべきですよ。

北田　「○○化する社会」というモデルで世の中を説明すればいい時期はとっくに過ぎています。経済と社会の関係について、長く「あれは経済学だから」と押しやってきたものがある。二〇〜三〇年先を見据えた社会システムの設計こそ不可欠、と痛感しています。

金子　学者自身、超越的な観察者ではあり得ない。あえて踏み出さなければいけません。間違える可能性を許容したうえで、民主主義的な議論を尽くして修正していく。そういう時代、経済学の存在意義とはリアリズムに引き戻すことなのかもしれませんね。

3——**標準世帯モデル**　「会社員の夫と専業主婦の妻、子ども二人」を指す。二〇〇五年に三割を切った。

金子勝（かねこ・まさる　1952〜）慶応大学名誉教授。専攻は財政学、制度経済学、地方財政論。著書に『市場と制度の政治経済学』『新・反グローバリズム』『負けない人たち』、共著に『日本病』など。

ディアローグ＃7　文壇・論壇の消長――ゲスト・小森陽一氏

「やってびっくり直接民主主義」、蔓延する「近代・多文化うざい」

北田　小林秀雄から吉本隆明、江藤淳、そして柄谷行人さんに至る、文学的な素養と教養をもとに社会や政治と批評を接続していく回路が一定期間、戦後日本社会の左派もしくはリベラルな勢力の知的な資源になっていました。文学、哲学、思想、社会問題、政治問題が交差する地点で、論壇、文壇が長らく成立していた。その状況を体現した人の最後が柄谷さんのような気がします。

小森　そうですね。柄谷さんは自ら「文学は終わった」と宣言して文芸評論を閉じました。

北田　一九九〇年代半ばの当時ニューアカ（ニューアカデミズム）青年の一人としてはショックでした。九五年以降、この世代でも、もう一度近代的な価値を考えていかなければならないという形で問題を引き受けていく者と、非政治化、生活保守の方向に流れていく者とに分かれました。相対主義的な生活保守に向かった人びとにとって、戦うべき相手は近代です。彼らは近代は乗り越えなければいけないと言いますが、その価値観はそもそも社会で共有されていない。

小森　近代的価値が現在では社会で共有されていないのです。英国の欧州連合離脱、今回の米大統領選と、「やってびっくり直接民主主義」というのが連続しました。近代的な価値観が嫌なので離脱します、という感覚と言説ばかりが目立つ傾向が広がっています。

北田　白人の中流・ブルーカラーで相対的に見れば所得にも恵まれているのに、何かを奪われたという思いの強い人たちが、米大統領選でトランプ氏を支持したという分析もあります。彼らは、移民や貧困層に「自分たちの享受できたはずの日常」が奪われたという「理由」で、トランプ的な近代的価値の蹂躙《じゅうりん》を、スルーしたり乗ったりしている。近代・多文化うざい、の剥奪感が蔓延《まんえん》している。最悪の「ポストモダン」です。そこに相対化の極北にあるジジェク（哲学者）のような人も乗った。

小森　同感です。この二〇年で、近代が創り出した言説の公共空間が急速に崩れていきました。日本でもかつての文壇と論壇のあり方が維持できなくなり、崩壊しています。今年は夏目漱石の没後一〇〇年で、来年が生誕一五〇年です。一〇〇年、一五〇年という単位で考えると、日本の遅れて始まった近代の構図が見える。漱石は、ヨーロッパが四〇〇年かけて進めた近代化を、日本は四〇年で実現したと認識しています。ヨーロッパにおけるグーテンベルクの印刷技術の発明、[★1]レコンキスタの終わり、新大陸発見以来の歴史を、日本は明治のわずか四〇年でやってしまった[★2]という漱石の見切り方を改めて今総括することが必要です。

1——**グーテンベルク** Johannes Gutenberg（1398頃〜1468頃）　活版印刷術を実用化した。印刷したものとして『四二行聖書』が知られる。

2——**レコンキスタ**　キリスト教徒がイベリア半島で、イスラム勢力に行った国土回復運動。八世紀初めに始まり、一四九二年に終わった。

北田　急ぎすぎた近代、短縮された近代のゆがみが明治の後期にも噴出し、大正を経て昭和においても噴出しました。

小森　まさに太平洋戦争に突入するただ中で「近代の超克★3」が論じられました。

剝奪感が生む被害者意識、身体からの発話が重要

北田　高等教育を受ける人が急増し、都市化が進み、中産階級が広がっていく。中産階級や労働者階級でも比較的裕福な層が社会全体を見渡した時に、自分たちを苦しめているものは手続き的に硬直した近代の政党政治や官僚政治だ、となっていきました。では、自分たちの中にある本来の価値は何かと問い始め、日本的なものや東洋的なものと言い出す、というのが「近代の超克」のベースです。今起こっていることは何かというと、戦後民主主義という、もう一回反復された「短縮された近代」の中で一時期、七〇年代から八〇年代の初めにかけて実現したように見えた家族像や社会像のモデルが、団塊ジュニアの世代ではなぜかデフォルト（初期設定）になっている。夫が働き、女性は専業主婦で、子供は大量の教育費を投入され、一流大学に入れば一流企業に行けるという夢がモデルケースだという思い込みだけは継続していますが、実際はそういう状態は希少だった。幻想からの剝奪感が起きます。

小森　中産階級が成立していたかに見えた幻想ですよね。漱石が明治の新中間層の読者に向かって、何を書くかを考えた結果が新聞社への入社でした。日清・日露の戦間期のバブルにより一定

の生活条件を作ったものの、それが日露戦争後に崩壊することが目に見えている連中に向かって、「あなたがたの生活感覚はこうではないか」と挑発したのが漱石の新聞小説です。だから今読んでもリアリティーがある。これが小説という領域を、この国の遅れた近代において作っていきました。

北田　幻想の何かから剝奪された、疎外されたという感覚を持つ中産階級予備軍の葛藤を書いてみせたのですね。今も三〇代後半から四〇代の団塊ジュニア、ポスト団塊ジュニア世代は、「父母より裕福になれない」というだけの話を、自分たちは被害者であるかのように捉えています。剝奪感はあくまで相対的なもので、貧困層の苦しみや非正規雇用のシングルマザーの苦しみとは水準の違う話ですが、逆に発想する人たちがいる。原因は他にあるのに、生活保護を受けている人などが自分たちのパイを奪っているという発想になってしまっています。これを一部の論壇の論調が補強しているのは恐ろしいことです。

小森　一五〇年間の日本の近代も、半分の七〇年は戦後、今の憲法体制の中でやってきました。その過程をきちんと考え直さないとまずい。今復元すべき、公共空間に通用する言説をどう作っていくのか。ネット時代の今、身体的存在としての人間と、生身の身体から発話される言葉によるコミュニケーションが重要です。実際、そこから改めて自分にとって必要な文学を議論する動

3――**近代の超克**　一九四二年の評論家らによる座談会。明治以降の西洋文化の影響と超克を論じ、全体主義を擁護したと見られた。

きも出ています。

北田　対面し信頼を前提とした人間関係と、電子空間とのバランスをどう取るのかが、個々人の幸福と公正性の実現のために、本格的に考えられないといけません。その均衡点を見つけていく仕掛けが必要です。そのためには論壇、文壇といった「壇」の外に出る、あるいは壇を元に戻す。論壇と文壇と講壇などが一緒だった、つまり一つの「壇」だったところまで戻っていく仕掛けを作り出すことが課題かもしれません。

小森　日本近代文学は、ロシア文学をやっていた二葉亭四迷が三遊亭円朝の落語の筆記録をベースにしながら言文一致体を作ったところから始まりました。明治の日本が思いついた英知を、今の閉塞を突破するツールとして使いこなすことが大事だと思います。

小森陽一（こもり・よういち　1953〜）東京大学教授。近代日本文学、構造主義記号論を専攻。「九条の会」事務局長。著書に『漱石を読みなおす』『子規と漱石　友情が育んだ写実の近代』など。

ディアローグ#8 「既得権層」男性の没落——ゲスト・杉田俊介氏

マジョリティーが抱える「疲れ」とは？

北田　米大統領選でのトランプ氏当選の背景に、先進国全般で進む、いわば「マジョリティーのマイノリティー化」があります。トランプ氏は、雑に言えば、さほど貧困ではないマジョリティー男性の相対的な剥奪感をすくい取って当選した。日本では、橋下（徹）さん人気など以前から同じことが進んでいる。マジョリティー男性が剥奪されたのは、端的に、幸せな家族像です。アメリカならば、郊外の大きな家で犬を飼って子供二人、みたいな感じでしょうか。でも、そんな層は元々多数派ではない。日本では、標準世帯（労働者の夫と専業主婦、子供二人）率がもっとも高かった団塊ジュニア世代の親が結婚した時期でも三、四割いたかどうか。社会、経済の状況が変わり、今やますます実現困難なこの家族への幻想が、今も人を縛り続けています。主婦が家事、育児と介護をタダでやる。ドラマ「逃げるは恥だが役に立つ」での新垣結衣さんのせりふが……。

杉田　「好きの搾取を断固拒否します」でしたね。

北田　言い換えれば「家事労働に賃金を」[★1]ですね。

1——**「家事労働に賃金を」**　イタリアのフェミニズムの標語。

杉田　星野源さん演じる童貞男性が、自信のなさゆえに空回りして女性を傷つけてしまう。勝手にプランを押しつけたり、肉体関係を求められても怖くて即座に拒絶したり、「好き」で女性を無償労働にしばりつけたり。

北田　あれ、現代男性のある面を凝縮した「理念型」ですよね。

杉田　僕は近年、男らしくない男、マジョリティーの男らしさには乗れないけれど、属性は全くマイノリティーではない男たちが抱える問題について書いています。確かに男の弱さを私語り《わたしがた》するのは危うい。男性の構造的優位性を再強化しかねず、特に今はネトウヨやトランプ支持的な鬱屈、「男こそ被害者だ」の文脈に回収されかねない。けれど四〇年前の田中美津[★2]さんの「ウーマンリブは、女性がいちばん深いところをさらけ出して、自らを政治化した。では、男は何に対して自らを明らかにしていくのか」という問いに応答したかった。

北田　一般的に、男は適切な甘え方、弱音の吐き方を身につけていない。外ではつらい、だから家では甘える。すぐ泣き、弱音を吐き、女性にあたる。女の人はケアの倫理を一定は身体化しているから、とりあえずは許してしまい、いつか爆発する。

杉田　会社など「公」で命がけで働く代わりに、家など「私」に無限の安らぎを求める。男性の弱さを公私の別に解消せず社会的に位置づけて、男性が過剰な競争に駆り立てられず、女性に過剰な負担を押しつけない状態を作らなければ、ただみんなが疲弊する。

北田　それと、権威主義的なパーソナリティーは、高所得者や下層より、ロウアーミドル（中の下）に多いとされます。アッパーミドル（中の上）の家庭に生まれた彼らが、いつのまにか「負け」る。彼らの仮想敵は「上」かもっと「下」のどちらかになりますが、最近は「上」に向かず、攻撃対象は、生活保護受給者、外国人……。ネットでは「ＰＣ（ポリティカル・コレクトネス）疲れ」とか言って、リベラルを攻撃したり。

杉田 ただ「リベラル疲れ」って原理的な問題だと思うんです。僕が障害者福祉に関わった経験では、障害者と健常者の関係を本当に対等にしようと真剣にやるほど、健常者の心身はずたずたになる。おそらく、ウーマンリブやフェミニズムに近い男性も経験してきたことではないか。

北田 ええ。

杉田 でも、これはなかなか言葉にしにくい。障害者もかつては身体障害、知的障害といった大きな枠ごとの一体感があった。ところが今は、マイノリティーのアイデンティティーも多様に細分化した。そこでマジョリティーがリベラルの課題に応じようとすると、膨大な負荷がかかる。逆に言えば近年の世間の「リベラル疲れ」も社会の退化ではなく、ある種の進歩の結果と考えられないか。今後は高齢化がさらに進み、病者や障害者も増え、さらなる多文化を生きていくことになる。マジョリティーが、この「疲れ」を反リベラルや極右ではないかたちで超えていく必要がある。北田さんは以前、六〇年代以降の新左翼を例に、道徳的な反省が反省を呼び、インフレ

2——田中美津（1943〜）ウーマンリブの活動家。のち鍼灸師。著書に『いのちの女たちへ』『いのちのイメージトレーニング』など。

を起こして連合赤軍の「総括」などに至る構造を指摘した。最近の北田さんがリベラルな制度論に力点を置くのは、この新左翼的な悪循環を突破したいからでは？

誰もが適度に甘えられ、抑圧構造弱める制度を

北田　確かに、マジョリティー男性が自ら気づきにくい特権のすべてを指摘され続けるのは、つらい。だけど開き直るのも僕はイヤです。ならば、僕の場合は社会学者として素朴に社会分析をして、ロウアーミドル男性も含めた誰もが公的空間に適度に甘えられる制度設計をしようと。そんな弱々しいリベラリズムを考えています。誰かにしわ寄せがいき、抑圧が委譲される構造を少しでも弱められる仕組みを作りたい。

杉田　僕は障害者介護の現場で、いかにリベラルとラジカルを共存させられるか考えてきました。一九七〇年代以降のマイノリティー運動のラジカルな言葉は、実現不可能かもしれないけれど、ひそかに現場を深く励ましてきた。リベラルはさまざまな価値を包括して現実を同心円状に変えるけど、ラジカルは自らの足元を掘り、自分の体で耐える。たぶんラジカルな理念抜きでは、現場は日々の退屈な仕事や疲弊に耐え難い。

北田　僕自身、ぬるい制度設計のために努力するには、市民的価値への没入がないと無理です。一市民としては、差別に怒りをあらわにしたり。なよなよしたシステム作りのために燃えるみたいな。

杉田　今こそ運動の歴史的蓄積を大事にしたい。相模原事件の後、多くの論者が四〇年前の青い芝の会[★3]の行動綱領を参照したけれど、その後の運動の蓄積もいろいろあった。リベラルも、ロールズやドウォーキンら思想家の蓄積のうえで、アマルティア・センのケイパビリティ[★4]という考え方がある。ケイパビリティを障害当事者の熊谷晋一郎さんは「自立とは依存先を増やすこと」と言い換え、活動家の湯浅誠さんは「溜《た》め」という言葉で日常語に開いた。こんなふうに、蓄積を再確認し、継承し、更新したい。

北田　つまり、ラジカルに動機付けられながら実現可能性を考慮し、歴史の積み重ねを制度に役立てていく。全く同感です。

3——**青い芝の会**　脳性麻痺者の運動体で、行動綱領の「我らは、愛と正義を否定する」は広く知られる。

4——**ケイパビリティ**　ある社会で人が選べる「機能」、可能性の集合。たとえば健康や教育、自尊心、社会参加、好きな人といることなど。

杉田俊介（すぎた・しゅんすけ　1975〜）障害者サポートに従事しつつ「ロスジェネ論壇」の一翼を担う。近年は男性論を多く発表。著書に『フリーターにとって「自由」とは何か』『長渕剛論』『非モテの品格』など。

ディアローグ#9「平和主義」の現在——ゲスト・伊勢崎賢治氏

PKOは武力行使の当事者、議論を避ける左右両派

北田　自衛隊の海外派遣が既成事実化されてきた延長上で、憲法改正が現実味を帯びています。

伊勢崎　安倍晋三首相がよく口にする「国際情勢の激変」は、確かにある。ただ、安倍さんが言うのとは少し違い、国際的な安全保障体制が激変している、という意味です。PKOへの自衛隊派遣は、一九九九年まで、一応は矛盾しなかった。日本は憲法で交戦権を否定していますが、当時のPKOは、停戦状態の場所に中立の立場で派遣されていましたから。ところが、九〇年代半ば以降、国家が機能しない地域での住民虐殺[1]などが目立ち始めます。そこで国連は、当事国の意向と関係なくPKO部隊を展開するようになり、九九年には、PKO部隊は国際人道法に準拠して行動する、と決めました。言い換えると、PKO部隊は主体的な武力行使の当事者になる、と宣言した。もはやPKO五原則[2]どころではない。この時点で日本の国内法も根本的に見直されるべきでしたが、与野党共にふたをしてきた。

北田　左派・リベラル勢力は改憲を正面から議論したくないし、右派・保守派はせっかく派遣できているんだから面倒な話は棚上げにしよう、と。護憲派の一部は、今も国連を平和のシンボル

のように思っていますが、実は、今や国連も戦争の主体で、まるで九条だけが取り残されている、と。

伊勢崎　それと、日本ではしばしば、集団的自衛権は恐ろしいもので、個別的自衛権はよいものとされますが、国連憲章では同じ条文で一緒に扱われています。どちらかといえば、個別的自衛権の方が一国で暴走しかねない。

北田　安保法制を受けて、「日本は個別的自衛権を行使できるが、集団的自衛権は危険だ」という理屈が護憲派に浸透した。でも、この理屈だけだと足元をすくわれかねない。米国と組んだ戦争はダメでも、日本単独で自衛のためと称して戦争ができる。

伊勢崎　さらに言えば、憲法九条が否定する「交戦権」は、英文では「交戦状態の権利」（The right of belligerency）となっている。いわば「権利としての戦争」を禁じています。でも、宣戦布告さえすれば何でもできる「権利としての戦争」は、第二次大戦前から国際的に違法でした[3]。

日本は、自分たちが個別的自衛権を行使できると思っていますが、今の国際法に則して解釈すると、九条の条文は、紛争当事者になることを認めない、つまり個別的自衛権さえ行使できないとも読める。なのに、日本は紛争当事者が守るべき国際人道法を批准している。国際法上の定義

1——**国家が機能しない地域での住民虐殺**　一九九四年にアフリカ・ルワンダで五〇万〜一〇〇万人が殺された大虐殺など。

2——**ＰＫＯ五原則**　紛争当事者間の停戦合意など、日本がＰＫＯに参加する際の条件。

3——**第二次大戦前から国際的に違法**　一九二八年のパリ不戦条約で締結国同士の戦争は原則として違法となっていた。

と国内法は連関させて考えるべきです。人類は、国連ができて、国家の武力行使の言い訳を三つだけ、個別的自衛権と集団的自衛権、集団安全保障に封じ込めた。大きな進歩です。ところが、日本は「わが国を防衛するための必要最小限度の実力[★4]」行使は交戦ではない、という新しい分類を作ってしまった。非常に罪深い。

北田　国内の文脈では、そういう矛盾を考えずに護憲が語られている。今の流れに抗するには、自衛権の問題という土俵で議論する構えが必要だと。

伊勢崎　でも、最大野党も、その議論をはっきりやらない。与野党で、自衛隊の海外派遣先での事故を待っているようなものです。備えがないところで事故が起きたら、一部の人たちがそれを利用するだけなのに。

北田　保守派は「現実に合わせましょう！」、リベラル派は「行ったのが間違いだった」と批判するだけ。それにしても、ＰＫＯ派遣はこれまで、奇跡のように一応「事故」がなく、気づいたら南スーダンまでたどり着いていた。

伊勢崎　何しろ、（南スーダンに）派遣したときは民主党政権ですから。南スーダンは、二〇一一年の建国時から内戦になるのではないかとうわさがあった。国連は、分かっていてＰＫＯ部隊を展開した。情勢が悪化しても、国連としては逃げられない。派遣が決まるころ、法律家でもある当時の連立与党党首の一人に「自衛隊を出すと、後で法的な問題が起きますよ」と言いました。すると、「話は分かるが、党としては言えない。自衛隊の法的位置づけの議論に踏み込むのはやぶ蛇だから」。先日も、野党首脳に「この問題は政局にしませんから」と静かに与党に歩み寄って、一回（自衛隊を）帰国させるべきだ」と進言しました。でも、「お話は分かりますが、与党に頭は下げられません」と。

護憲派に求められる冷徹な認識と理論武装

伊勢崎　僕が国際法と国内法のずれを言うと、一部の護憲派に「憲法は国際法に優位なはずだ」と批判される。どちらが優位かではなく、同じ土俵で考えるべきだと言っているだけなのですが。ずれの具体例を挙げるならば、日本には軍法がない。国連ＰＫＯ部隊の法的立場は、国際人道法を車軸としたら、地位協定と派遣国の国内法廷が両輪。国際人道法に触れる事態に対応するのはこの二つ。地位協定は国連が当事国と一括して結びますが、外交特権があり、派遣国にとても有利です。ただし、国連に法廷はないから、派遣国それぞれの国の軍事法廷で裁くことになる。軍法のない国は、特別法を作って対応している。これをしていない時点で、日本にＰＫＯ派遣の資格はない。日本では、日米地位協定の「被害者」としての話なら分かる人には分かるけれど、日本が加害側になるケースに想像が及ばない。

北田　護憲は、国連の「平和主義」をあてにして語られてきた面もある。国内法が優位と言って

4——「わが国を防衛するための必要最少限度の実力」　憲法九条が禁じる戦力や交戦権と区別した自衛権についての政府解釈。

も、じゃあ今までの議論はどこへ？となりますね。自衛の名の下に侵略は起きるから一切の派兵を許すな、も原則的主張として大いにアリですが、まずは、既に進行している事態をどう考えるかですね。

伊勢崎　さっき挙げた国連が認める三つの武力行使にしても、集団的自衛権の最たるものである対テロ戦争と、集団安全保障の典型であるＰＫＯは、限りなく実態が近づいています。事実に応じた議論が必要です。

北田　ＰＫＯは反対しないが九条を守ろう、は認識が甘いと。完全な護憲でなければ平和主義はありえない、といった発想もいったん脇に置く。冷めた目で状況を見渡して、戦略的にあくまで現憲法を残そうとする論理が護憲派にこそほしいところです。現状追認の自称リアリズムで一点突破されないような理論武装が不可欠ですね。

伊勢崎賢治（いせざき・けんじ　1957～）国連で東ティモールの独立後行政を指揮、同じく国連のシエラレオネ派遣団で内戦後の武装解除などを経験。その後、アフガニスタンでの武装解除を担当する日本政府特別代表を務める。現在、東京外国語大学教授。著書に『本当の戦争の話をしよう』『主権なき平和国家』（共著）など。

ディアローグ#10 野党に求められるもの——ゲスト・井上寿一氏

政権交代を求める世論、野党は有権者の声聞け

北田　私自身、「左派」のはずですが、最近その左派の論壇にあきれています。冷戦時のままの対立軸で、安倍（晋三）首相の政策にすべて反対し、逆を唱えるだけ。特に脱成長などを主張する左派は、人びとの「豊かになりたい」という思いを軽視しすぎです。井上さんのご本によると、戦前の政友会と民政党[★1]は、実はとてもしっかりと、経済・財政政策で対立軸を作っていた。むしろ、経済に集中しすぎたあまり、安全保障で判断を誤ったとさえ言えるかもしれません。今は逆に、左派リベラル勢力は安全保障だけに反応しすぎで、経済論争がなさすぎる。おかげで、安倍さんは「皆さんを豊かにする」とさえ言い続けていれば、高支持率を維持できる。リベラル派の論壇は、この高支持率を「反知性主義」、つまり「有権者はバカだ」と見下すだけ。有権者がそれなりに合理的な判断をしていると認めたうえで、経済から安全保障までトータルな政策論議をしないと、自民党の優位は揺るがないはずなのに。

井上　二〇〇九年に一度は政権交代があったのですから、国民は政権交代可能な政治システムを

1——**政友会と民政党**　戦前の保守二大政党。

望んでいるはずです。民主党政権は、直前まで自民党支持だった人が「今回は民主党に」と投票しなければ不可能でした。ところが、民主党は何を求められて政権に就けたか自覚できず、「与党は現実的でなければ」と中途半端に自民党化した。それならば、自民党の方がいいはずです。戦前に二大政党が政権を取り合った一〇年弱は、政策の明確な対立軸がきちんとあって、有権者は状況に応じて「今回はこっち」と判断できました。ところが〇九年のはリベラル勢力の自滅により短期間で終わった。

北田　まさに自滅ですね。民主党政権は、戦前の民政党と同じく「緊縮財政に耐えるから、耐えるに値する仕事をしてくれ」との期待を託された。戦前も、民政党から政友会がいったん政権を取り返しますが、★2その状態に今は近いのでは？　緊縮では暮らしが良くならない。ならば、少しでも景気を良くしそうな政党を選ぶのが当然。この選択の意味を、旧民主党や同党を取り巻く論者は、よく理解できていない。戦前は、再び政友会が調子を崩すと、民政党や無産政党★3に盛り返す力が残っていましたが……。

井上　戦前も政党政治は自滅した面があります。日中戦争までの総選挙は、民政党が第一党で社会大衆党が躍進した。「主要政党が団結して、危機の時代に対応してくれ」という有権者の期待の表れです。当時の政党はこの期待に応えられなかった。今は戦前のような軍部の政治介入がないから余計に政党の責任は重いが、当時以上に期待に応えていない。政策の具体的な対立軸を出すべきです。政権交代を求める世論の声は大きいのに、野党がこれほど弱いとどうしようもない。

北田　野党は、社会民主主義的な政策を打ち出して、中長期的には相応な負担を伴う持続可能な高福祉国家を目指す、と明言すべきです。軸がぶれるから、短期的に「緊縮で我慢して」と言われても有権者は信用しない。与党がここまで強い権力を握る状態を、国民はさほど望んでいないはず。

井上　政友会も民政党も徹底的に有権者の声を集めました。一人一人の要望や不満を党の政務調査会に吸い上げて政策化した。これをきちんとやった方の政党が次の選挙で勝ちました。今の野党も、まずは有権者が何を求めているのか虚心に聞くべきです。民主党政権誕生時の総選挙では、岡田（克也）さんら民主党幹部も、待機児童問題やシングルマザーの子育てについて、共感を呼ぶ演説ができた。だからこそ、有権者は投票した。しかし、「安倍政権を倒せ」だけでは有権者が付いて行くのは無理です。多くの有権者にとって、安保法制や憲法改正は優先順位が低い。有権者は、日米安保と憲法の両輪で戦後の平和と安定が維持されてきたと考えていて、「どちらも改正の必要なし」が多数派だと思います。

北田　安保と九条のセットという矛盾した「護憲」ですね。左派は、この矛盾がいかに強固な安心感を人びとに与えているかを軽視しすぎ。かつ、この両輪の下に、米軍基地問題での沖縄の犠牲がある。有権者の漠然としつつも複雑な安保、憲法観に向き合わないと、野党は、沖縄の問題

2――**「いったん政権を取り返します」**　一九三一年に若槻礼次郎は民政党総裁として組閣、満州事変勃発後に内閣不一致のため総辞職。同年一二月に犬養毅が政友会内閣を組織し、翌三二年の総選挙で政友会は圧勝した。

3――**無産政党**　ここでは社会大衆党などを指す。

でも説得力のある提起はできないはず。逆に、自民党はこの有権者意識をうまくコントロールしすぎている。

基地縮小のための外交努力と、具体的なロードマップを

井上　沖縄に対する本土の無関心がはなはだしい。本来の保守は主権概念に強くこだわるので、他国軍隊の自国領土駐留はもっとも怒るべき事態のはずです。他方で本土の平均的な国民意識からすれば、中国の軍事的膨張が怖いので「米軍基地をなくす」と言われても不安です。外交努力で「東アジアでの軍事的衝突の可能性が冷戦期よりずっと下がった」と、誰もが納得する安全保障環境を作るしかない。

北田　一部左派のような、「中国を批判するのはいかがなものか」では、お話になりませんね。野党から、基地縮小の冷静で具体的なロードマップがほしい。他方で右派は、中国政府批判と排外主義を一緒くたにしている。論壇でも左右共にあまりに表層的な議論が多い。

井上　保守もいわば営業保守が多い。「南京大虐殺はなかった」「あの戦争はアジア解放の戦いだった」を繰り返せば本が売れる。

北田　書店の新書の棚も右派の「美しい日本」と左派の「安倍政治を許さない」の両極で、互いの読者が見たいものしか見ていない。

井上　自信を失った人びとが、「日本はすばらしい」と自信を回復させられる言説に飛びつくの

も分かります。映画「ALWAYS　三丁目の夕日」など昭和三〇年代ブームも同じ構造でしたね。当時は、インフラが整わず不衛生で、殺人事件も多かった。さらに日中戦争下の国民精神総動員運動[★4]も、「地域や家族の結びつきが崩壊しているから必要だ」とされた。「古き良さ日本」は、いつまでさかのぼっても存在しない幻想ですよ。

北田　恐ろしいことに、左派の「低成長で共同体のよさを復活させて」といった議論も、この幻想に乗っている。それにしても、戦前も大政翼賛会[★5]が突然登場したわけではなく、政治家らの、ぎりぎりの努力やミスの積み重ねがあった。そこを丁寧に見る大切さを、改めて強く感じました。

4――**国民精神総動員運動**　戦時の「挙国一致」を目指した。標語「ぜいたくは敵だ」などで知られる。
5――**大政翼賛会**　全主要政党が合流して一九四〇年結成。国民動員の統制組織に帰結した。

井上寿一（いのうえ・としかず　1956〜）学習院大学学長。法学博士。著書に『危機のなかの協調外交』（吉田茂賞など）、『昭和の戦争』『戦争調査会』他。二〇一一年、正論新風賞を受賞。

ディアローグ#11 本気でマルクスに戻ろう——ゲスト・萱野稔人氏

安倍政権の支持率を善悪で語る「知識人」

北田　ナショナリズム批判は「六八年」[1]から左派の課題で、一九九〇年代以降も、カルチュラルスタディーズ、ポストコロニアリズム[2]といった学問潮流がテーマにしてきました。ですが今、ナショナリズム、排外主義的な傾向はとどまるところを知らず、批判する側にも以前の主張を忘れたかのように流れに棹《さお》さす人すらいます。

萱野　この二〇年ほどの論壇は、理論への敬意が低くなったと感じます。代わりに、物事を善悪や道徳で判断する傾向が強まった。安倍晋三政権の高支持率もトランプ現象も、「許せない」だけ。どんな理不尽な動きにも、背景となる「合理性」があるのに、それを見ない。そもそも、国家は良しあしではなく、現に存在するものです。「九条を守れ」だって、「我々の憲法を我々で守る」というナショナリズムですよ。

北田　国家単位での物事を気にするのは、広い意味で「ナショナリスト」。そう自覚したうえでレイシズム（人種などの差別）にはまってはならない。憲法九条も、よほどナショナルな信念がないと守れない。国際法との整合性や交戦権の解釈など、国際社会で通らない理屈に基づきますから。日本は、偶然と米国の戦略に守られて戦争をせず、矛盾を沖縄に押しつけてきた。単一民族国家神話を批判しつつ「九条を守れ」と言う両義性をしっかり意識しないと。

萱野 護憲ではナショナリズムと癒着するのに、安倍政権をナショナリズムだからと批判する。善悪判断のアジテーションをしているだけです。

北田 僕も一市民としては、善悪判断で行動します。ただし、同時に学者としてデータや理論に基づかないといけない。善悪感覚と分析は一致しない場合もある。なのに、森友学園問題で内閣支持率がもっと下がらないのはおかしい、と「論じる」人がいる。

萱野 今のような財政難だと政治が利益を誘導しにくいから、ああいうスキャンダルは一般の人からすれば遠い。だから嫉妬心などをかき立てず力がない。野党が好きな社会民主主義的政策も、パイが縮小する時代は人気が出ない。

北田 逆に、左派こそパイを増やす政策を打ち出すべきでしょう。「脱成長」で野党は勝てない、という点は同意されますよね。

萱野 成長抜きで社会民主主義はなりたちません。

北田 元々、資本主義体制よりも豊かになることこそ「社会主義の本義」ですよ。しかし日本の左派は七〇年ごろから……。

1——「六八年」 一九六〇年代末に西側先進国などで広がった若者らの新しい左翼運動の波。

2——カルチュラルスタディーズ、ポストコロニアリズム 前者は文化事象研究、後者は植民地主義や帝国主義の文化や歴史研究。

萱野　経済を考えなくなり、単に「弱者を救え」になった。

北田　そこは両義的で、七〇年代以降の左翼がマジョリティーや既存左派政党が見なかった、見ないことにした他者を可視化させたのは大きな成果です。沖縄、被差別部落、寄せ場、女性……。でも、いわゆる文化左翼は上部構造★3の話ばかりになってしまった。左派が経済を忘れたのは、六〇～九〇年代初頭の日本が基本的に豊かで、永遠に成長が続くと思い込めたから。結果として、下部構造の話を全部自民党に持って行かれた。

マルクス主義の衰退が構造への問いを弱めた

萱野　マルクス主義の最良の部分は、人間の意識に期待しても社会変革は起きない、意識に上らないものこそが大切だと唱えた点です。マルクス主義の思想としての衰退は、左翼が力を失う以上の影響を与えました。たとえば、私は、暴力も「下部構造」としてとらえる。私たちは国家などの暴力で支配されつつ、安全を保障されてもいる。ターミナル駅で毎日何百万人の他人が往来しても、突然殴られたりはまずしない。近代以前なら武装しなければ身を守れない状況ですよ。つまり、意識に上らない、社会環境を構造化する力が私たちを規定している。こうした問いが通じにくくなりました。

北田　本気で、「マルクスに戻ろう」ですね。

萱野　事象を構造的に捉えないと。海外の例なら、イギリスのＥＵ（欧州連合）離脱問題です。

実は、英国の国内総生産（GDP）は、二〇三〇年にドイツを超えて欧州一位になるとされ、五〇年までに人口もドイツを超します。

北田 となると、新「神聖ローマ帝国」EUなんていらん、と。

萱野 英国にはEUの経済的デメリットが最低二つある。まず、南欧の債務問題。もうひとつは規制の厳しさ。特に金融業界は独自でルールを作った方がグローバル化に得です。つまり、エリートの経済合理性でも離脱という選択肢はある。なのに日本での理解は「グローバル化に取り残された労働者の排外主義が」ばかり。

北田 〇〇年代半ばのバックラッシュ★4も、割と生活に余裕があり、相対的に恵まれている男性たちが担い手だった。ところが左派論者は「非モテの低所得者男性」が主役だと信じた。

萱野 「非合理で無知蒙昧《もうまい》な社会的に低位の人たちのせい」と考えるのは、嫌いな対象をおとしめたい欲望が働くからですね。

北田 最近、ある研究者が、トランプ支持者は「普通の人」、「かれらに届く声を」と言っていてびっくりした。何を今更。昔からそう。何が普通かを含めて、普通の人がなぜそう考えるのかを考えるのが、知識人の仕事なのに。

萱野 メディアは「トランプ個人がいかにバカか」ばかり報じる。それもいいけど、米国外交や

3――**上部構造** マルクス主義用語で、経済以外の領域を指す。経済は「下部構造」。
4――**〇〇年代半ばのバックラッシュ** ここでは男女共同参画などを極端なレッテル貼りで攻撃した動きを指す。

経済の転換期に、彼が選ばれた合理性を論じるべきですよ。

北田　日本の左派には、サンダースに「米国に社会民主主義政権ができるかも」と夢を見た人たちもいた。実際の支持層は、トランプとそれなりに被《かぶ》っていた。二人の支持に通底するものこそが重要です。天皇退位問題では、左派が天皇を反安倍の旗印にしている。左派が、たかだか一人の首相を倒したいから天皇を利用するなんて絶対にダメですよ。

萱野　目的が手段を正当化すると信じているんでしょう。そうではなく、冷静に物事を認識して、最悪の結果を避けながら物事を進めるために積み重ねられてきた知恵の蓄積こそ大切にすべきです。人間、特に自分が考えることなんて、本当にちっぽけなんだから、それでは勝てない。

北田　自分の思いから出発していいけれど、本気で変えたければ、一回はしっかりと構造を分析してから自らに戻らないと。地味で、留飲は下がらない作業ですが。

萱野　やはり、私たちの大きな方向性は同じですね。私はイライラが積もりすぎて、右っぽいことばかり言うようになったと思われがちですが（笑）。

萱野稔人（かやの・としひと　1970〜）津田塾大学教授。博士（哲学）。著書『国家とはなにか』『カネと暴力の系譜学』『成長なき時代のナショナリズム』『死刑　その哲学的考察』など。

おわりに

いま手元にある新聞で、森友学園用地払下げをめぐる決裁書書き換え疑惑を受けた各紙の内閣支持率をみることができる。読売で六％減、ＮＨＫで二％減、産経で六・〇％減、共同通信九・四％減、朝日で一三％減、毎日で一二％減といったところ。標本そのものの系統的な誤差とワーディングの違いを考えるなら、六～一〇％減といったところだろうか。いずれにしても三分の一ほどの有権者が安倍内閣を支持していることになる。この程度の内閣支持率の低下であれば、この内閣はすでに何度も体験してきた。加計学園疑惑や共謀罪事案（二〇一七年六月）、一連の安保法制を受けた国会運営批判（二〇一五年夏）においても、三〇％前後まで内閣支持率は一度は落ち込んでいる。しかしそのいずれの危機も「喉元過ぎれば」ではないが、時間とともに冷却され、四、五割の支持率を獲得してきた。今回の内閣支持率低下も、残念ながら同じ道をたどるのかもしれない。トランプもそうだが、何があっても支持を揺るがせない層が三割ほどいると、政権というものは安定してしまうものらしい。与党一強の長期政権下ではなおさらのことだろう。

この盤石さの要因にはいろいろなものがあろうが、「受け皿としての野党がない」ということ、そして自民政権下で一定程度経済状況が改善されていると思われていることも一因としてある。「受け皿としての野党がない」という議論に対しては、左派のなかにも、「とにかく自民と維新じゃなければいい」という志向が強いあまりか、小池都議選のさいの自民の敗北に喜々としているひとがいた。もうだめだ、この人、と思った。またちょっと前の話になるが、宇都宮健児氏を担いで臨んだポスト舛添の都知事選でも、なにを思ったか、宇都宮氏を掲げた梯子を外して、おおよそ政治家としての器があるとも思えず、また女性蔑視的な醜聞も流されたジャーナリストを推す学者たちもいた。自民を批判したいのはわかるし、その点ほとんど私も異論はないのだが、「受け皿」を用意することもなく、醜聞や失言を心待ちにし、政治に意識をもった若者を誉めそやし、政策協議もままならない野党連携を錦の御旗のように掲げ、ひたすら安倍氏を悪魔化していく左派のあり方はどうみても no future に映った。

支持率や投票行動をめぐっては政治学者がさまざまにデータを提供してくれている。経済政策についてもイデオロギー的には安倍氏の対極にあるような経済学者も、安倍政権の「いいとこどり」をするための施策を考えてくれている。学者、知識人というのは、世論が硬直化して動きようがないこういうときこそ、「なぜこうなっているのか」を分析し、「他の選択肢を示す」作業に、つまりは机上へ戻らねばならないのではないか。少なくとも「受け皿がない」というひとたちに「シニシズムだ」と冷や水をかけることは回避すべきであろう。それは「大衆は馬鹿だから仕方がない」という愚民論とその機能において差を持たない敗北宣言である。

私は社会運動に否定的になるほど沸点は低くない。怒ったら街、路上にでる。しかし帰宅したら学者に戻らねばならない。二〇一五年安保のあまりに見事な敗北を受けて、私は私なりにできる「受け皿」づくりへと舵を切った。路上の運動を否定するのではない（だいたい市民の正当な権利行使を誰がどんな根拠で否定できるというのか。したくないひとは黙っていればいい）。野党そのものが受け皿として信頼にたるものとなるよう、不整合ではない政策的バルーンを用意する責務が、安倍氏に違和感を持つ研究者の役割であると考えたのだ。そんなこんなで当時の民主党の岡田代表になんとかたどり着き、四〇代〜五〇代の中堅研究者に集まってもらい、勉強会のようなものをさせてもらったのだが、民主党は実に頑強であり、私たちひよっこのいうことなど、意に介さず、市民連合の偉い先生たちの方向性は揺らぐことなく、成熟社会論、若者の政治運動、「下からの」社会運動の充実を寿ぐ言説がメディアを賑わせ、緊縮財政批判などまるで新自由主義の手先のように言われる始末だ。そうこうしているうちに、参議院選も終わり、安倍政権の根幹は揺らいではいない。たとえ、今後それが揺らぐことがあったとしても、それはとんでもない醜聞のような偶然事によるものだろう。「受け皿」がその魅力において勝ち取った勝利ではない。

次第に私は、左派知識人たちがなぜかくも「反緊縮」「成長論」に冷ややかなのかを、考えるようになっていた。「どうせ成長なんてないんだから」こそ、シニシズムのさいたるものだ。そのシニシズムを説く人たちが、社会運動については「シニシズム」を批判する。ようするに、少々の経済的犠牲を払っても、「デモが当たり前」で「コンパクトシティ」で「エコ」で財政均衡的なドイツ型?社会がかれらにとっての桃源郷なのだ、と思うに至った。成熟社会論、コミュニティ論では三浦展氏、里山資本主義の藻谷浩介氏、そして成長なき社会での若者たちの不安——どのような調査から出てくるのかわからないが——が蠢いているという小熊英二氏、そして、ついには移民否定論まで繰り出すに至った上野千鶴子氏。いわゆる左派のど真ん中で、岩波朝日文化人の中核を担ってもらわねばならないひとたちが、揃いも揃ってどうにも悟りを開いてしまっている。もとからそうした精神論の傾向が強く、「常識」に抗うことをもって自己の論理を正当化する内田樹氏であれば——いい加減に『ためらいの倫理学』でのフェミニズム批判について総括してもらいたいが——諦めもつく。

いうまでもなくドイツの「社会国家」としての充実は、ＥＵという「帝国」の中心に位置し、財政均衡を他国に押し付けて、強いユーロを維持せんとする「ドイツ人のための神聖ローマ帝国」の効果であるし、そのためにギリシャがどのような立場に追い込まれたか想起すれば、無邪気に褒められるようなものではあるまい。また北欧のスウェーデンにしても、経済危機を金融緩和政策で乗り切った過去もあり、精神性、市民的成熟度が高いから、あのような社会的な（social）社会が成り立っているわけではない。最低限度の地政学的知識を持たずにドイツやスウェーデンを礼賛することは、日本の伝統といえば伝統と言えなくもない「精神論」にコミットすることを意味する。そのコミットメントを拒絶するからといってアイロニスト呼ばわりされる覚えはない。現実主義を標榜したこともない。ただ「精神論」は社会科学的には何の役にも立たないと言っているだけだ。「精神論」というロマン的対象に耽溺しているのはいったいどちらなのか。

私は一三年前の書で、アイロニーに耐えることのできないひとたちのロマン主義（ロマン主義的アイロニー）について指摘し、その奇妙な感覚がネット上の掲示板等で展開されている、というかにも現代思想的な分析を施した。そのとき想定していたのは、ロストジェネレーションと呼ばれる世代の行動原理であったが、いまや中年となったかれらにアイロニーの余地など残されてはいない。アイロニーという留保を失ったロマン主義か、ロマンをすら抱けない世界への諦念（シニシズム）か、団塊世代と若者たちが元気に反権力しているうちに、魂を削ぎ落とされるロストジェネレーション。かれらはいなくなったのではない。ただ中年になっただけである。年をとったというだけで見捨てられていい世代などあるはずもない。「失われた二十年」が終わらない、とはそういうことだ。

アイロニーに耐えきれなかったのは、むしろ団塊世代〜バブル世代だったのかもしれない。知識人で言えば、内田樹、上野千鶴子、島田雅彦、高橋源一郎、小熊英二、三浦展……。かれらは、男性中心主義的なロマンを回避するアイロニーの時代に青年期を送り、そしていまふたたび抵抗というロマン主義へとたどり着いている。ロスジェネの――否応なく経済環境から押し付けられた――シニシズムを踏みつぶしながら。涅槃を夢見ている暇などロスジェネにはないのだ。

ここ一〇年来、私としては時局にかんするものはあまり書かないように、そして本にしないように思い続けてきた。時局とは恐ろしい麻薬のようなものであり、それを書き続けているかぎり、敵も味方も増えて、やめられなくなる。その麻薬から手を引くことに決めたはいいが、私が尊敬してやまなかった先行世代の論者たちが、自らに課したアイロニーに耐え切れずに、社会や政治や経済、法、教育を「人格化」し、私たちの社会を縛り続け（民主党も加担した）、デフレ社会に「成熟社会」などという美名を与え、ロスジェネの忘却を促していくことには、どうしても我慢ができなかった。そこで腹を括って、時局にかんする「批評家」としての見解をまとめる必要を感じた。その産物が本書である。初出は次のとおり。

序　章　嗤う日本の「ナショナリズム」・その後……▼「一五年後の「嗤う日本のナショナリズム」：笑えない左派のナショナリズム」『世界』臨時増刊、岩波書店、二〇一七年、第八九四号。

第1章　脱成長派は優し気な仮面を被ったトランピアンである……「脱成長派は優し気な仮面を被ったトランピアンである――上野千鶴子氏の「移民論」と日本特殊性論の左派的転用」『SYNODOS』二〇一七年二月二日掲載。

第2章　政治的シニシズムの超え方……▼「「1968」と「2015」のあいだ」『atプラス』、太田出版、二〇一五年、二六号。

第3章　上野千鶴子・消費社会と一五年安保のあいだ……▼「上野千鶴子――消費社会と一五年安保のあいだ」『終焉する昭和――1980年代（ひとびとの精神史　第7巻）』二〇一六年、岩波書店▼「社会〈学〉の窓口まで」（6）（7）『小説TRIPPER』朝日新聞社、二〇〇五年、夏季号、秋季号に加筆修正。

第4章　思想の「消費」を捉え返す……▼「インタビュー　三浦雅士「現代思想の時代」」『戦後日本スタディーズ③

80・90年代』紀伊國屋書店、二〇〇八年。

第5章　東京の政治学／社会学……▼「東京の政治学／社会学——格差・都市・団地コミューン」『思想地図　vol.5（NHKブックス別巻）』NHK出版、二〇一〇年。

第6章　デフレ社会に抗うために……▼「日英往復書簡　左派は経世済民を語りうるか」『中央公論』、中央公論新社、二〇一八年一月号。

第7章　日本型リベラルとは何であり、何でないのか……▼「日本型リベラルとは何であり、何でないのか——「革新」との連続と断絶」『現代思想』、青土社、二〇一八年二月号。

第Ⅲ部　情況へ……▼「危機の20年　北田暁大が聞く」『毎日新聞』、二〇一六年四月一三日〜一七年三月二五日（一六年九月二四日掲載分を除く）。

本書にやや遅れて『社会制作の方法』という学術書と、『社会ってなんだ？　分かりたいあなたのための等価機能主義入門』という方法論入門書が出ることだろう。先行して松尾匡さんとブレイディみかこさんとの鼎談本『そろそろ左派は〈経済〉を語ろう』も出ているはずだ。本当は、それに先立って『社会学のアメリカ』という書下ろしの学術書・歴史書が出ていなくてはならなかった。しかし、私も机上のみで生きているわけではない。机上と路上を繋ぐことは私の日常生活においてごく当然の事柄であり、我慢ができなかったものから先に出す、ということにならざるをえない。本当ならいま私はラザースフェルドにおける“audience”概念の推移を調べているはずだった。シカゴに行ってハルハウスの詳細な資料を手にしているはずだった。そうした学問的恨みつらみ（？）も込めて、本書をお届けする。

『嗤う日本の「ナショナリズム」』という本の著者としての責任でもあろう。

＊

上野千鶴子という稀代の思想家の薫陶を受け、自分自身の人生にその資源を大いに使わせて頂いた者としての、最低限の礼儀であるとも思う。

もう意味のわからない衒学的な社会批評も、根拠不明の分かりやすい評論もまっぴらごめんだ。そうしたものに発見的価値がある、と思い続けてはいる。だが、もうそういう「現代思想の時代」も終焉を迎えるべきであろう。そのときこそ、他者を傷つけずには成り立たないアイロニズムが健全に消え去るときだ。

その決断を迫られる時点に私たちは立っている。

二〇一八年三月一九日

北田暁大

北田暁大（きただ・あきひろ）

一九七一年生まれ。東京大学大学院情報学環教授。社会学、メディア論を専攻。博士（社会情報学）。著書に『広告の誕生――近代メディア文化の歴史社会学』（岩波現代文庫）、『責任と正義――リベラリズムの居場所』（勁草書房）、『嗤う日本の「ナショナリズム」』（NHKブックス）、『増補　広告都市・東京――その誕生と死』（ちくま学芸文庫）、共著に『リベラル再起動のために』（毎日新聞出版）、『現代ニッポン論壇事情――社会批評の30年史』（イースト新書）、『そろそろ左派は〈経済〉を語ろう――レフト3・0の政治経済学』（亜紀書房）などがある。

筑摩選書 0161

終《お》わらない「失《うしな》われた20年《ねん》」　嗤《わら》う日本《にほん》の「ナショナリズム」・その後《ご》

二〇一八年六月一五日　初版第一刷発行

著者　北田《きただ》暁大《あきひろ》
発行者　山野浩一
発行所　株式会社筑摩書房
東京都台東区蔵前二-五-三　郵便番号 一一一-八七五五
振替 〇〇一六〇-八-四一二三
装幀者　神田昇和
印刷 製本　中央精版印刷株式会社

本書をコピー、スキャニング等の方法により無許諾で複製することは、法令に規定された場合を除いて禁止されています。請負業者等の第三者によるデジタル化は一切認められていませんので、ご注意ください。


乱丁・落丁本の場合は左記宛にご送付ください。

送料小社負担でお取り替えいたします。

ご注文、お問い合わせも左記へお願いいたします。

筑摩書房サービスセンター
さいたま市北区櫛引町二-六〇四　〒三三一-八五〇七　電話 〇四八-六五一-〇〇五三

©Kitada Akihiro 2018 Printed in Japan ISBN978-4-480-01669-0 C0336

筑摩選書
0133
憲法9条とわれらが日本
未来世代へ手渡す
大澤真幸 編

憲法九条を徹底して考え、戦後日本を鋭く問う。社会学者の編著者が、強靭な思索者たる井上達夫、加藤典洋、中島岳志の諸氏とともに、「これから」を提言する！

筑摩選書
0153
貧困の戦後史
貧困の「かたち」はどう変わったのか
岩田正美

敗戦直後の戦災孤児や浮浪者、経済成長下のスラムや寄せ場、消費社会の中のホームレスやシングルマザーなど、貧困の「かたち」の変容を浮かび上がらせた労作！

筑摩選書
0154
1968〔1〕文化
四方田犬彦 編著

1968〜72年の5年間、映画、演劇、音楽、写真、舞踏、流行、図像、雑誌の領域で生じていた現象を前景化し、歴史的記憶として差し出す。写真資料満載。

筑摩選書
0157
童謡の百年
なぜ「心のふるさと」になったのか
井手口彰典

心にしみる曲と歌詞。兎を追った山、小川の岸のすみれやれんげ。まぶたに浮かぶ日本の原風景。童謡誕生百年。そのイメージはどう変化し、受容されてきたのか。

筑摩選書
0158
雇用は契約
雰囲気に負けない働き方
玄田有史

会社任せでOKという時代は終わった。自分の身を守るには、「雇用は契約」という原点を踏まえる必要がある。悔いなき職業人生を送る上でもヒントに満ちた一冊！

筑摩選書
0160
教養主義のリハビリテーション
大澤聡

知の下方修正と歴史感覚の希薄化が進む今、教養のバージョンアップには何が必要か。気鋭の批評家が鷲田清一、竹内洋、吉見俊哉の諸氏と、来るべき教養を探る！